Böhlau

Gerald Schöpfer

Franz Curt Fetzer

100 Jahre für Wirtschaft und Wohlfahrt

Böhlau Verlag Wien Köln Weimar

Gedruckt mit Unterstützung durch
das Bundesministerium für Bildung, Wissenschaft und Kultur,
die MA 7 – Kulturamt der Stadt Wien,
Abt. Wissenschafts- und Forschungsförderung

Bibliografische Information der Deutschen Bibliothek.
Die Deutsche Bibliothek verzeichnet diese Publikation
in der Deutschen Nationalbibliografie; detaillierte
bibliografische Daten sind im Internet über
http://dnb.ddb.de abrufbar.

ISBN 3-205-77579-1
ISBN 978-3-205-77579-9

http://www.boehlau.at
http://www.boehlau.de

Gedruckt auf umweltfreundlichem, chlor- und säurefrei gebleichtem Papier.

Printed in Europe – Prime Rate, Budapest

Inhaltsverzeichnis

Anhang

Vorwort

Dieses Buch bietet eine Biografie von Dr. Franz Curt Fetzer (1900–2000), dessen ereignisreicher Lebensweg exakt das gesamte 20. Jahrhundert umspannt. Jeder Lebenslauf hat seine individuelle unverwechselbare Prägung, doch er ereignet sich stets in einem für die jeweilige Zeit charakteristischem Umfeld. So kann eine Lebensgeschichte nur synchron im engen Zusammenhang mit dem historischen Zeitablauf betrachtet werden.

In Franz C. Fetzers langem Lebenslauf spiegeln sich der Erste Weltkrieg und das Ende des Deutschen Reiches, die dramatischen Jahrzehnte der Weimarer Republik, das nationalsozialistische Regime, der Zweite Weltkrieg, der Wiederaufbau im kriegszerstörten Österreich und die zu Wohlstand gelangte Zweite Republik.

Wenngleich in Fetzers Lebensgeschichte die historischen Zäsuren jeweils deutlich sichtbar werden, so zeigen sich auch individuelle Charaktereigenschaften einer kantigen Persönlichkeit, die sich keinesfalls willenlos im zeitgeistigen Strom bewegte, sondern eigenständige Spuren zog – dies zeigt sich besonders in Fetzers Haltung während der nationalsozialistischen Zeit und während des Zweiten Weltkriegs. Er galt als ein „homo politicus" und als ein Mann, der sich nicht nur eine eigene Meinung leistete, sondern dafür auch entsprechend einzutreten verstand.[1]

Franz C. Fetzer war kein Mann, der stets im Scheinwerferlicht der Medien und im Mittelpunkt des öffentlichen Interesses stand. Sein Metier war es vielmehr, als Ratgeber zurückhaltend im Hintergrund zu wirken und von dort aus mit Sachverstand und Durchsetzungsvermögen seine Fäden zu ziehen.

1 Geiserich E. TICHY, DDr. Franz C. Fetzer 1900–2000, Kopie eines Nachrufs, o.J., o.O., Archiv Fetzer.

Er war weit mehr als ein reiner Interessenvertreter der Industrie, sondern er war „ein Mann mit einer interessanten Historie und auch einer interessanten persönlichen Laufbahn“.[2]

Der gebürtige Rheinländer wurde nach dem Zusammenbruch des Deutschen Reiches in Österreich eingebürgert. Wenngleich er zeitlebens durch seine Sprache seine deutsche Herkunft hörbar machte, wurde er zum begeisterten Österreicher, der sich intensiv mit Zukunftsfragen der österreichischen Wirtschaft und Gesellschaft beschäftigte und als Lobbyist und Berater an wichtigen Weichenstellungen mitwirkte.

Diese Biografie wurde auf Grund umfangreicher Recherchen erstellt, welche einerseits die von der Familie und Frau Imogen Rick, der letzten persönlichen Mitarbeiterin von Dr. Franz C. Fetzer, zur Verfügung gestellten schriftlichen Quellen auswerteten, aber andererseits auch danach trachteten, die vorhandenen großen Lücken durch weitere schriftliche Quellen, sowie durch die Methode der Oral History zu schließen.

Am Institut für Wirtschafts-, Sozial- und Unternehmensgeschichte der Karl-Franzens-Universität in Graz wurde vor rund zwei Jahrzehnten von mir ein Oral-History-Archiv begründet, welches sich mit der systematischen Erstellung von Tonband-Interviews und mit deren Auswertung für sozialwissenschaftliche Zwecke beschäftigt. Hier sind bereits rund 2.500 Lebensläufe aus verschiedenen gesellschaftlichen Schichten dokumentiert.

Gerade in jenen Fällen, in welchen die Quellenlage traditioneller schriftlicher Quellen als unvollständig erscheint, kann die Methode der Oral History sehr wertvolle Dienste leisten. Sie versteht es aber auch, jene Zwischentöne hörbar zu machen, die aus dem schriftlichen Material oft in keiner Weise herauszulesen sind.

Leider hatte ich selbst nie die Gelegenheit, Dr. Franz C. Fetzer persönlich kennen zu lernen. So ist dieses Buch das Ergebnis einer Spurensuche, bei der mir unzählige Zeitgenossen Fetzers sehr geduldig ihre Erinnerungen als wertvolle Mosaiksteine vermittelten. Ich hoffe, diese zu einem stimmigen Bild zusammengefügt zu haben.

2 Erhard BUSEK, OHA-WISOG, VIP 2131-8/04, S. 1.

Leider ist Frau Charlotte Fetzer, der dieses Projekt ein sehr großes Herzensanliegen war, unerwartet verschieden. Wir hatten einige sehr intensive Interview-Sitzungen gehabt, deren Tonbandprotokolle waren eine wichtige Basis für dieses Buch. Doch ich hätte noch viele weitere Fragen gehabt, welche sie mir leider nicht mehr beantworten konnte …

Danksagungen

Es ist den Kindern von Dr. Franz C. Fetzer, Anna-Maria Klopping, geb. Fetzer, Christine und Dr. Franz-Paul Fetzer, zu danken, dass sie diese Initiative von Charlotte Fetzer weiter trugen und damit die Drucklegung dieser Dokumentation ermöglichten.

Die Anregung zu dieser Studie kam von der Industriellenvereinigung (Prof. Herbert Krejci und Dr. Thomas Oliva), welche im Jahr 2002 den ersten Kontakt zu Frau Charlotte Fetzer herstellten.

Es ist mannigfacher Dank an alle Interviewpartner zu sagen, die geduldig Berichtenswertes aus dem Leben des Dr. Franz C. Fetzer in das Tonband sprachen und so ihre Erinnerungen zur Verfügung stellten. Meine Assistentinnen, Dr. Irmgard Hagenhofer und Mag. Michaela Hohenwarter, haben mich, vor allem in der Zeit, als ich überraschend in die Steiermärkische Landesregierung berufen wurde und naturgemäß keine Zeit für wissenschaftliches Arbeiten hatte, mit Recherchen und vielen weiteren Hilfestellungen tatkräftig unterstützt.

Frau Doris Mauthner hat wie gewohnt hervorragende Arbeit im Institutssekretariat geleistet, Frau Sabine List hat in bewährter Manier die Typoskripte der Tonbänder und die Textverarbeitung auch dieses Bandes übernommen.

Es muss der Familie Fetzer für ihre Geduld gedankt werden, da sich durch mein Regierungsamt die ursprünglichen Zeitpläne nicht realisieren ließen. Es sei auch Dank an all jene gesagt, die das Manuskript kritisch begutachtet haben und manche Anregung gaben.

Nicht zuletzt sei auch dem Böhlau Verlag gedankt, welcher die Edition dieses Bandes übernahm.

Die Herkunft von Franz C. Fetzer

Franz Curt Fetzer wurde am 17. April 1900 als Sohn von Josef und Marianne Fetzer in der Stadt Metz geboren.

Metz liegt in unmittelbarer Nähe zu Belgien, Luxemburg und Deutschland, gehörte von 1871 bis 1918 zum Deutschen Reich und ist heute französisch.

In diesem Grenzgebiet gab es seit jeher mannigfache kulturelle Einflüsse, welche die Einwohnerschaft dieser historisch überaus bedeutsamen Stadt prägten.

Das Elternhaus und die Vorfahren von Franz C. Fetzer waren sehr stark in ihrer religiösen Überzeugung geprägt, es gab auch einige Familienmitglieder, die hohe Funktionen in der Katholischen Kirche innehatten. Der Bruder von Fetzers Mutter war Prälat in Trier, er hatte neben der Theologie auch Volkswirtschaft studiert und sich mit Fragen der Steuermoral auseinandergesetzt. Die Schwester von Fetzers Vater war Nonne in Lothringen, Franz C. Fetzer stand mit ihr zeitlebens in gutem Kontakt.[3]

Vater Josef Fetzer: Bürgermeister von Boppard am Rhein

Der Vater Josef Fetzer wurde am 26. September 1867 in Sien im Kreis Trier geboren. Nachdem sein Vater sehr früh verstorben war, kümmerte sich vor allem der als Pfarrer im Hunsrück wirkende Bruder seiner Mutter darum, dass er eine gediegene Schulbildung erhielt. So kam er an das humanistische Gymnasium in Montabaur, sicherlich hatte der Onkel damit die Hoffnung verbunden, dass sein Neffe nach der Matura in seine Fußstapfen treten werde und so wie er Priester werde.

3 Franz-Paul FETZER, OHA-WISOG, AL 2182-2/05, S. 5.

Doch diese Erwartung wurde nicht erfüllt, denn nach dem Abitur und der Ableistung seines Militärdienstes als Einjährig-Freiwilliger beim Infanterieregiment 130 wurde Josef Fetzer zunächst Zollbeamter in „kaiserlich-elsaß-lothringischen Diensten", dabei brachte er es zum „Obergrenzkontrolleur".

Im Jahr 1905 quittierte er den Staatsdienst und absolvierte einige Studien, von denen er sich bessere Karrieremöglichkeiten im Verwaltungsdienst erhoffte. In Berlin besuchte er einen Kurs an der Rackowschen Handelsakademie. Anschließend belegte er an der Kölner Handelshochschule Verwaltungsrecht. Daran schloss dann eine praktische Ausbildung als Verwaltungsbeamter an.

Er war mit diesem 1905 beschlossenen Karrierewechsel durchaus erfolgreich.

Josef Fetzer war Mitglied der katholischen Volkspartei und wurde in der politischen Verwaltung aktiv.

Ab 1. Jänner 1908 übernahm er das Amt des Bürgermeisters von Camp, einer unweit von Boppard gelegenen Gemeinde. In dieser Funktion blieb er nur knapp über zwei Jahre, denn am 1. April 1910 wurde er zum Bürgermeister von Boppard gewählt.

Diese traditionsreiche Stadt, in der auch die Kelten und die Römer ihre Siedlungsspuren hinterlassen haben,[4] liegt im Mittelrheintal zwischen Bingen und Koblenz, in einer landschaftlich überaus reizvollen Gegend, die heute dem von der UNESCO deklarierten Weltkulturerbe zugerechnet wird. Der lyrische Befund eines Bopparder Heimatforschers lautet: „rheinbegrenzt, waldumrauscht und rebenbekränzt".[5]

Unweit des legendären Loreley-Felsens gelegen, spielten in Boppard, das sich auch als Kurort profilieren konnte, seit jeher der Fremdenverkehr, aber auch der Weinanbau eine ganz besondere Rolle.

Josef Fetzer wurde zwar nicht einstimmig zum Bürgermeister gewählt, aber er war dann in dieser Funktion sehr erfolgreich und hat sich vor allem um den Ausbau der stromaufwärts liegenden Rheinanlagen und um die Elektrizitätsversorgung der Stadt Boppard besonders verdient gemacht.

---

4 Siehe Schulrat N. N. KLEIN, Geschichte von Boppard, Boppard 1909, S. 5 ff.

5 Alexander STOLLENWERK, Boppard am Rhein. Ein Heimatbuch, Boppard 1977, S. 131.

Josef Fetzer hatte seit jeher auch seine militärische Karriere dadurch betrieben, dass er als Reserveoffizier an zahlreichen Übungen im Frieden freiwillig teilnahm, und so wurde er 1913 zum Hauptmann der Landwehr ernannt.[6]

Wenig später begann der Erste Weltkrieg, und Bürgermeister Josef Fetzer musste am 31. Juli 1914 von der Treppe des Bopparder Rathauses aus an die versammelte Menschenmenge die kaiserliche Botschaft zur Mobilmachung verkündigen.

So konnte er sein Bürgermeisteramt nur sehr kurz ausüben; denn auf Grund seiner militärischen Funktion wurde er selbst unmittelbar nach dem Kriegsausbruch bereits in der ersten Augusthälfte 1914 zum Militär eingezogen. Er wurde während der gesamten Kriegszeit nicht von einem Stellvertreter, sondern von den drei so genannten „Beigeordneten" abwechselnd vertreten. Diese salomonische Lösung brachte der Stadt in der angespannten finanziellen Lage den Vorteil, dass man sich das Salär ersparen konnte.[7]

Bürgermeister Josef Fetzer machte den gesamten Ersten Weltkrieg an verschiedenen Fronten mit, 1916 war er Ortskommandant von Beaumetz, später wurde er zum Bataillonschef und schließlich zum Major der Landwehr ernannt.

Als hoch dekorierter Offizier[8] erlitt er schwere Verletzungen und kehrte erst bei Kriegsende durch Krankheit geschwächt wieder in seine Heimatgemeinde Boppard zurück.

Er wurde erstmals wieder in der Stadtratssitzung am 27. November 1918 als Bürgermeister begrüßt.

---

6 N. N., Josef Fetzer, Heimatzeitung „Rund um Boppard", Nr. 2, 8.1.1960. o.S. An dieser Stelle darf ich Frau Diplom-Bibliothekarin G. Colling sehr herzlich für die Bereitstellung von handgeschriebenen Informationen und sonstigen Unterlagen aus der heimatkundlichen Sammlung der Stadtgemeinde Boppard danken.

7 Bruno KORN, Von der Französischen Revolution bis zum Ende des Zweiten Weltkrieges (1789–1945), (= Heinz E. MISSLING [Hg.], Boppard, Geschichte einer Stadt am Mittelrhein, Band II), Boppard 1994, S. 152.

8 Er hatte das Eiserne Kreuz I. und II. Klasse, den bayrischen Verdienstorden mit Schwertern, das Verwundetenabzeichen und das Offiziersverdienstkreuz erhalten. Siehe: N. N., Josef Fetzer, Heimatzeitung „Rund um Boppard", Nr. 2, 8.1.1960. o.S.

In der Zusammenbruchsphase des Deutschen Reiches wurden überall Arbeiter- und Soldatenräte gebildet. Die Ausrufung der Weimarer Republik war mit vielen Unsicherheiten und Zweifeln verbunden, wie die Zukunft Deutschlands gestaltet werden sollte.

Für die meisten der damaligen Zeitgenossen war das Ende der Monarchie ein Schock; denn schließlich war man in der Ordnung eines vermeintlich fest gefügten Kaiserreiches aufgewachsen; dessen plötzliches ruhmloses Ende und die Wirren nach dem Zusammenbruch infolge des verlorenen Weltkrieges warfen viele bange Fragen auf.

Bürgermeister Josef Fetzer nahm dazu in seiner Ansprache anlässlich seiner Rückkehr in die Gemeindepolitik Stellung und vermerkte kritisch, dass viele den Begriff „Republik" noch nicht aus eigener Erfahrung kennen gelernt haben und ihn mit Gesetzlosigkeit gleichsetzen. Um hier zur Klarheit des Begriffes beizutragen, zitierte er die Vereinigten Staaten und die Schweiz als Vorbilder, in denen strenge rechtliche Ordnungen vorzufinden seien.[9]

In den Wirren der unmittelbaren Nachkriegszeit gab es neben den politischen Unsicherheiten auch schwer lösbare wirtschaftliche Probleme. Die Inflation und die zahlreichen Herausforderungen der Umstellung auf die Friedenswirtschaft belasteten die städtischen Haushalte. Fetzer gelang es offenbar, im Gegensatz zu anderen Städten im Rheinland, die Finanzprobleme gut in den Griff zu bekommen.

Deshalb war die Bopparder Bürgerschaft voll trauriger Emotionen, als er aus gesundheitlichen Gründen mit 1. Jänner 1921 sein Amt als Bürgermeister von Boppard zurücklegen musste.

So formulierte deshalb damals die Presse, dass er alle Sympathien der Bürger in die Pension mitnehmen wird: „Herr Fetzer war ein Mann treuen Pflichtgefühls, offenen Herzens und geraden Sinnes, der nur das Beste seiner Mitbürger im Auge hatte. Er hat es verstanden, das Erbe seiner Vorgänger in treue Obhut zu nehmen,

9 Bruno KORN, Von der Französischen Revolution bis zum Ende des Zweiten Weltkrieges (1789–1945), (= Heinz E. MISSLING [Hg.], Boppard, Geschichte einer Stadt am Mittelrhein, Band II), Boppard 1994, S. 157.

Gegensätze zu überbrücken und hatte im amtlichen Verkehr wie im Leben liebenswürdige Umgangsformen, sodaß ihm bei seinem Scheiden aus dem Amte Verehrung und Hochachtung folgen."[10]

Bürgermeister Josef Fetzer konnte seinen Ruhestand nicht lange genießen. Er starb bereits im Jahr 1923 im Alter von nur 56 Jahren an den Folgen seiner im Ersten Weltkrieg erlittenen schweren Verwundungen und Krankheiten, von denen er sich nicht mehr zu erholen vermochte. Er wurde unter großer Anteilnahme der Bevölkerung am Stadtfriedhof von Boppard beigesetzt.

10 N. N., Bürgermeister Fetzer. In: Bopparder Zeitung, 23.10.1920, Nr. 127.

Franz C. Fetzer als preußischer Kadett

Bürgermeister Josef Fetzer war auf Grund seines militärischen Werdeganges dazu entschlossen, auch für seinen Sohn Franz eine Offizierskarriere vorzusehen.

Bevor er aber den endgültigen Entschluss fasste, seinen Sohn in das preußische Kadettencorps zu schicken, holte er bei Kollegen, die im militärischen Dienst standen, einige Erkundigungen ein.

Interessanterweise erhielt er von einem ihm bekannten Offizier aus Trier den sehr eindringlichen Ratschlag, den Jungen nicht zum Kadettencorps zu schicken. Und er begründete dies mit seinen eigenen Erfahrungen, die sicherlich für die meisten Internate zutreffen. So habe das Heimweh manchen Jungen heftig zugesetzt.

Es sei unvermeidlich, „dass die Erziehung des elterlichen Hauses abgelöst und durch die Erziehung des Corps ersetzt wird. Diese kann nicht individuell sein, sie muss uniform bleiben, wenn sich die Erzieher auch noch so sehr bemühen. Das Kind entgleitet den Eltern mehr und mehr, es wird in mancher Hinsicht allmählich fremd. Soldaten, die selbst im Corps waren, merken dies nicht, weil sie sich ja selbst in dem jungen Kadetten wieder finden, aber die anderen. Das Corps raubt in dieser Hinsicht den Eltern die Kinder".

Er verwies auch darauf, dass es in dieser Erziehung recht rau zugehe und sich die Kadetten oft untereinander „barbarisch verprügeln", und er meinte, dass man leicht im Corps ein Jahr verliere.

Und dann heißt es fast beschwörend: „Das Kadettencorps ist gut für Soldatenkinder, deren Eltern eine Fixstelle bekommen und die beständig von einer Schule auf die andere wandern müssten, die ferner ganz in soldatischen Anschauungen aufgewachsen sind. Ich aber würde trotzdem nie meinen einzigen Jungen ins Kadettencorps stecken, wo ihm die Flügel so sehr beschnitten werden, und wenn ich dort eine freie Stelle hätte und das Geld für seine Erziehung vom Mund absparen müsste.

Ich glaube, es ist nicht zu viel, wenn ich behaupte, es wäre gleich grausam gegen Kind und Eltern, wenn man den Jungen ins Corps steckte."

Er warnte nochmals eindringlich vor den vielfachen Gefahren einer Ausbildung im Kadettencorps, denen er selbst seinen einzigen Sohn nie aussetzen würde. Abschließend verwies er noch darauf, dass man auch Offizier werden könne, ohne im Kadettencorps gewesen zu sein.

Er bot an, auch weiter mit Rat und Tat zur Verfügung zu stehen, und meinte: „Wenn Ihr Sohn so weit ist, muss er in meine Kompanie und Sie können sicher sein, dass ich gut für ihn sorgen werde, wie ich glaube, es jetzt getan zu haben."[11]

Trotz dieses sehr eindeutigen Schreibens ließ sich Franz C. Fetzers Vater nicht von seinem schon fest gefassten Entschluss abbringen, seinen Sohn zur Ausbildung in das Kadettencorps zu schicken.

Am 16. April 1914 fand die ärztliche Untersuchung statt, welche bestätigte, dass der junge Mann für den Kadettendienst körperlich geeignet sei, und am darauf folgenden Tag musste noch eine Aufnahmeprüfung absolviert werden.[12]

Mit diesem Datum, dem 17. April 1914, genau an seinem 14. Geburtstag, trat der junge Franz C. Fetzer in das königlich preußische Kadettencorps ein.

Durch seine Ausbildung als preußischer Kadett erhielt der junge Franz C. Fetzer in der Folge eine ganz wesentliche Prägung für sein gesamtes weiteres Leben.

Seine Kadettenlaufbahn begann auf dem traditionsreichen Schloss Bensberg am Rhein, dauerte fast fünf Jahre und wurde in Berlin-Lichterfelde-West abgeschlossen.

Für den Knaben mag es anfangs nicht ganz einfach gewesen sein, in einer ungewohnten Umgebung mit dem militärischen Drill konfrontiert zu sein, und er teilte in seinen Briefen an seine Mutter mit, dass er „in der Kompagnie, wie schon oft gesagt, einen schweren Stand" habe.[13]

---

11 Schreiben von Offizier SEITER an Josef Fetzer, damals Bürgermeister in Boppard, Trier, 11.2.1914.

12 Mitteilung des Kadettencorps, Nr. 376, Bensberg, 6.4.1914. Familienarchiv Fetzer.

13 Schreiben des Kadetten Franz C. FETZER an seine Mutter, Bensberg, 27.3.1915. Familienarchiv Fetzer.

Der Erste Weltkrieg bricht aus

Wenige Monate nach seinem Eintritt in das Kadettencorps fielen die verhängnisvollen Schüsse von Sarajewo.

Sowohl im Deutschen Reich als auch in der Österreichisch-Ungarischen Monarchie war man zunächst der festen Überzeugung, dass der vermeintliche Straffeldzug gegen Serbien ein schnelles und siegreiches Ende finden wird, und so zogen viele junge Männer als Freiwillige voll patriotischer Begeisterung in den Krieg.

Dass durch die Tragödie von Sarajewo ein über vier Jahre andauernder Weltkrieg mit verheerenden Folgen ausgelöst wurde, welcher schließlich das Ende des Deutschen Reiches, der Österreichisch-Ungarischen Monarchie und des Osmanischen Reiches brachte, war damals für die meisten Zeitgenossen noch nicht absehbar.

So überwogen in den ersten Kriegsjahren die Kriegsbegeisterung und die Überzeugung, dass dieser Krieg gerecht und unabwendbar sei.

Franz C. Fetzer war natürlich bei Kriegsausbruch noch zu jung, um an der Front eingesetzt zu werden, er war ja erst 14 Jahr alt und hatte gerade erst seine Ausbildung begonnen.

Doch die unerfreulichen Folgen des Krieges sollten sich auch im sicheren Hinterland bemerkbar machen.

So hatte die Zivilbevölkerung bereits sehr bald unter der sich zusehends verschlechternden Versorgungssituation zu leiden.

So klagte auch der junge Franz C. Fetzer darüber, dass er in der Kadettenanstalt „immer einen furchtbaren Hunger" habe. Dabei dürfte es ihm noch vergleichsweise gut ergangen sein, weil er von zu Hause von seiner Mutter immer wieder Verpflegungspakete erhielt, von denen er auch an seine Kameraden einiges abgab.[14]

---

14 Schreiben des Kadetten Franz C. FETZER an seine Mutter, Bensberg, 27.3.1915. Familienarchiv Fetzer. Hier heißt es: „All mein Zeug, als da sind Äpfel, 3 Mustöpfe, alle Schokolade, Bonbons, Semmeln, das ganze Brot ist weg. Ausser meinem Wurstblech, dem Glanzpunkt, habe ich nichts mehr. Da wäre ich sehr froh, wenn mein bestes Mütterlein mir ein Brot und auch ein bisschen Zeug für die Kameraden schicken könnte, das wäre wirklich sehr fein. Nun 1000 Grüsse und Küsse Dein Dich, mein süsses Muttchen, sehr liebender Sohn Franz-Curt."

Aber nicht nur der Hunger, auch das Heimweh plagten den jungen Kadetten, der sich immer ganz besonders auf die Ferien freute, weil er diese gemeinsam mit seiner Familie in Boppard und in Trier verbringen durfte.[15]

Dieses Heimweh war sicherlich an den unterrichtsfreien Sonntagen, die in der Kadettenanstalt verbracht werden mussten, besonders groß.[16]

Seine schulischen Leistungen wurden 1917 von der Leitung der Kadettenanstalt als durchschnittlich eingestuft. Er galt als ein Kadett mit „offenem, fröhlichem und gutmütigem Wesen".

Seine geistigen Fähigkeiten und sein Fleiß wurden ebenso gelobt wie seine körperliche Konstitution und, dass er „mit Eifer bei der Sache" sei. Es wurden auch seine Ordnungsliebe, sein Sinn für Sauberkeit und Sparsamkeit hervorgehoben. Es fehlte auch nicht der Hinweis darauf, dass er bei den Kameraden überaus beliebt sei.[17]

Während einige seiner Jahrgangskollegen schon mit 17 Jahren eingezogen wurden und diese im Feld im letzten Kriegsjahr gefallen sind, hatte er das Glück, dass man darauf verzichtete, alle jungen Kadetten in der letzten Phase des Krieges noch an die Front zu schicken.[18]

So hatte Franz C. Fetzer zwar eine umfassende militärische Ausbildung erhalten, es blieb ihm aber erspart, als junger Kadett in den Krieg zu ziehen.

---

15 Schreiben des Kadetten Franz C. FETZER an seine Mutter, Bensberg, 16.5.1915. Familienarchiv Fetzer. Hier bedankte sich der junge Fetzer wiederum für ein Paket mit Lebensmitteln: „… Vielen Dank für die vielen Sachen. Sie munden mir vortrefflich. Nur habt Ihr Leutchen, so denke ich, die Eier sehr hastig gekocht, dann habt Ihr vergessen sie in kalt Wasser zu tun, folglich sind sie sehr schwer zu schälen und es geht viel verloren … Auch, wenn es doch ja Ferien gibt!!! Es war doch Ostern zu schön … Schreibe mir bitte schnell und sehr, sehr lang. Mit der Gesundheit ist alles in Ordnung. Nun x tausend Grüsse und Küsse an mein liebstes, bestes, süssestes, sparsamstes Zucker-Muttchen, Dein Sohn Franz-Curt, (der offen gesagt stark Heimweh hat.)"

16 Schreiben des Kadetten Franz C. FETZER an seine Mutter, Bensberg, 8.8.1915. Familienarchiv Fetzer. Er schrieb unter anderem: „Liebstes Mütterlein! Heute ist der erste Sonntag in Bensberg, ich denke viel an Boppard und Trier. Man hat sich jedoch schon wieder ganz eingewöhnt. Von Massens kam ein klein Kistchen verfaulter Äpfel. Ich habe aber trotzdem gedankt, gelt, was ein Schlauer ich bin …"

17 Abschrift vom „Urteil der Kompagnie", Bensberg, 26.3.1917. Familienarchiv Fetzer.

18 Franz-Paul FETZER, OHA-WISOG, AL 2182-2/05, S. 20.

Das Schloss Bensberg

Dieses Schloss, in dem das preußische Kadettencorps untergebracht war, hat eine überaus bewegte Geschichte, die weit bis in das Mittelalter zurückreicht. Im Jahr 1003 erfolgte bereits die erste urkundliche Nennung der Burg Bensberg, welche oftmals belagert wurde. Wegen der günstigen strategischen Lage mit einem großartigen Ausblick über die weite Rheinebene wurde dieses Bollwerk immer wieder ausgebaut. Doch im Laufe der Jahrhunderte minderten Brände und Plünderungen die Bausubstanz des alten Schlosses, welches nach dem Dreißigjährigen Krieg dem völligen Verfall preisgegeben war.

Die Errichtung des neuen Schlosses Bensberg auf der so genannten Bärenkuppe, nördlich der desolaten Anlage des alten Schlosses, ging auf den Kurfürsten Johann Wilhelm II. von Pfalz Neuburg, Herzog von Jülich und Berg, genannt Jan Wellem, zurück.

Er beauftragte den angesehenen Baumeister Matteo Graf d'Alberti in den Jahren 1705 bis 1711 damit, ein barockes Jagdschloss nach dem Vorbild von Versailles zu erbauen.[19]

Allerdings erlebte der Kurfürst Johann Wilhelm II., welcher 1716 der Syphilis zum Opfer fiel, nicht mehr die Fertigstellung der Innenausstattung. Nach seinem Tod wurden die Arbeiten unterbrochen und das Schloss diente nie seinem ursprünglichen Zweck.[20]

Gemäß einer „allerhöchsten Kabinetts-Order vom 28. Juni 1837" wurde das Schloss Bensberg am Rhein als Kadettenhaus des preußischen Königs bestimmt. Die ersten Kadetten zogen nach einer gründlichen Renovierung des vorher als

---

19 So finden sich im Bensberger Schloss: Kuppelfresken im Treppenhaus, skulptierte Portale in den Tordurchgängen, Supraporte in den Seitenflügeln, Putten mit Wappenkartuschen in den Treppenhäusern. Die lichthell-transparenten Räume wurden mit repräsentativen Gemälden geschmückt.

20 Im Siebenjährigen Krieg besetzte ein Militärkommando das Schloss, später zog eine Invalidenkompanie ein. In den Jahren von 1793 bis 1795 diente das Schloss als Hauptarmeespital der österreichischen Truppe, danach kamen die Franzosen. Hier starben 3.000 österreichische und 4.000 französische Soldaten. Schloss Bensberg im Spiegel der Historie. http://www.mhst.net/private/schloss.aspx, 7.11.2005.

Militärlazarett dienenden Gebäudes am 3. Oktober 1840 in das ansehnliche Schloss ein. Das Bensberger Schloss gehörte neben Potsdam, Culm, Wahlstatt, Plön und Oranienstein zu den sechs preußischen militärischen Voranstalten, die neben der Hauptkadettenanstalt in Berlin-Lichterfelde für die Heranbildung des preußischen Offiziersnachwuchses errichtet worden waren.

In der Bensberger Kadettenanstalt wurde vor allem der Nachwuchs aus dem Rheinland und Westfalen betreut.

Franz C. Fetzer erhielt entscheidende Prägungen

In der Bensberger Kadettenanstalt wurde auf eine umfassende Bildung Wert gelegt: Neben dem Exerzieren und dem militärischen Drill wurde ein breites Unterrichtsspektrum angeboten. Der Unterrichtsplan deckte sich seit dem Jahr 1877 mit jenen der Realgymnasien mit den Fremdsprachen Latein, Englisch und Französisch. Die so genannte „vaterländische" Geschichte wurde neben Deutsch und Mathematik ebenso vermittelt wie Kunsterziehung und Musik.

Es gab ein reiches Angebot für die unterrichtsfreie Zeit: Man spielte Theater und Schach und machte gemeinsame Ausflüge. So standen auch Betriebsbesichtigungen, der Besuch von kulturellen, aber auch von militärischen Veranstaltungen und Manövern am Programm.[21]

Naturgemäß wurden auch die körperliche Ertüchtigung und der Sport im Ausbildungsgang fest verankert.

Die Kadettenschule verfügte über Turnsäle, Sportplätze und eine Reitbahn. Seit 1900 gab es neben dem Schwimmteich auch eine eigene Schwimmhalle, und 1910 wurde eine Rollschuhbahn im Schlosshof eingerichtet.[22]

---

21 Kölnische Zeitung/Stadt-Anzeiger vom 29.9.1940.

22 Peter PAULS, Ein historischer Tag für das Bensberger Schloß: Heute vor 40 Jahren wurde es zur Militärschule umfunktioniert. In: Kölnische Zeitung/Stadtanzeiger, Nr. 321/RN 13, vom 3.10.1980.

Als Erziehungsanstalt für den militärischen Nachwuchs Deutschlands hatte das Kadettencorps in der ausgehenden Monarchie einen ausgezeichneten Ruf genossen.

Die Kadetten stammten keineswegs nur aus den Adelsfamilien; denn die Schulgebühren waren bewusst so gestaltet worden, dass es sich auch weniger bemittelte Eltern leisten konnten, ihre Kinder auf die Kadettenschule zu schicken.

Aus der traditionsreichen Militärschule auf den Bensberger Höhen gingen zahlreiche verdiente Offiziere hervor.

Dass neben der militärischen Disziplin auch eine selbständige Charakterbildung und Werthaltung vermittelt wurde, ist daraus ersichtlich, dass einige der hier Ausgebildeten in der NS-Zeit auch im Widerstand zu finden waren, wie beispielsweise Hauptmann Walter Stennes, einer der ersten Widerstandskämpfer gegen Hitler.[23]

Auch Franz C. Fetzer stand später dem nationalsozialistischen Regime kritisch gegenüber, und, obwohl er ein Leben lang auf seine militärische Ausbildung in der Kadettenanstalt verwies, die ihn überaus stark geprägt hatte, ging er während des Zweiten Weltkriegs einen eigenständigen Weg am Rande des Widerstandes.

Er hielt zeitlebens die Erinnerung an seine Kadettenzeit hoch. Er erzählte auch immer wieder gerne davon und lobte die ihm dort vermittelten Werte. Er wusste auch viele Anekdoten von den Streichen der Kadetten zu erzählen. So hatten beispielsweise einige Kadetten dem martialischen Löwen eines Siegesdenkmales viel Schnee in das offene Maul gefüllt. Zugleich wurde er an einer empfindlichen Stelle mit einem Eisenbohrer gelöchert.

Dies führte dazu, dass sich die Kadetten bei den Appellen vor Lachen kaum halten konnten, denn es sah so aus, als ob der Löwe pinkeln würde. Da sich die Fachleute wegen möglicher Frostschäden einig waren, dass die gesamte Flüssigkeit den Löwen zuerst verlassen müsse, ehe man die Öffnung wieder schließen dürfte, konnten sich die Kadetten dieses Anblicks noch tagelang erfreuen. Es erheiterte die Kadetten auch, dass es einem waghalsigen Kletterer des Kadettencorps gelungen war,

23 Peter PAULS, Ein historischer Tag für das Bensberger Schloß: Heute vor 40 Jahren wurde es zur Militärschule umfunktioniert. In: Kölnische Zeitung/Stadtanzeiger, Nr. 321/RN 13, vom 3.10.1980.

dem hoch über der Corpskirche ragenden Erzengel ein Nachhemd anzuziehen. Die Militärs waren ratlos, wie man dies wieder entfernen könnte; schließlich musste eine Baufirma damit beauftragt werden, ein Gerüst aufzurichten. In der Nacht vor dessen Vollendung war das Nachthemd verschwunden. Der unbekannte kletterfreudige Kadett hatte es selbst wieder abmontiert.[24]

Fetzer trug auch im hohen Alter immer wieder mit seinen Spenden zur Abhaltung der Kadettentage und zur Einrichtung einer Erinnerungsstätte bei.[25]

Schloss Bensberg – Aus der ehemaligen Kadettenanstalt wurde nun ein Luxushotel

Die Kadettenanstalt im Schloss Bensberg wurde nach dem Zusammenbruch des Deutschen Reiches am Ende des Ersten Weltkrieges geschlossen.

Die letzten Kadetten wurden von den Mitgliedern des Arbeiter- und Soldatenrates Köln, Filiale Bensberg, am 11. November 1918 vertrieben.

In das Schloss rückten später Neuseeländer und dann französische Kolonialtruppen aus Marokko ein. Nach dem Zusammenbruch 1918 wurde das Schloss als Kaserne und später als Obdachlosenasyl verwendet.

In den frühen 30er-Jahren wurde das Schloss wieder renoviert und schließlich wurde hier eine Nationalsozialistische Erziehungsanstalt (NAPOLA) untergebracht. Im Nordturm des Schlosses erinnerte damals ein Museumszimmer an die militärische Tradition dieses Gebäudes.[26]

Im Jahr 1942 ging der Nordflügel durch zündelnde Schüler in Flammen auf. Er wurde erst 25 Jahre später wieder aufgebaut.

Nach dem Zweiten Weltkrieg diente das Wahrzeichen Bensbergs als Internat und Berufsschule.

---

24 Fetzers Kadettenkollege Ernst von Salomon hat die zahlreichen Streiche in seinem Buch dokumentiert. Siehe: Ernst von SALOMON, Die Kadetten, Berlin 1933, S. 241 ff.

25 Siehe Spendenbescheinigung aus 1981. Familienarchiv Fetzer.

26 Kölnische Zeitung/Stadt-Anzeiger vom 29.9.1940.

In der Folge übernahm das Land Nordrhein-Westfalen das Schloss, um es als Unterkunft für Kriegsflüchtlinge zu nutzen.

Erst seit einigen Jahren ist es wieder für die Öffentlichkeit zugänglich.

Die „Aachener und Münchener Lebensversicherung AG“ kaufte vom Land Nordrhein-Westfalen das Gebäude und investierte rund 75 Mio. Euro in dessen Instandsetzung. Nach der langen, wechselvollen Geschichte erstrahlt seit August 2000 das historische Gemäuer als „Hotel Schloss Bensberg“ im neuen Glanz.

Wo einst Kadetten gedrillt wurden, finden sich nun 97 De-Luxe-Zimmer, 25 Suiten, 11 Konferenz- und Tagungsräume, ein klassischer Ballsaal, mehrere Bankettsäle, ein Gourmet-Restaurant und ein Wellnessbereich mit Saunalandschaft, Pool und Beautyfarm.

Fetzers Berufsausbildung

Die Ausbildung im königlich-preußischen Kadettencorps war 1914 im Schloss Bensberg begonnen worden, ab dem 1. April 1918 besuchte Franz C. Fetzer dann die königlich-preußische Kadettenanstalt in Berlin-Lichterfelde-West. Hier erlebte er das Ende des Ersten Weltkriegs, den Zusammenbruch des Kaiserreiches und die Ausrufung der Weimarer Republik.

Mit dem Ende des Ersten Weltkrieges und dem Ende des Kaiserreiches zeigten sich die Auswirkungen der Revolution.

Durch den Zusammenbruch hatte sich das Kadettencorps praktisch aufgelöst. Um der Form Genüge zu leisten, wurde Franz C. Fetzer über Antrag seines Vaters am 14. April 1919 rückwirkend mit dem 30. November 1918 aus dem Kadettencorps entlassen.

Für die Abgangs-Zeugnisse verwendete man noch die alten Formulare, doch aus dem gedruckten Briefkopf des königlich-preußischen Kadettencorps war das Wort „königlich“ ausgestrichen worden.

Obwohl das Abgangszeugnis für Franz C. Fetzer keine besonders herausragenden Noten auswies, ermöglichte es ihm durch die Bestätigung der „Reife für die Oberprima“[27], an das Städtische Kaiser-Wilhelm-Real-Gymnasium in Coblenz zu wechseln.

Hier wurde ihm der Besuch der Hauptkadettenanstalt auf die Schulzeit angerechnet, so dass er schließlich am 26. Februar 1920 erfolgreich sein Abitur ablegen konnte.

---

27 Abgangs-Zeugnis des preußischen Kadettencorps, Haupt-Kadettenanstalt, II. Bataillon. Berlin-Lichterfelde. Datiert mit 14.4.1919. Während Führung und Fleiß, Religion und Geschichte mit „Gut“ beurteilt wurden, wurden seine Aufmerksamkeit und die Fächer Deutsch, Lateinisch, Französisch, Englisch und Physik mit „Genügend“ bewertet. In Mathematik gab es sogar ein „nicht hinreichend“. Familienarchiv Fetzer.

Im Vergleich zu seinen Benotungen in der Kadettenanstalt konnte er sich in vielen Gegenständen entscheidend verbessern, so dass er insgesamt ein recht gutes Zeugnis erhielt. In seinem Reifezeugnis ist angeführt, dass Franz C. Fetzer beabsichtige, das Jurastudium aufzunehmen.[28]

In der Folge begann er zunächst als Werkstudent mit dem Studium der Volkswirtschaft und der Staatswissenschaften in Köln, wo er drei Semester studierte.

Fetzers Onkel, der Bruder seiner Mutter, war Prälat in Trier und hatte auch Volkswirtschaftslehre studiert und sich besonders mit Fragen der Steuermoral auseinandergesetzt. Er dürfte seinem Neffen die Anregung gegeben haben, sich dem Studium der Staatswissenschaften zuzuwenden.[29]

Nach Köln ging der Student Franz C. Fetzer für ein Jahr nach Amsterdam und schließlich studierte er ab dem Sommersemester 1922 in München[30] an der Ludwig-Maximilians Universität[31], wo er am 16. und 17. Dezember 1924 das Abschluss-Examen ablegte.

Fetzer erhält ein Dissertationsthema, welches sein Interesse an steuerpolitischen Fragen weckte

Seine Doktorarbeit, die mit „summa cum laude" bewertet wurde, war dem Thema „Die Umsatzsteuer unter besonderer Berücksichtigung der Wirkung auf vertikal gegliederte Betriebe" gewidmet.

In seinem Dissertationsgutachten kommt Geheimrat Professor Dr. Walter Lotz zu einem sehr positiven Befund, weil es zu den Fragen der Umsatzsteuer zwar sehr

28 Städtisches Kaiser-Wilhelm-Real-Gymnasium zu Coblenz, Zeugnis der Reife, 26.2.1920. Familienarchiv Fetzer.

29 Franz-Paul FETZER, OHA-WISOG, AL 2182-2/05, S. 5.

30 Hier wohnte er in der zentral gelegenen Steindorfstraße Nr. 16.

31 Siehe Studentenkartei-Karte Franz Curt Fetzer, Universitätsarchiv der Ludwig-Maximilians Universität, München.

viel juristische Abhandlungen gebe, aber noch kaum wirtschaftswissenschaftliche Literatur vorhanden sei.

Er hält fest, dass diese Arbeit „eine willkommene Ergänzung unseres Wissens" sei, und dass „in ihr nicht nur ein ungeheurer Fleiss stecke, sondern auch klares verständiges Bewältigen des sehr grossen Materials und der sehr schwierigen Probleme" gelinge. Er hat keinerlei sachliche Einwände, lediglich im Stil kann sich Lotz einige Verbesserungen vorstellen: „Wenn noch einige Unbeholfenheiten des Ausdrucks, die nebensächlich sind, korrigiert werden, wird die Arbeit, veröffentlicht, der Fakultät gewiss zur Ehre gereichen."

Der erfreuliche Abschluss seines Gutachtens lautet: „Ich beantrage die Annahme mit der Note I (dissertatio egregia), da alles wesentliche für einen jungen Menschen überraschend gut gelungen ist."[32]

Der Doktorvater Prof. Dr. Lotz hatte Franz C. Fetzer zur Thematik dieser Arbeit angeregt und damit bei diesem ein hohes Interesse an steuerpolitischen Fragestellungen geweckt. Dafür war ihm Fetzer in seiner sehr erfolgreichen späteren Karriere als Steuerfachmann ein Leben lang dankbar.[33]

Während die Dissertation optimal bewertet wurde, erhielt Fetzer beim abschließenden Rigorosum aus den Gegenständen Finanzwissenschaft, Statistik, Volkswirtschaftslehre und Wirtschaftsgeschichte die Gesamtnote II.[34]

Durch den frühen Tod seines Vaters war Franz C. Fetzer in einer schwierigen finanziellen Situation. So suchte er mit Erfolg um Nachlass von den Studiengebühren an, was ihm zu 4/5 genehmigt wurde. Er erhielt auch besondere Vergünstigungen

---

32 Professor Dr. LOTZ, Votum informativum über die Arbeit Curt Fetzer, 1.12.1924. Universitätsarchiv der Ludwig-Maximilians Universität, München.

33 Schreiben Franz C. FETZERS an seine geschiedene Frau Pauline vom 4.8.1951.

34 Professor Dr. Walter Lotz (Finanzwissenschaft) votierte mit –1, bzw. 2, der aus Graz stammende Professor Dr. Otto von Zwiedeneck Südenhorst, ein bekannter Vertreter der so genannten Historischen Schule der Nationalökonomie (Statistik), gab die Note 2–3, Professor Dr. Adolf Weber (Volkswirtschaftslehre) trug die Note 3 ein, und der Wirtschaftshistoriker Dr. Jakob Strieder gab eine 2. Als Gesamtkalkül wurde II festgelegt. Siehe Prüfungsprotokoll vom 17.12.1924. Universitätsarchiv der Ludwig-Maximilians Universität, München.

über den Münchener „Verein Studentenhaus“ und schließlich suchte er auch um eine Befreiung von den Promotionsgebühren an.[35]

Erste Berufstätigkeiten bringen einen praktischen Einblick in das Wirtschaftsleben

Auf Grund der finanziellen Zwänge finanzierte er sich sein Studium als Werkstudent selbst. Er gab sogar Tanzstunden, um seine Kasse aufzubessern und er ging den verschiedensten Berufstätigkeiten nach. So hatte er zunächst eine Banklehre bei der „Dresdner Bank“ in Köln absolviert.

Dann war er in den Jahren 1922 und 1923 Auslandskorrespondent und Buchhalter in dem „Kaffee-Import-und Exporthaus J. Th. Douqué“ in Amsterdam, Keizeragracht 167. Diese Tätigkeit erweiterte sich dann bis zur Mitarbeit im eigentlichen Kaffeegeschäft. Dies war auch mit Reisen nach England und Belgien verbunden.

Während der Universitätsferien war er dann jeweils für einige Monate bei der „Bayerischen Hypotheken- und Wechselbank“ in München, bei der „Deutschen Bank“ in Mainz und am Umsatzsteueramt der Stadt Köln tätig.[36]

Er war folglich schon sehr früh nicht nur mit der Theorie, sondern auch mit der Praxis des Wirtschaftslebens vertraut geworden.

Ein Pyjama für eine Madonna …

Franz C. Fetzer war sehr vielseitig begabt. Er war seit jeher auch sehr humanistisch interessiert, er befasste sich mit Geschichte und fühlte sich zu Meisterwerken der Bildenden Kunst hingezogen.

---

35 Siehe Ansuchen Fetzers vom 11.11.1924. Universitätsarchiv der Ludwig-Maximilians Universität, München.

36 Siehe handschriftlichen Lebenslauf von Franz Curt Fetzer vom 18.11.1924. Universitätsarchiv der Ludwig-Maximilians Universität, München.

Er erwarb durch den Besuch von vielen einschlägigen Vorlesungen auch umfangreiche kunsthistorische Kenntnisse. Er interessierte sich nicht nur für die Kunst und suchte den Kontakt zu Künstlern, sondern er wurde im Laufe der Zeit zu einem überaus fachkundigen und begeisterten Kunstsammler, der sich gerne mit wertvollen Stücken umgab.

Der Grundstein für seine später sehr umfangreiche Sammlung wurde von ihm in München gelegt, wo er das eigentlich für den Kauf eines Pyjamas vorgesehene Geld in eine Madonna investierte.[37]

Sicherlich mag es für ihn verlockend gewesen sein, sich hauptberuflich mit Fragen der Kunstgeschichte zu beschäftigen, doch seine wirtschaftliche Situation war damals dazu keineswegs angetan, aber seine Leidenschaft für schöne Antiquitäten und Kunstobjekte guter Qualität haben ihn sein langes Leben hindurch begleitet.

Erste Erfahrungen in der Interessenvertretung der Industrie

Da er sich im Studium besonders den Steuerfragen gewidmet hatte, die auch Inhalt seiner Doktorarbeit waren, wurde er mit 1. März 1925 als Referent in die Steuerstelle des Reichsverbandes der Deutschen Industrie berufen, die damals von Dr. Friedrich Herrmann, der in Berlin auch als Rechtsanwalt für steuerrechtliche Fragen wirkte, geleitet wurde.

Hier wurde er mit einer Aufgabe betraut, die ihn sehr praxisnah mit der Vertretung von Verbandsinteressen konfrontierte.

Er musste die zahlreichen Wünsche und kritischen Anregungen sichten und auswerten, welche seitens der Unternehmen und der industriellen Fachgruppen bei der Steuerstelle des Reichsverbandes der Deutschen Industrie als Reaktion auf die so-

37 Ilse LEITENBERGER, Wie war das damals Herr Doktor Fetzer? Was in ein einziges Leben alles hineingeht. In: Die Presse, 7./8.12.1979, S. VII.

eben bekannt gegebenen Gesetzesentwürfe der Steuerreform 1925 eingetroffen waren.[38]

Fetzer leistete dabei offenbar gute Arbeit und man wusste sofort seine „außergewöhnliche Fähigkeit auf steuerrechtlichem und wirtschaftlichem Gebiet“ zu würdigen, und so wurde er auch beauftragt, die dem Steuerausschuss des Reichstages angehörenden Abgeordneten der bürgerlichen Parteien, entsprechend den Vorstellungen der industriellen Wirtschaft, für die Verhandlungen und Abstimmungen zu unterrichten.

Er scheint als Lobbyist durchaus überzeugt zu haben; denn „infolge seines gewandten und ruhigen, aber bestimmten Auftretens, das für den Erfolg von Verhandlungen mit Abgeordneten in der damaligen Zeit von ausschlaggebender Bedeutung war, und infolge seiner Gabe, sich schnell und gründlich in ein ihm mehr oder weniger fremdes Arbeitsgebiet einzuarbeiten“, konnte er bereits nach kurzer Einarbeitungszeit mit der selbstständigen Bearbeitung eines Referates beauftragt werden, welches alle Fragen aus den Bereichen der Steuern vom Geldentwertungsausgleich (Hauszinssteuern), der Grundvermögenssteuern und des Finanzausgleiches zwischen dem Reich, den Ländern und den Gemeinden umfasste. Dazu kamen später noch Fragen der Lohnsteuern und der Umsatzsteuern, für die sich Fetzer ganz besonders interessierte.[39]

Die Tätigkeit für die Steuerstelle der Deutschen Industrie war für Fetzer eine große Herausforderung und zugleich auch die Möglichkeit, sich als Interessenvertreter im Nahebereich der Politik zu bewähren.

In dieser Position war es ihm auch möglich, zu führenden Persönlichkeiten aus Wirtschaft und Politik mannigfache Kontakte zu knüpfen.

Er konnte auf Grund seines Wissens überaus selbständig in den Jahren der großen Steuerreform 1925/26 arbeiten und durch seine Mitwirkung am Reformwerk seine ersten praktischen und wirtschaftlichen Erfahrungen erwerben.

---

38 Dr. Friedrich Herrmann, Rechtsanwalt am Kammergericht, Beurteilung des Herrn Dr. Fetzer, Berlin-Zehlendorf, 5.9.1938. Familienarchiv Fetzer.

39 Dr. Friedrich Herrmann, Rechtsanwalt am Kammergericht, Beurteilung des Herrn Dr. Fetzer, Berlin-Zehlendorf, 5.9.1938. Familienarchiv Fetzer.

Ende Dezember des Jahres 1926 erhielt Franz C. Fetzer eine Anstellung im Statistischen Reichsamt, wo er mit der Aufgabe betreut wurde, die erste umfassende Reichsfinanzstatistik aufzubauen.[40]

Da er sich in der Steuerstelle der Deutschen Industrie ausgezeichnet bewährt hatte, machte man durchaus Anstrengungen, ihn zum Bleiben zu veranlassen.

Er ließ sich aber von seinem Wunsch, zum Statistischen Reichsamt zu wechseln, nicht abbringen, blieb jedoch mit der Interessenvertretung der Deutschen Industrie auch weiterhin in gutem Kontakt.

Als sein Nachfolger im Winter 1928/29 erkrankte, war er im Einverständnis mit dem Statistischen Reichsamt bereit, für ein halbes Jahr wieder in der Steuerstelle des Reichsverbandes der Deutschen Industrie tätig zu sein.[41]

Fetzer war dann im Statistischen Reichsamt bis zum Jahr 1930 in mehreren Abteilungen erfolgreich tätig und leitete zuletzt die Einkommen-, Körperschaft- und Lohnsteuerstatistik, eine Abteilung von etwa 500 Leuten.[42]

Auch während seiner Tätigkeit für das Statistische Reichsamt befasste er sich sehr intensiv mit Steuerfragen, und dies schlug sich auch in einigen Publikationen nieder.

So verfasste er Beiträge für die „Mitteilungen der Steuerstelle des Reichsverbandes der Deutschen Industrie" und er schrieb auch ein Erläuterungsbuch zur preußischen Hauszinsverordnung vom 2. Juli 1926, welches 1927 im Verlag J. Hess erschien und das sehr gut aufgenommen wurde.[43]

Durch sein konzeptives Denken und sein sicheres Auftreten wurde auch die Politik auf den jungen Dr. Franz C. Fetzer aufmerksam, welcher sich als gewiefter Verhandlungspartner erwies und die ihm anvertrauen industriellen Interessen effizient zu vertreten wusste.

---

40 Abschrift des von Franz C. Fetzer im November 1979 selbst verfassten Lebenslaufes. Familienarchiv Fetzer.

41 Dr. Friedrich Herrmann, Rechtsanwalt am Kammergericht, Beurteilung des Herrn Dr. Fetzer, Berlin-Zehlendorf, 5.9.1938. Familienarchiv Fetzer.

42 Abschrift des von Franz C. Fetzer im November 1979 selbst verfassten Lebenslaufes. Familienarchiv Fetzer.

43 Dr. Friedrich Herrmann, Rechtsanwalt am Kammergericht, Beurteilung des Herrn Dr. Fetzer, Berlin-Zehlendorf, 5.9.1938. Familienarchiv Fetzer.

Die Weltwirtschaftskrise verschärft die politischen Gegensätze

Deutschland hatte schwer unter den Folgen des Ersten Weltkriegs zu leiden. Zum Problem einer galoppierenden Inflation und der dadurch erforderlichen Währungssanierung, zu den psychologischen Folgen eines verlorenen Weltkrieges, zu den Gebietsabtretungen, kamen vor allem auch noch die strukturellen Probleme der erforderlichen Umstellung der Wirtschaft von der Rüstung auf die Friedenswirtschaft.

Dazu kam noch das gravierende Problem der großen Reparationsleistungen, welche von Deutschland gemäß den Bestimmungen des Friedensvertrages von Versailles an die Siegerstaaten zu leisten waren.

Deutschland befand sich ohnedies in einer sehr schwierigen wirtschaftlichen Situation, als 1929 von der New Yorker Börse ausgehend die große Weltwirtschaftskrise auch ganz Europa erfasste.

Vor allem der Bankensektor geriet ins Wanken, und es gab einige spektakuläre Bankenzusammenbrüche, so z. B. bei der Danat (Darmstädter und Nationalbank).

Ein Rekord an Arbeitslosigkeit und eine pessimistische Wirtschaftsstimmung prägten die frühen 30er-Jahre in der Weimarer Republik.

In dieser schwierigen Phase nahmen in den meisten europäischen Staaten die politischen Gegensätze zu, und die demokratischen Systeme gerieten zunehmend in Gefahr, weil der Druck durch die immer größer werdenden extremistischen Parteien immer stärker wurde.

Die Massen erwarteten sich die Lösung der anstehenden Probleme von einem „starken Mann", das Vertrauen in die Demokratie und in die gesetzgebenden Körperschaften wurde untergraben.

Es ist ein europaweites Phänomen, dass auf Grund der wirtschaftlichen Probleme die demokratischen Regierungen unter Druck gerieten und der Vormarsch autokratischer Systeme als unaufhaltsam galt. Dieser Prozess wurde mit Mussolini in Italien schon früh erkennbar, er sollte in der Folge die meisten mitteleuropäischen Staaten und auch Spanien in ungünstiger Weise verändern.

Fetzers Tätigkeit für die Zentrumspartei unter Kanzler Dr. Brüning und seine Zusammenarbeit mit Professor Dr. Friedrich Dessauer

In den Nahebereich der Parteipolitik kam Franz C. Fetzer in den Jahren von 1930 bis 1933 durch seine Tätigkeit für die Fraktion der Zentrumspartei im deutschen Reichstag unter dem deutschen Reichskanzler Dr. Heinrich Brüning.[44]

Dr. Franz C. Fetzer war „der dauernde Mitarbeiter" des prominenten Abgeordneten der Zentrumspartei Prof. Dr. Friedrich Dessauer und er hatte die Funktion eines „ständigen Sekretärs des wirtschaftspolitischen Ausschusses der Zentrumsfraktion des Reichstages".[45]

Als persönlicher Referent von Professor Dr. Dessauer unterstützte er diesen bei der Erstellung von Wirtschaftsprogrammen. Sein Honorar bezog er von einem Wirtschaftsverband, er war sozusagen eine „geliehene Expertise, wie das auch heute nach wie vor für die Politik üblich ist".[46]

In dieser Funktion unterstützte er die Abgeordneten durch Bereitstellung und Aufarbeitung von Fakten und Statistiken für deren Reden.

Mit seinem damaligen Chef, Prof. Friedrich Dessauer, verband Franz C. Fetzer eine lebenslange tiefe Freundschaft. Man hatte nicht nur die gleichen politischen Überzeugungen, sondern war auch privat verbunden; dies zeigt sich beispielsweise

---

44 Abschrift des von Franz C. Fetzer im November 1979 selbst verfassten Lebenslaufes. Familienarchiv Fetzer.

45 Friedrich Dessauer, Vorwort. In: Friedrich DESSAUER – Franz C. FETZER, Krisenwende? Frankfurt/Main 1932.
Fetzer wurde durch seine politische Tätigkeit für die Zentrumspartei sehr geprägt und er wies auch im Alter immer wieder auf seine Funktionen in dieser politisch schwierigen Phase hin. Siehe z. B. Briefe von Dr. Franz C. FETZER an Kardinal Dr. Franz König vom 30.12.1975 und vom 19.4.1978, Familienarchiv Fetzer.

46 Erhard BUSEK, OHA-WISOG,VIP 2131-8/04, S. 2.

daran, dass Professor Dr. Dessauer bei Fetzers standesamtlicher Trauung als Trauzeuge fungierte.[47]

Prof. Dr. Friedrich Dessauer (1881–1963) war Unternehmer und Wissenschafter. Als Röntgenforscher hatte er sich einen guten Namen gemacht.

Seit 1920 war er Professor für physikalische Grundlagen der Medizin in Frankfurt/Main und galt als hervorragender Biophysiker und Radiologe.

Er hatte sich durch seine ersten Röntgenversuche schwere Verbrennungen zugezogen, die ihn äußerlich stark kennzeichneten.

Von 1924 bis 1933 war er Reichstagsabgeordneter für die deutsche Zentrumspartei.

Prof. Friedrich Dessauer hat das Buch „Philosophie der Technik“ geschrieben, hat aber auch für die Zentrumspartei wirtschaftspolitische Grundsatzfragen bearbeitet und eine Publikation über die „Kooperative Wirtschaft“ verfasst, welches Franz C. Fetzer überaus schätzte, so dass er diese auch später seinem Sohn, als dieser Jus studierte, ganz besonders zur Lektüre empfahl.[48]

Fetzer als Co-Autor der „Krisenwende“

Professor Dessauer verfasste auch das Buch „Im Kampf mit der Wirtschaftskrise“ und wurde dabei von Dr. Franz C. Fetzer unterstützt. So erwähnte Dessauer bereits in den ersten Auflagen dieses Werkes Fetzer im Vorwort mit Dank für seine „vielen Hilfeleistungen“.

In der vierten Auflage des Buches, welches dann unter dem Titel „Krisenwende?“ erschien, wird Fetzer von Dessauer als Mitautor genannt, weil er diesmal „einen großen Anteil an der Ausarbeitung“ gehabt hätte.[49]

---

47 Franz-Paul FETZER, OHA-WISOG, AL 2182-2/05, S. 1.

48 Franz-Paul FETZER, OHA-WISOG, AL 2182-2/05, S. 1.

49 Friedrich DESSAUER, Vorwort. In: Friedrich DESSAUER – Franz C. FETZER, Krisenwende? Frankfurt/Main 1932.

Dieses Buch reflektiert die Wirtschaftsprobleme der Weimarer Republik knapp vor Hitlers Machtergreifung. Es finden sich viele mahnende Hinweise auf die instabile politische Situation, indem die politischen Störungen angeprangert werden, welche das Wirtschaftsklima belasten und damit die Wirtschaftskrise verlängern: „Ein schwerer Wahlkampf wurde ohne Not entfacht. Seine Begleiterscheinungen, wie die Uniformierung politischer Formationen, war nicht dazu angetan, das wirtschaftliche Vertrauen zu stärken."[50]

Dessauer und Fetzer waren sich in der Beurteilung der Wirtschaftskrise einig: Es sei eindeutig eine Situation der Unterkonsumtion, also eine nachfrageseitige Krise, die man nicht durch Lohnkürzungen bekämpfen dürfe, weil damit die Massenkaufkraft noch weiter absinken würde.[51]

In Dessauers Überlegungen, an denen Fetzer mitarbeitete, fanden sich viele Gedanken, die durchaus mit dem späteren Modell der österreichischen Sozialpartnerschaft korrelierten.

Die Enzyklika „Quadragesimo Anno" hatte für Diskussionen gesorgt, das österreichische Experiment eines Christlichen Ständestaates unter Bundeskanzler Dr. Engelbert Dollfuß vermeinte dieses päpstliche Dokument zur Christlichen Soziallehre in seinem ständestaatlichen Regime sehr autokratisch auslegen zu müssen.

Franz C. Fetzer durfte Prof. Dessauer bei dessen Reise nach Rom begleiten, wo dieser hinterfragen wollte, ob diese Enzyklika nur so ausgelegt werden darf, wie dies im Österreich der Zwischenkriegszeit geschah.[52]

Im Kampf gegen den Nationalsozialismus

Franz C. Fetzer musste für die Zentrumspartei auch in Auftritten bei Wahlveranstaltungen werben.

50 Friedrich DESSAUER – Franz C. FETZER, Krisenwende? Frankfurt/Main 1932, S. 4 f.

51 Friedrich DESSAUER – Franz C. FETZER, Krisenwende? Frankfurt/Main 1932, S. 9 ff.

52 Franz-Paul FETZER, OHA-WISOG AL 2182-2/05, S. 1.

In seinen Wahlreden wandte er sich vehement gegen Hitler und die NSDAP[53], und er war zeitlebens darauf stolz, sich schon sehr früh gegen die Tendenzen des Nationalsozialismus gewehrt zu haben.

Professor Dessauer zählte zu jenen Exponenten der Zentrumspartei, die im Gegensatz zum Parteiführer Prälat Kaas durchaus kämpferisch waren und gegen den Nationalsozialismus scharf opponierten. Nach der totalen Machtergreifung durch Hitler war seine Position in Deutschland unhaltbar geworden. Mit der Machtergreifung des Nationalsozialismus wurde er aus dem Universitätsdienst entlassen. Er war sowohl wegen seiner politischen Vergangenheit als auch wegen seiner jüdischen Herkunft der Verfolgung durch das NS-Regime ausgesetzt. So war er 1933 durch ein halbes Jahr in Haft, da er wegen seines Widerstandes gegen das NS-Regime und seines Naheverhältnisses zum angeblichen Landesverräter Dr. Wilhelm Mühlon angeklagt wurde. Trotz des Freispruches am 20. Dezember 1933 wurde sein gesamtes Vermögen beschlagnahmt und ihm jede Tätigkeit an der Universität untersagt.[54]

Wie einigen anderen vom NS-Regime bedrohten deutschsprachigen Politikern, Wissenschaftlern und Künstlern, bot auch ihm die unter Kemal Atatürk nach Modernität strebende Türkei im Jahr 1934 die Möglichkeit an, hier zu leben und zu arbeiten.

Für die Reformen im Land begünstigte die Türkei den Zuzug von führenden Intellektuellen, denen man Lehrstühle in Ankara und Istanbul anbot.

Dessauer blieb aber trotz eines von der türkischen Regierung angebotenen 10-Jahresvertrages nur kurz in Istanbul und ging 1937 nach Fribourg in die Schweiz. Allerdings musste er die Auflage dieses neutralen Staates akzeptieren, wonach er sich in der Schweiz jeglicher politischer Agitation enthalten müsste.[55]

---

53 Davon zeugen Fetzers handschriftliche Skizzen für seine Wahlreden, die er sich in ein Buch mit Schillers Werken notiert hatte. Franz-Paul FETZER, OHA-WISOG AL 2182-2/05, S. 24.

54 Johannes SCHABER, Friedrich Dessauer. In: Biographisch-Bibliographisches Kirchenlexikon, Band XIV, 1998, Spalten 924–932.

55 Fritz NEUMARK, Zuflucht am Bosporus. Deutsche Gelehrte, Politiker und Künstler in der Emigration 1933–1953, Frankfurt/Main 1980, S. 104 f.

Fetzer blieb mit Prof. Dessauer bis zu dessen Tod in bestem und überaus freundlichem Kontakt und sie tauschten über viele Briefe ihre Gedanken aus. Dessauer freute sich, als er 1946 erfuhr, dass Fetzer den Krieg gut überstanden hatte: „Ich habe mir so viele Sorgen um Sie gemacht und verschiedentlich angefragt, um Spuren von Ihnen zu entdecken. Da ich keine Spuren fand und befürchtete, dass Sie in die Kriegswirren oder in die Parteienwirren hineingeraten sein könnten, habe ich das einzige getan, was einem Christen noch übrig bleibt, nämlich jeden Tag für Sie gebetet." Dessauer bedankte sich für all das, was Fetzer für ihn getan habe, als er in Gefangenschaft war: „Ich danke Ihnen nachträglich von Herzen für die Wege und Mühen und auch die Gefahren, die Sie meinetwegen auf sich nahmen. Es ist sicher Vorsehung im echten alten Sinne des Wortes, der Finger Gottes in der Geschichte, dass Sie und ich noch leben und schaffen können und mit Hand anlegen, den Menschen wieder zu helfen, die verzweifelt in dem Schutthaufen Europa herumirren – einem Schutthaufen, den wir beide vorausgesehen haben. Sie erinnern sich sicher noch, wie ich in meinen letzten Reden und Aufsätzen mehrfach das Wort von der ‚finis Germaniae' aussprach, die uns droht, wenn Hitler an die Macht kommt."

Professor Dessauer kommentierte auch den „verzweifelten Kampf idealer, anständiger Christen und Demokraten in der Weimarer Republik", indem er ausführte: „Jetzt nachträglich sehen wir noch deutlicher als früher, mit wie schlechten Chancen wir diesen Kampf führten, aber wir haben ihn doch tapfer geführt, und es war vieles damals besser, als man heute weiß. Da wir nur geistige Waffen hatten und uns an Spielregeln hielten, die andern aber ganz andere Waffen und keine Spielregeln – weder formeller noch moralischer Art – anerkannten, und da wir allein blieben, mussten wir zur Niederlage kommen."[56]

56 Schreiben von Prof. Dr. Friedrich DESSAUER an Dr. Franz C. Fetzer, Freiburg/Schweiz, 10.2.1946. Familienarchiv Fetzer.

Dr. Heinrich Brüning, der glücklose Kanzler

Dr. Heinrich Brüning gehörte zu den wichtigsten Politikern der Weimarer Republik.

Er wurde 1885 im westfälischen Münster geboren und wuchs hier in einem Elternhaus mit katholisch-konservativer Prägung auf.

Er widmete sich dann in einem zehnjährigen Studium der Geschichte, Philosophie und Nationalökonomie.[57]

Als der Erste Weltkrieg ausbrach, meldete er sich, die damals allgemeine Kriegsbegeisterung teilend, sofort freiwillig zum Militär. Das Kriegserlebnis und das Bewusstsein, sich als Leutnant einer MG-Scharfschützenabteilung bestens bewährt zu haben, prägten ihn für sein weiteres Leben.[58]

Nach dem Zusammenbruch des Deutschen Reiches trat er im Jahr 1919 in das politische Leben ein und wurde Mitglied der Zentrumspartei.

Er arbeitete für den christlich-nationalen Gewerkschaftsführer und preußischen Wohlfahrtsminister Adam Stegerwald (1874–1945), der für die Gründung einer interkonfessionellen christlichen Partei eintrat. Durch seine Arbeit für den ihm ideologisch überaus nahe stehenden Stegerwald erwarb sich der politisch bislang völlig unerfahrene Dr. Heinrich Brüning die ersten Verdienste in der Parteipolitik.

In der Folge entwickelte sich für ihn eine erstaunlich steile politische Karriere; denn bereits 1921 wurde er Geschäftsführer des christlich-nationalen „Deutschen Gewerkschaftsbundes“, diese Funktion hatte er bis 1930 inne.

Der „Deutsche Gewerkschaftsbund“ (DGB) war die fast 1,5 Millionen Mitglieder umfassende Dachorganisation der Christlichen Gewerkschaften. Durch ihre christliche Ideologie standen diese im schroffen Gegensatz zu den Freien Gewerkschaften, die im Allgemeinen Deutschen Gewerkschaftsbund (ADGB) organisiert waren. Der Weimarer Republik stand ein Großteil der Mitglieder ablehnend gegenüber.

---

57 Herbert HÖMIG, Brüning. Kanzler in der Krise der Republik – Eine Weimarer Biographie, Paderborn 2000, S. 33–52.

58 Herbert HÖMIG, Brüning. Kanzler in der Krise der Republik – Eine Weimarer Biographie, Paderborn 2000, S. 53–64.

Hemmend für den Einfluss des DGB wirkte sich vor allem seine parteipolitische Zerstreuung vom katholischen Zentrum über die arbeitgeberfreundliche Deutsche Volkspartei (DVP) bis zur monarchistischen Deutschnationalen Volkspartei (DNVP) aus.

Einen starken Hang zur radikalen Rechten und zum Antisemitismus entwickelte insbesondere der dem DGB angeschlossene, völkisch orientierte Deutschnationale Handlungsgehilfenverband (DHV).

Im Ruhrkampf 1923 agierte Brüning als Verbindungsmann der christlichen Gewerkschaften zu Reichswehr und Reichsregierung.

Im Jahr 1924 erlangte er ein Mandat für den Reichstag. Schon bald gelang es ihm, zur Führungsspitze der Fraktion aufzurücken, und er galt bald parteiintern als wichtiger Experte für Budget- und Finanzfragen, der sich vor allem in der heiklen Frage der Reparationen mit markanten Beiträgen zu Wort meldete.

Seine politische Arbeit wurde bald so geschätzt, dass er schließlich am 5. Dezember 1929 einstimmig zum Vorsitzenden der Reichstagsfraktion der Zentrumspartei gewählt wurde.[59]

Seine bisherige Arbeit hatte sich eher im Hintergrund abgespielt, deshalb war er noch keine deutschlandweit bekannte Persönlichkeit.

Brüning als Hindenburgs Überraschungskandidat für das Kanzleramt

Es war für die breite Öffentlichkeit eine große Überraschung, als Reichspräsident Paul von Hindenburg den damals 44 Jahre alten Dr. Heinrich Brüning am 28. März 1930 mit der Regierungsbildung beauftragte.

Dieser schaffte dies in relativ kurzer Zeit, und so konnte bereits 48 Stunden später die neue Reichsregierung ernannt werden.

---

59 Herbert HÖMIG, Brüning. Kanzler in der Krise der Republik – Eine Weimarer Biographie, Paderborn 2000, S. 131.

Auf die Regierungsbildung hatte Hindenburg starken Einfluss genommen. So gab er den expliziten Auftrag, dass ohne Koalitionsbindung im Reichstag ein gänzlich auf das Vertrauen des Reichspräsidenten gestütztes Kabinett zu bilden sei. Mit dieser rechts gerichteten Regierung unter Ausschluss der Sozialdemokratie wurde ein Schritt in Richtung eines autoritären Staates gesetzt.[60]

Dr. Brüning versuchte durch seine Politik diese Vorstellungen des greisen Reichspräsidenten Hindenburg zu erfüllen, da letztlich sein politisches Schicksal von dessen Wohlwollen abhängig war.

Geradezu begeistert begrüßte ein Großteil der Christlichen Gewerkschaften 1930 die Einsetzung eines Präsidialkabinetts unter Heinrich Brüning.

Bereits nach vier Monaten ließ Brüning den Reichstag auflösen, worauf es am 14. September 1930 zu Neuwahlen in den Reichstag kam. Diese Wahlen brachten eine Niederlage für die gemäßigten Parteien, hingegen konnten die Nationalsozialisten ihren ersten großen Wahlerfolg auf Reichsebene erreichen, damit wurden sie zu einem politischen Faktor von steigender Bedeutung.

Kanzler Brüning stand vor unlösbaren Aufgaben

Auf Grund der Mehrheitsverhältnisse war von nun an das Kabinett Brüning nicht nur vom Vertrauen des Reichspräsidenten Hindenburg abhängig, sondern auch von der Haltung der Sozialdemokratie, dieses Kabinett zu „tolerieren“.

Denn diese hatten es im Reichstag in der Hand, gegen die Aufhebung der von der Regierung Brüning erlassenen Notverordnungen zu stimmen, an ihnen lag es auch als Zünglein an der Waage über den Erfolg der Misstrauensvoten der Kommunisten, Deutschnationalen und Nationalsozialisten zu entscheiden.

---

60 Karl Dietrich BRACHER, Die Auflösung der Weimarer Republik. Eine Studie zum Problem des Machtverfalls in der Demokratie (= Schriften des Instituts für Politische Wissenschaft, Band 4), 2. Auflage, Stuttgart 1957, S. 331 ff.

Brüning hatte also eine fast unlösbare Aufgabe zu bewältigen, und es gab eine enge und unheilvolle Verschränkung innen- und außenpolitischer Problemlagen: Einerseits hatte er die Wirtschafts- und Finanzkrise und die steigende Massenarbeitslosigkeit zu bekämpfen und zugleich sollte er den Staatshaushalt stabilisieren.

Doch neben den gravierenden wirtschaftlichen und sozialen Problemen stellten sich auch zentrale außenpolitische Fragen. Dazu gehörte vor allem die Lösung der Reparationsfrage, aber auch der so genannte „Schober-Curtius-Plan", dies war das Projekt einer deutsch-österreichischen Zollunion, von dem zu erwarten war, dass dies international als eine versuchte Umgehung des in den Friedensverträgen verankerten Anschlussverbotes angesehen werden würde.

Ein Gelingen dieses problematischen Zollunion-Projektes hätte für Kanzler Brüning einen wertvollen politischen Erfolg bedeuten können.

Doch die ungenügende Vorbereitung dieses Projektes und das vorzeitige Bekanntwerden der geheim geführten Verhandlungen hatten verhängnisvolle Auswirkungen. Man hatte es verabsäumt, rechtzeitig auf diplomatischem Wege die Siegermächte zu informieren und damit die internationale Akzeptanz dieses Projektes zu erleichtern. Als durch eine gezielte Indiskretion darüber vorzeitig in den europäischen Medien berichtet wurde, stand der Vorwurf im Raum, dass sich Deutschland und Österreich über das Anschlussverbot hinwegsetzen wollen.

Durch den heftigen Widerstand von Frankreich und England war dieses Projekt zum Scheitern verurteilt.

Es mutet wie ein Treppenwitz der Geschichte an, dass einige Jahre später der „Anschluss" Österreichs an das nationalsozialistische Deutsche Reich durch die internationale Appeasementpolitik fast kommentarlos akzeptiert wurde. Damit hat man letztlich Adolf Hitler weit mehr zugestanden als Brüning, welcher durch diesen Misserfolg zum politischen Abstieg verurteilt war.[61]

Neben diesen zentralen Fragen der Sachpolitik galt es aber auch noch stets auf die instabilen politischen Verhältnisse Rücksicht zu nehmen.

---

61 Herbert HÖMIG, Brüning. Kanzler in der Krise der Republik – Eine Weimarer Biographie, Paderborn 2000, S. 296–303.

Brüning scheiterte letztlich an dieser verhängnisvollen Konstellation: Es gab eine äußerst fragile Regierungsbasis ohne feste parlamentarische Mehrheit im Reichstag und es gab die Abhängigkeit von einem Reichspräsidenten, der zunehmend unter den Einfluss von reaktionären Beratern geriet.

Es rächte sich, dass die Stellung des Reichskanzlers im Präsidialsystem äußerst schwach war, und dass er somit auf Gedeih und Verderb vom Vertrauen des Reichspräsidenten abhängig war.[62]

Der einst so willensstarke Reichspräsident Hindenburg hatte bereits seinen Zenith überschritten und es gab auf Grund seiner zunehmenden Senilität bereits berechtigte Zweifel daran, ob er sich noch im „Vollbesitz seiner geistigen Kräfte“ befinde.[63]

Dazu kam der steigende rechte und linke Radikalismus und Populismus, die es zusehends schwieriger machten, sachliche Problemlösungen auf einem demokratischen Kurs anzusteuern.

Der Sturz der Regierung Brüning

Das Ende der Regierung Heinrich Brünings, die 26 Monate gedauert hatte, wurde durch Reichspräsident Hindenburg herbeigeführt, welcher vielen Einflüsterungen ausgesetzt war und der sukzessive sein Vertrauen in seinen Kanzler Dr. Brüning verloren hatte.[64]

---

62 Karl Dieter BRACHER, Die Auflösung der Weimarer Republik, Eine Studie zum Problem des Machtverfalls in der Demokratie (= Schriften des Instituts für Politische Wissenschaft, Band 4), 2. Auflage, Stuttgart 1957, S. 523.

63 Brüning berichtet in seinen Memoiren, dass es nicht einfach war, den Reichspräsidenten Hindenburg als Kandidaten für dessen Wiederwahl den einflussreichen Wirtschaftskreisen so zu präsentieren, dass deren Zweifel über die Amtsfähigkeit von Hindenburg zerstreut werden können: „Der mythische Glanz seines Namens musste erhalten und erhöht werden … Ich saß in den Sitzungen, die der Reichspräsident leitete, stets sprungbereit, ein Unglück zu verhindern, ihn zu beeinflussen …“. Heinrich BRÜNING, Memoiren 1918–1934, Stuttgart 1970.

64 Gerhard SCHULZ, Von Brüning zu Hitler, Der Wandel des politischen Systems in Deutschland 1930–1933, S. 819 ff.

Hindenburg und dessen Umgebung hatten sich einen noch markanteren Rechtskurs der Regierung erwartet.

Auch seitens der Großindustriellen und Bankiers, die Brüning durch seine Wirtschaftspolitik für sich zu gewinnen trachtete und womit er auch anfänglich durchaus Erfolg hatte, wandten sich von ihm zusehend ab, sie begannen die nationalsozialistische Bewegung unter Adolf Hitler immer offener zu unterstützen.[65]

Eher ungnädig wurde Kanzler Brüning am 30. Mai 1932 von Reichspräsident Hindenburg entlassen. Brünings Enttäuschung war groß; denn einerseits hatte er Hindenburg als bedeutende Persönlichkeit stets geschätzt und geradezu verehrt. Andererseits fühlte er sich als Opfer von Intrigen und Quertreibereien[66] ungerecht behandelt und empfand die Umstände seines Abganges als demütigend.[67]

Schließlich meinte er nicht ganz zu unrecht, gerade vor entscheidenden äußeren Erfolgen gestanden zu sein. Die völlige Streichung der Reparationen war bereits in Sicht und ohne diese Last hätte die deutsche Wirtschaft eine neue Aufschwungphase erlebt.

Dass Reichspräsident Hindenburg ihn knapp davor 1932 entließ, ehe dieses Ziel erreicht war, und er damit in der Geschichtsschreibung als politisch gescheitert abgestempelt gilt, bedeutete für ihn ein Trauma, das er bis zu seinem Tod am 30. März 1970 – zufällig auf den Tag genau vierzig Jahre nach Übernahme des Kanzleramtes – nicht überwinden konnte.[68]

Dies veranlasste ihn dazu, sich immer wieder retrospektiv zu den Beweggründen und den Zielsetzungen seiner Politik rechtfertigend zu äußern.[69]

---

65 Vgl. Henry Ashby TURNER Jr., German Big Business and the Rise of Hitler, Oxford 1985, S. 160 ff und 291 ff.

66 Heinrich BRÜNING, Memoiren 1918–1934, Stuttgart 1970, S. 417 ff.

67 Heinrich BRÜNING, Memoiren 1918–1934, Stuttgart 1970, S. 602.

68 Dies geht auch aus Brünings Memoiren hervor, die einige Monate nach seinem Tod veröffentlicht worden sind. Siehe: Heinrich BRÜNING, Memoiren 1918–1934, Stuttgart 1970.

69 Herbert HÖMIG, Brüning, Kanzler in der Krise der Republik – Eine Weimarer Biographie, Paderborn 2000, S. 11.

Brünings Politik steht heute noch im Widerstreit der Meinungen …

In der zeitgeschichtlichen Beurteilung wird das Wirken von Reichskanzler Heinrich Brüning bis heute sehr unterschiedlich beurteilt. Er ist unter den zwölf Reichskanzlern der Weimarer Republik der umstrittenste.

Die Zeitgenossen bezeichneten ihn als „Hungerkanzler" und machten ihn für das Phänomen der Massenarbeitslosigkeit in seiner Regierungszeit von 1930 bis 1932 und für die desolate Wirtschafts- und Finanzsituation Deutschlands verantwortlich, auf die er mit seinem rigorosen Sparkurs falsch reagiert hätte.

Aber auch heute scheiden sich noch die Geister: Einerseits hätte seine Präsidialregierung eine durchaus chancenreiche „konservative Alternative" geboten, das Überleben der Weimarer Demokratie trotz der widrigen wirtschaftlichen und politischen Rahmenbedingungen zu ermöglichen.

Brüning hätte das Zeug gehabt, die Demokratie zu retten; er hätte nur noch mehr Zeit benötigt, um seine Stabilisierungsziele zu erreichen.

Immerhin sei in der Reparationsfrage einiges in Bewegung gekommen; sodass hier Hitler eigentlich in der Folge jene Früchte genießen konnte, die Brüning hart erarbeitet hatte. Reichpräsident Paul von Hindenburg habe gleichsam den Fehler begangen, das Kabinett Brüning knapp vor der Erreichung des Zieles – gleichsam an den letzten hundert Metern[70] – entlassen zu haben.

So sieht es naturgemäß auch Heinrich Brüning selbst in seinen Memoiren[71] und so sahen es auch Dr. Franz C. Fetzer und Professor Dr. Friedrich Dessauer bereits im Jahr 1932, wenn zu Brünings Sturz aus ihrer Sicht klargestellt wird: „Wir wollen es nie vergessen: Nicht die Volksvertretung hat diesen Kanzler gestürzt, sondern Kräfte, die im Volk nur geringen Rückhalt besitzen: gestürzt – ‚hundert Meter vor dem Ziel' – wie er selbst sagt."[72]

---

70 Brüning hatte in seiner letzten Reichstagsrede als Kanzler am 11.5.1932 dazu aufgerufen, nicht „an den letzten hundert Metern vor dem Ziel" zu resignieren. Herbert HÖMIG, Brüning, Kanzler in der Krise der Republik – Eine Weimarer Biographie, Paderborn 2000, S. 589.

71 Heinrich BRÜNING, Memoiren 1918–1934, Stuttgart 1970.

72 Friedrich DESSAUER – Franz C. FETZER, Krisenwende? Frankfurt/Main 1932, S. 4.

Aus anderer – vor allem auch aus sozialdemokratischer – Sicht, wird Brüning überaus kritisch be- bzw. verurteilt.

Er hätte durch seine deflationistische Wirtschaftspolitik sehr bewusst zur Verschärfung der Wirtschaftskrise beigetragen, um damit das außenpolitische Ziel der Reparationsstreichungen zu erreichen.

Er hätte sich zu sehr auf den greisen und offenbar nicht mehr völlig berechenbaren Reichspräsidenten verlassen, anstelle sich in einer konstruktiven Politik mit den großen Interessengruppen, dem Reichstag und den Parteien zu verständigen.

Er habe durch seinen politischen Stil wesentlich zum Auflösungsprozess der Weimarer Republik beigetragen[73] und durch seine Erfolglosigkeit den Weg für den Aufstieg Adolf Hitlers geebnet.

So heißt es in einem kritischen Kommentar: „Der Reichskanzler Brüning ist ein abschreckendes Beispiel dafür, wohin es führt, dass in Preußen-Deutschland Rüstung und Militär höher standen als Demokratie und Volkswohl.“[74]

Aus volkwirtschaftlicher Sicht wird ihm angelastet, dass er in einer Rezessionsphase den Staatshaushalt durch seine Konsolidierungspolitik zu sanieren trachtete.

So wird Brünings Verhalten als Paradebeispiel für das so genannte Sparparadoxon und die Rationalitätenfalle zitiert: „In Deutschland hat Reichskanzler Brüning mit einer solchen Politik Anfang der 30er-Jahre des letzten Jahrhunderts den Zusammenbruch der ‚Weimarer Republik‘ herbeigeführt und damit den Nationalsozialisten den Weg bereitet.“[75]

---

73 BRACHER resümiert: „Brünings eigener Weg freilich orientierte sich ungeachtet der wachsenden innenpolitischen Komplikationen an jenem Ideal der ‚rücksichtslosen Sanierung der Finanzen‘, dem er alle anderen Probleme untergeordnet sah. Hier wirkte der ‚Fachmann‘, für den es nur eine richtige, mit wissenschaftlicher Gründlichkeit und Unnachsichtigkeit zu verfolgende Lösung der Finanzkrise, der Depression, der Arbeitslosigkeit, der politischen Radikalisierung und schließlich auch des parlamentarischen Engpasses der Demokratie gab: ökonomisch das Sparprogramm der Deflation, politisch die Nötigung eines aufgespaltenen Parlaments zur geduldigen Zustimmung oder aber seine autoritär gehandhabte Ausschaltung.“ Karl Dietrich BRACHER, Die Auflösung der Weimarer Republik. Eine Studie zum Problem des Machtverfalls in der Demokratie (= Schriften des Instituts für Politische Wissenschaft, Band 4), 2. Auflage, Stuttgart 1957, S. 337.

74 Emil CARLEBACH, Von Brüning zu Hitler. Das Geheimnis faschistischer Machtergreifung, 2. Auflage, Frankfurt/Main 1974, S. 15.

75 Peter BOFINGER, Grundzüge der Volkswirtschaftslehre. Eine Einführung in die Wissenschaft von Märkten, München 2003, S. 27.

Allerdings muss diesem harten Urteil aus heutiger Sicht entgegen gehalten werden, dass sich Kanzler Brüning damals in der Wirtschaftspolitik durchaus am Stand der zeitgenössischen ökonomischen Doktrinen bewegte.

Es gab zwar auch in Deutschland damals eine akademische Diskussion über Alternativen der Wirtschaftspolitik,[76] doch die Möglichkeiten einer keynesianischen Wirtschaftspolitik des „deficit spendings", der Brüning auch Jahrzehnte später noch keine Sympathien entgegenbrachte[77] waren damals noch nicht im Bewusstsein der entscheidenden gesellschaftlichen Gruppierungen. Die große Nachkriegsinflation, die nur unter sehr großen Opfern gestoppt werden konnte, war noch im unmittelbaren Gedächtnis, ein Abrücken von einer kompromisslosen „Austerity-Politik" erschien den meisten der damaligen Wirtschaftspolitikern als gefährlich.

Erst der Nationalsozialismus brachte hier eine radikale Wende, die zwar einen Sieg über die Massenarbeitslosigkeit bescherte, es darf aber nicht übersehen werden, um welchen Preis dies geschah.

Es kam zur völligen Abschottung der deutschen Wirtschaft vom Weltmarkt; dies war notwendig geworden, weil die Inlandskonjunktur durch eine abenteuerliche Geldpolitik angekurbelt worden war.

Die Finanzpolitik des Deutschen Reiches stand auf tönernen Füßen, aber auch die Ausweitung der Rüstungsanstrengungen ist aus retrospektiver Sicht ein klares Anzeichen dafür, dass das NS-Regime unter Adolf Hitler ganz bewusst auf einen Weltkrieg zusteuerte.

---

76 Siehe dazu besonders Knut BORCHARDT, Wirtschaftspolitische Beratung in der Krise: Die Rolle der Wissenschaft. Wirtschaftliche Sachzwänge oder Primat der Politik? Die Ära Brüning im Widerstreit der historischen Forschung. In: Heinrich August WINKLER (Hg.), Die deutsche Staatskrise 1930–1933, Handlungsspielräume und Alternativen. (= Schriften des Historischen Kollegs, Kolloquien 26), München 1992, S. 109–132. Siehe dazu auch Hansjörg KLAUSINGER, Die Alternativen zur Deflationspolitik Brünings im Lichte zeitgenössischer Kritik. Department of Economics, Vienna University of Economics and Business Administration, Working Paper No. 49, Juni 1997.

77 Herbert HÖMIG, Brüning, Kanzler in der Krise der Republik – Eine Weimarer Biographie, Paderborn 2000, S. 314.

Der Machtwechsel in Deutschland

Mit der Entlassung der Regierung Brüning durch Reichspräsident Hindenburg am 30. Mai 1932 begann die Schlussphase der Weimarer Republik. Es folgte noch für etwa ein halbes Jahr ein Kabinett unter Kanzler Franz von Papen.

Der westfälische Adelige Franz von Papen (29. Oktober 1879 – 2. Mai 1969) war wie Brüning, Dessauer und Fetzer ursprünglich Mitglied der Zentrumspartei, war aber an deren äußerstem rechten Rand angesiedelt.

Er löste Dr. Brüning nach dessen Sturz als Reichskanzler ab, als Vertrauter des Reichspräsidenten Hindenburg war ihm durch seine Illoyalität gegenüber seinem Parteikollegen Brüning dieser Karrieresprung gelungen.

Um einem Parteiausschluss aus der Zentrumspartei zuvorzukommen, trat er selbst aus der Zentrumspartei aus.

Er ist für den verfassungswidrigen Sturz der preußischen Regierung („Preußen-Schlag" am 20. Juli 1932) und die Ausschaltung des Reichstages durch die berüchtigte Notverordnungspolitik (Artikel 48 Weimarer Verfassung) verantwortlich.

Franz von Papen bahnte Hitlers Kanzlerschaft 1933 an und machte ihn dadurch noch akzeptabler, indem er bereit war, unter Hitler die Position eines Vizekanzlers einzunehmen. Dies trug ihm in der Folge das Prädikat Hitlers „Steigbügelhalter" ein. Im NS-Regime hatte er eine Reihe von bedeutenden Funktionen inne, er war vor dem „Anschluss" Österreichs deutscher Botschafter in Wien, später in Ankara.

Fetzer kritisiert die Wirtschaftspolitik Papens: Ein Ritt über den Bodensee …

Professor Dr. Dessauer und Dr. Franz C. Fetzer haben die Wirtschaftspolitik des Kanzlers Franz von Papen sehr scharf kritisiert und sich rechtfertigend vor Brünings gescheiterte Versuche gestellt, die schwere Wirtschaftskrise zu überwinden.

Zwar fehlt es nicht an partiellem Lob für jene Passagen im Wirtschaftsprogramm Papens, welche in der Brüningschen Linie liegen,[78] aber insgesamt fällt der Befund sehr negativ aus.

Papens Plan, Unternehmer, die mehr Arbeitnehmer einstellen, durch Prämien in Form von Steuergutscheinen zu belohnen, wird von Dessauer und Fetzer ebenso abgelehnt, wie die Möglichkeit, vorübergehend die Tariflöhne unterschreiten zu dürfen, um auf diese Art mehr Beschäftigung zu erreichen. Dabei wird nicht nur kritisiert, dass es damit zu einem weiteren Absinken der Massenkaufkraft kommt, was bei einer Unterkonsumtionskrise zur einer weiteren Verschärfung führt, es wird auch bemängelt, dass es hier zu mannigfachem Missbrauch und zu Wettbewerbsverzerrungen kommen könne.[79]

Es fehlt nicht an Polemik, wenn Dessauer und Fetzer neben den Lohnsenkungen auch die angedachte Lockerung der sozialen Absicherungen kritisieren: „Auf welches Elendsniveau wir mit dem Lebensstandard unserer Arbeiterschaft nunmehr kommen, das auszuführen, fehlt hier der Platz … Es werden Hunderttausende deutscher Arbeiter mit ihren Frauen bei voller Ausnutzung ihrer Arbeitskraft Hunger leiden müssen!“[80]

Das so genannte „Ankurbelungsprogramm“ der Regierung von Papen wird als ein „Ritt über den Bodensee“ bezeichnet, weil es einen „riesigen Vorgriff auf die Steuererträgnisse der folgenden Jahre“ wage. Jede Produktionssteigerung, jede restriktive Zollpolitik mit Kontingentierungen etc. sei vollkommen sinnlos, wenn keine Kaufkraftsteigerung gelinge.[81]

Es gibt auch Kritik an der Auflösung des Reichstages, weil damit das Korrektiv fehle, etwas gegen die verfehlten Maßnahmen der Regierung zu unternehmen.[82]

---

78 Friedrich DESSAUER – Franz C. FETZER, Krisenwende? Frankfurt/Main 1932, S. 30.

79 Friedrich DESSAUER – Franz C. FETZER, Krisenwende? Frankfurt/Main 1932, S. 12 ff.

80 Friedrich DESSAUER – Franz C. FETZER, Krisenwende? Frankfurt/Main 1932, S. 22 ff.

81 Friedrich DESSAUER – Franz C. FETZER, Krisenwende? Frankfurt/Main 1932, S. 73 f.

82 Friedrich DESSAUER – Franz C. FETZER, Krisenwende? Frankfurt/Main 1932, S. 29.

Diesen Kampf gegen die Auflösung des Reichstages verbinden Dessauer und Fetzer mit dem Vorschlag, die „Nationalsozialisten in die Verantwortung" einzubinden.[83]

Wie kommt man aus der Krise?

Es gab bei Dessauer und Fetzer auch eine Reihe von konkreten Vorschlägen, wie man die Wirtschaftskrise überwinden könne. Der Bogen der Ideen beinhaltete unter anderem bereits den Autobahnbau: so sollen die Hansestädte mit Basel über eine gebührenpflichtige Autobahn verbunden werden.

Weitere konkrete Vorschläge zur Bekämpfung der Arbeitslosigkeit befassten sich mit dem Ausbau der Reichsbahn und der Reichspost, mit landwirtschaftlichen Meliorationen, mit der Verlängerung der Schulpflicht um ein Jahr etc. Dabei mangelte es auch nicht an Überlegungen, wie all diese Projekte und Vorschläge finanziert werden könnten.[84]

Dessauer und Fetzer warfen dem Kanzler von Papen vor, die „sehr zarten Keime" eines wirtschaftlichen Aufschwunges durch eine verfehlte Wirtschaftspolitik zu zerstören.

Zusammenfassend lautete die vernichtende Kritik: „Voll von Widersprüchen ist unsere jetzige Wirtschaftspolitik. Einmal erhält die Unternehmerschaft, insbesondere die Industrie Subventionen durch Steuergutscheine, zugleich wird durch Lohnabbau die Kaufkraft der Arbeiter geschwächt und zugleich durch Zölle und Kontingentierungsmaßnahmen der Landwirtschaft die irrige Hoffnung auf entscheidende Hilfe entzündet, in Wirklichkeit aber die Gefahr der Absperrung von der Weltwirtschaft gesteigert mit der unvermeidlichen Folge der weiteren Schrumpfung der inneren Kaufkraft ... Die inneren Schwierigkeiten wachsen. Quo vadis?

83 Friedrich DESSAUER – Franz C. FETZER, Krisenwende? Frankfurt/Main 1932, S. 48.

84 Friedrich DESSAUER – Franz C. FETZER, Krisenwende? Frankfurt/Main 1932, S. 86 ff.

Muss man die neuen Männer fragen, hinter denen das Volk nicht steht. Sind wir nicht unterwegs, die Erholungskräfte der Wirtschaft zu ersticken?“[85]

Im Gegensatz zu Brünings Politik, sei die Außenpolitik Papens nicht dazu angetan, Spannungen abzubauen und Vertrauen zu fördern. Die Forderung, dass es eine „Beruhigung von der politischen Seite her“[86] geben sollte, wurde mit einem Vorschlag verknüpft, was man künftig vermeiden sollte: „Aufgeregte volksferne Innenpolitik, gehäufte Wahlkämpfe, Radikalisierung der Massen. Welcher Kaufmann im In- und Ausland wird deutsche Geschäfte wagen, wenn das nicht besser wird?“[87]

Kritik am Nationalsozialismus

Dessauer und Fetzer übten unverhohlene Kritik am Nationalsozialismus, indem sie zunächst die eigene Position skizzierten, um sich von der NS-Propaganda abzugrenzen: „Wir vom Zentrum als alte Partei mit Tradition können kein Gaukelspiel treiben, das zwar manchen begeistert, weil es sichere Besserung in kurzer Zeit verspricht. Wir können nicht mit Milliarden spielen und die aufhorchende Masse als falsche Propheten in die Irre führen.“[88]

Und in der Folge stellten Dessauer und Fetzer fest, dass in Deutschland „unter keinem Zeichen mehr Leid, Zerstörung, Zwietracht und Gefahr gebracht wurde als unter dem immer wieder missbrauchten Namen des Nationalen, unter dem ein kontinuierliches Zerstörungswerk, Zerspaltung im Innern, Schwächung nach außen betrieben wird, mit einer Konsequenz im Negativen, die eines besseren Zieles würdig wäre“.[89]

---

85 Friedrich DESSAUER – Franz C. FETZER, Krisenwende? Frankfurt/Main 1932, S. 84 f.

86 Friedrich DESSAUER – Franz C. FETZER, Krisenwende? Frankfurt/Main 1932, S. 47.

87 Friedrich DESSAUER – Franz C. FETZER, Krisenwende? Frankfurt/Main 1932, S. 86.

88 Friedrich DESSAUER – Franz C. FETZER, Krisenwende? Frankfurt/Main 1932, S. 87.

89 Friedrich DESSAUER – Franz C. FETZER, Krisenwende? Frankfurt/Main 1932, S. 172.

Die Reichsratswahlen vom 6. November 1932, deren Wahlkampf mit äußerster Brutalität und mit körperlichen Angriffen seitens der extremistischen Parteien geführt wurde, waren ein deutliches Votum gegen den Kanzler von Papen.

Mit 3. Dezember 1932 ernannte danach Reichspräsident Hindenburg Kurt von Schleicher zum Reichskanzler, doch dieser war nur noch zwei Monate in der Regierungsverantwortung.

Hitler am Ziel …

Acht Monate nach Brünings Entlassung hatte Adolf Hitler sein politisches Ziel erreicht. Der greise Reichspräsident Paul von Hindenburg ernannte ihn, nicht zuletzt auch unter Druck von einflussreichen Industrie- und Wirtschaftskreisen,[90] am 30. Jänner 1933 zum deutschen Reichskanzler.

Zwar war damit Adolf Hitler und mit ihm das nationalsozialistische Regime auf demokratischem Wege an die Macht gelangt. Doch damit war das Schicksal der Demokratie in Deutschland besiegelt; denn Hitler ging nun systematisch daran, die Rechtsstaatlichkeit zu zerstören und seine politischen Gegenspieler mit aller Brutalität auszuschalten. Fetzer nahm durchaus kritisch zur Kenntnis, dass innerhalb der Zentrumspartei, in der viele Kleriker großen Einfluss hatten, aber auch in der Kirchendiplomatie einige schwere Fehler gemacht wurden, die Hitlers totale Machtergreifung begünstigt haben.[91]

Diese Kritik an der Führung der Zentrumspartei wurde vom Nationalökonomen Fritz Neumark durchaus geteilt, wenn er von der „laschen, kurzsichtigen Haltung ihres Führer, des Prälaten Ludwig Kaas“ spricht, die in ihrem „potentiellen Widerstand gegen das Hitler-Regime aktuell versagte“.[92]

---

90 Vgl. Emil CARLEBACH, Von Brüning zu Hitler. Das Geheimnis faschistischer Machtergreifung, 2. Auflage, Frankfurt/Main 1974, S. 54 f.

91 Franz-Paul FETZER, OHA-WISOG AL 2182-2/05, S. 25.

92 Fritz NEUMARK, Zuflucht am Bosporus. Deutsche Gelehrte, Politiker und Künstler in der Emigration 1933–1953, Frankfurt/Main 1980, S. 24.

Der NS-Terror wird übermächtig

Am 1. Dezember 1933 wurde das Gesetz zur Sicherung der Einheit von Partei und Staat erlassen, am 30. Jänner 1934 wurde die Länderhoheit beendet und schließlich am 14. Februar 1934 der Reichstag aufgehoben.

Am 30. Juni 1934 kam es im so genannten „Röhm-Putsch" zu Hunderten von Verhaftungen und Erschießungen von Hitlers Widersachern.

Das nationalsozialistische Regime begann nun immer unverhüllter seinen Machtanspruch umzusetzen und dabei keinerlei demokratischen Widerstand zu dulden.

Reichspräsident Paul von Hindenburg starb am 2. August 1934.

Ihm blieb es erspart mitzuerleben, zu welch grauenhaften weiteren Folgen die von ihm sanktionierte Machtergreifung des Nationalsozialismus führte.

Fetzer war für die Zentrumsfraktion und damit auch für den damaligen Kanzler Brüning tätig gewesen. Der Druck durch den nun die Macht ergreifenden Nationalsozialismus wurde immer stärker. Für Mitglieder anderer politischer Parteien begannen Pressionen, und der NS-Terror nahm beständig zu.

Doch bis zum Reichstagsbrand gab es noch ein funktionierendes Parlament, bis es zu dessen Ausschaltung durch das Ermächtigungsgesetz kam.

Für Hitlers Gegner und für Persönlichkeiten, die sich offen gegen den Nationalsozialismus aussprachen, wurde es immer gefährlicher in Deutschland zu bleiben. Die NS-Diktatur hatte alle Zügel der Macht ergriffen und sie begann diese totale Herrschaft mit äußerster Brutalität zu gebrauchen.

Wer zu den Politikern der alten Parteien gehörte oder mit ihnen in Kontakt stand, setzte sich der Gefahr aus, zur Zielscheibe der nationalsozialistischen Aggression zu werden.

So war es auch nicht ungefährlich, sich weiterhin zum ehemaligen Kanzler Dr. Brüning zu bekennen und sich mit ihm zu treffen.

Fetzer bleibt mit dem verfemten Kanzler Brüning in Kontakt

Dr. Franz C. Fetzer blieb dem verfemten Kanzler Brüning trotz aller damit verbundenen Gefahren treu verbunden.

Fetzers Frau Pauline hielt zeitlebens eine gepresste Rose, die sie in einem Lexikon aufbewahrte, in hohen Ehren, weil sie ihr Kanzler Brüning einmal mitgebracht hatte, als er bei Familie Fetzer zum Kaffee geladen war.

Während der NS-Zeit hatte Brüning eine Zeit lang im katholischen St. Hedwigs Krankenhaus bei den Schwestern gewohnt. Er nahm, als er die Familie Fetzer besuchte, drei verschiedene Taxis, um zu deren Wohnung zu kommen.

Er hat es damals auf Grund des NS-Terrors für nötig befunden, auf Umwegen in Berlin herumzufahren, weil er wusste, dass er im Fadenkreuz des NS-Regimes war. Er war sich aber auch dessen bewusst, dass auch all jene, die mit ihm noch weiter Kontakt hielten, Gefahr liefen, als Gegner des Regimes verfolgt zu werden.[93]

Für Brüning wurde der weitere Aufenthalt in Deutschland allmählich lebensgefährlich.

Am 30. Juni 1934 gelang es Brüning sein Leben zu retten. Er floh nach Amerika, wo er in Norwich im Staat Vermont eine neue Heimat fand. Er wirkte dann an der angesehenen Harvard-University als Professor. Nach dem Zusammenbruch des Deutschen Reiches verweigerte er sich der Möglichkeit, im Nachkriegsdeutschland wieder eine politische Rolle zu spielen.

Dabei wäre es gar nicht undenkbar gewesen, dass er nach 1945 sogar der erste Bundeskanzler Deutschlands geworden wäre.[94]

1951 wurde Dr. Brüning auf den Lehrstuhl für Politische Wissenschaften der Wirtschafts- und Sozialwissenschaftlichen Fakultät der Universität Köln berufen, wo er dann bis 1954 blieb.

---

93 Franz-Paul FETZER, OHA-WISOG AL 2182-2/05, S. 1.

94 Paul SETHE, Der Kanzler der Notverordnungen. Heinrich Brüning – halb preußischer Offizier, halb römischer Kardinal. In: Die Zeit, Nr. 48, 26.11.1965, S. 32.

Es gab auch noch weitere Angebote aus der Politik: 1953 wurde ihm ein sicheres Mandat versprochen, doch Brüning lehnte ab.

Dazu mag auch die zwischen Kanzler Konrad Adenauer und Heinrich Brüning eingetretene Entfremdung beigetragen haben. So entschloss sich Brüning, wiederum zurück in die USA zu gehen, wo er am 30. März 1970 starb.[95]

Dr. Franz C. Fetzer hielt mit Dr. Brüning laufend Kontakt. Es gibt einen reichen Briefverkehr, Fetzer nutzte aber auch seinen Amerikaaufenthalt im Jahr 1953, wo er mit dem Treasury Department in Washington Steuer- und Finanzfragen zu erörtern hatte[96], um Brüning zu besuchen.

Fetzer hatte den Aufenthalt und die Gastfreundschaft im Hause Brünings sehr genossen.[97]

Aber auch in jener Zeit, als Brüning in Köln weilte, kam es zu Treffen, wo man nicht nur Erinnerungen an die alte Zeit austauschte, sondern auch politische und wirtschaftliche Gegenwartsfragen diskutierte.

Auch in den häufigen Briefen tauschte man sich mehrmals über die politische Lage aus. Brüning bat Fetzer um Hilfe bei den Recherchen von schriftlichen Quellen, die er für seine Autobiographie benötigte,[98] und er berichtete ihm auch wiederholt über den Fortgang seiner diesbezüglichen Arbeiten. An sich hatte Kanzler Brüning bereits 1935/36 den Text seiner Memoiren diktiert gehabt, aber er hatte den Ehrgeiz, auch die inzwischen erschienene reichhaltige Literatur einzuarbeiten.

Nachdem sehr viel Kritisches über den Kanzler Brüning publiziert worden war, verwundert es nicht, wenn er seine Redaktionsarbeit kommentierte, dies sei eine „sehr mühselige und bedrückende Arbeit,“[99] er müsse sich durch „unendlich viel Literatur durchlesen“ und sich „mit irrigen Auffassungen auseinandersetzen“.[100]

---

95 Rudolf MORSEY, Ein Staatsmann, der seine Pflicht erfüllte. In: Frankfurter Allgemeine Zeitung, Nr. 80, 7.4.1970, S. 13.

96 Schreiben Dr. FETZERS an Dr. Brüning, 18.6.1953.

97 Schreiben Dr. FETZERS an Dr. Brüning, 24.12.1953.

98 Schreiben Dr. BRÜNINGS an Dr. Fetzer, 4.9.1954.

99 Schreiben Dr. BRÜNINGS an Dr. Fetzer, 21.11.1955.

100 Schreiben Dr. BRÜNINGS an Dr. Fetzer, 6.4.1957.

Fetzer verliert in der Zeit des Nationalsozialismus als Exponent der Zentrumspartei seinen Arbeitsplatz

Nach dem Sturz der nur sehr kurzlebigen Regierung des Kanzlers Kurt von Schleicher wurde Adolf Hitler von Hindenburg am 30. Jänner 1933 zum Kanzler bestellt. Alle Illusionen, dass damit die Nationalsozialisten mit der Übernahme der Regierungsverantwortung gemäßigter werden, zerschlugen sich sehr bald.

Unmittelbar nach Hitlers Machtergreifung begann die Verfolgung politisch Andersdenkender in Deutschland.

In Dr. Fetzers Wohnung erschien sofort nach dem Machtwechsel im Jahr 1933 die Gestapo, begleitet von einem Kriminalbeamten, welcher offenbar noch der alten Schule angehörte.

Als er sich in der Wohnung umsah, erblickte er auf einem Tisch die katholische Zeitschrift „Das Glöcklein".

Er fragte sofort: „Sind Sie katholisch?"

Das war in Berlin damals eine Seltenheit, denn die Mehrheit der Berliner war evangelisch. Nachdem Fetzer bejahte, flüsterte er ihm zu: „Sie wissen nichts, also geben Sie nichts zu." Das war seine Rettung, dem Kriminalbeamten hatte Fetzer viel zu verdanken, weil er dadurch erkannte, dass die Gestapo keine konkreten Anhaltspunkte gegen ihn hatte.[101]

Fetzer war ein Gegner des Nationalsozialismus und er war naturgemäß durch sein Naheverhältnis zur Zentrumspartei belastet.

Durch die Auflösung der politischen Parteien im Dritten Reich war er arbeitslos geworden. Da er seiner bisherigen Tätigkeit für die Zentrumspartei nicht mehr nachgehen konnte, musste er sich eine neue Erwerbstätigkeit suchen.

Ende 1934 wurde ihm vom Reichwirtschaftsministerium angeboten, den Aufbau einer neuen Überwachungsstelle für Waren verschiedener Art zu übernehmen.

Ab Oktober 1936 war er in der Direktion der Verkehrs- und Handels A.G., der Dachgesellschaft des Julius Petschek Braunkohlenkonzerns, der auch einer der größten Kerzenfabrikanten Deutschlands war, tätig.

101 Charlotte FETZER, OHA-WISOG, AL 2120-3/04, S. 5 f.

Seine Aufgabe war die Bearbeitung volkswirtschaftlicher Fragen, der Verkehr mit den Behörden und die Überwachung sämtlicher Vertriebsgesellschaften (Bilanz, Absatz, Außenstände, Personalfragen).[102]

Er besuchte damals auch schon Österreich, weil er auf Grund seiner politischen Vergangenheit in Deutschland berufliche Probleme hatte.

Er sollte wieder zum Bund der Deutschen Industrie in die Statistikabteilung kommen, aber dort gab es sofort Gegner.

Dann war er beim Kaufhaus, das spätere „Kaufhaus des Westens" (KDW), das war ein Kaufhaus in jüdischem Besitz. Die wollten ihn auch haben, doch Fetzers Gegner haben sofort gegen ihn Stimmung gemacht und gesagt: „Gerade Ihr habt es nötig, gerade so einen zu nehmen."[103]

Auf Grund seiner gediegenen kunsthistorischen Kenntnisse gab es während der NS-Zeit für Dr. Fetzer, der auf Arbeitssuche war, auch ein Angebot eines amerikanischen Colleges, dort Kunstgeschichte zu lehren.

Er erhielt aber auch das Angebot nach Istanbul zu gehen,[104] wo sich bereits einige Persönlichkeiten aus Deutschland, die vom NS-Regime verfolgt wurden, an den Universitäten von Ankara und von Istanbul eine neue Existenz aufbauen konnten, wie beispielsweise Fetzers ehemaliger Chef Prof. Dr. Dessauer.

Dies besprach er auch mit Brüning, welcher ihn kategorisch vom Verlassen Deutschlands abhielt, weil er meinte, dass es wichtig sei, dass auch noch ein paar anständige Leute in Deutschland bleiben. Wenn er also nicht unmittelbar gefährdet sei, solle er nach Möglichkeit im Deutschen Reich bleiben.[105]

Franz C. Fetzer kam auch auf eine interessante freiberufliche Unternehmensidee: Er besuchte vor allem kirchliche Gebäude, in denen sich Holzstatuen und andere Gegenstände befanden, welche dem Befall durch Holzwürmer ausgesetzt waren.

---

102 Abschrift des von Franz C. FETZER im November 1979 selbst verfassten Lebenslaufes. Familienarchiv Fetzer.

103 Franz-Paul FETZER, OHA-WISOG, AL 2182-2/05, S. 2 f.

104 Charlotte FETZER, OHA-WISOG, AL 2120-3/04, S. 4.

105 Franz-Paul FETZER, OHA-WISOG, AL 2182-2/05, S. 12.

Er bot dort den Pfarrern an, sich um die Imprägnierung dieser Gegenstände zu kümmern. Nachdem sich dies offenbar zu lohnen begann, meldete er diese seit August 1938 vorgenommene Tätigkeit schließlich als „Dr. Franz Fetzer Berlin-Wannsee Unternehmen für Imprägnierungen“, beim Amtsgericht in Berlin in das Handelsregister an.

Dabei führte er aus: „Es handelt sich in der Hauptsache um Holzschutz gegen Feuer, sowie tierische und pflanzliche Schädlinge. Ausserdem werden Steinhärtungen durchgeführt, sowie Erhaltungsarbeiten an Kunstwerken. Das Anlage- und Betriebskapital beträgt augenblicklich rund RM 15.000.–. Es werden je nach Auftragsstärke 1 bis 3 Angestellte beschäftigt. Der Umsatz wird nach den ersten Anlaufmonaten im Jahre 1938 im Jahre 1939 mehr als RM 60.000.– betragen.“[106]

Um diese Holzimprägnierungen, die auch gegen Brand schützten, im größeren Stil verkaufen zu können, wollte er dazu auch einen ehemaligen Kameraden aus dem Kadettencorps, Kurt von Hees, gewinnen, um mit diesem gemeinsam seine Idee umsetzen zu können.

Für Fetzer erwuchs später das Problem, dass er für das Anwerben eines Soldaten, obwohl dies mitten im Frieden war, später, während der Kriegszeit, wegen Wehrkraftzersetzung von einem Mitarbeiter angezeigt wurde, welchen er angeworben hatte, damit dieser in Deutschland die Firma weiter führt.

„Dieser Versuch, mit einem ehemaligen Kadettenkameraden ein eigenes Geschäft aufzuziehen, war nicht sehr erfolgreich und führte in der Folge noch zu langwierigen gerichtlichen Auseinandersetzungen.“[107]

Der daraus erwachsende Prozess, der sich jahrelang hinzog, endete zwar am 28. März1942 im Landesgericht Berlin, Moabit, mit einem Freispruch Franz C. Fetzers, doch die Ungewissheit, wie die Sache angesichts der politischen Situation ausgehen wird, hat die Familie Fetzer durchaus belastet.[108]

---

106 Brief von Dr. Franz C. FETZER an das Amtsgericht (Berlin). o.J. , Kopie Familienarchiv Fetzer.

107 Franz-Paul FETZER, OHA-WISOG, AL 2182-2/05, S. 2 f.

108 Charlotte FETZER, OHA-WISOG, AL 2120-3/04, S. 6 f.

Offenbar haben auch in der Kriegszeit die zivilen Gerichte noch funktioniert und das Argument, dass die Anwerbung keineswegs im Krieg erfolgte, wurde entsprechend gewürdigt.[109]

Franz C. Fetzer wurde aber wegen seiner seinerzeitigen politischen Tätigkeit für die Zentrumspartei vom nationalsozialistischen Regime verfolgt.

Er wurde in Berlin ein paar Mal eingesperrt. So ist er bereits in der Zeit vor dem Röhm-Putsch, wie die Straßen Berlins von SA-Horden beherrscht wurden, von irgendwelchen SA-Kontingenten festgenommen worden und er kam erst nach dem Wochenende wieder frei.[110]

Er wurde auch wiederholt von der Gestapo verhaftet, schwer misshandelt und über drei Monate lang in der Prinz Albrechtstraße in Berlin eingesperrt.[111]

Auf Grund seiner unsicheren beruflichen Situation, aber auch aus politischen Gründen, verließ Fetzer 1938 Deutschland und ging nach Österreich, das aber bereits im März 1938 durch den Einmarsch deutscher Truppen seine Unabhängigkeit verlor und als Ostmark an das Deutsche Reich angeschlossen wurde.

---

109 Franz-Paul FETZER, OHA-WISOG, AL 2182-2/05, S. 2 f.

110 Franz-Paul FETZER, OHA-WISOG, AL 2182-2/05, S. 7.

111 Abschrift des von Franz C. Fetzer im November 1979 selbst verfassten Lebenslaufes. Familienarchiv Fetzer. Siehe auch Abschrift des über Rechtsanwalt Dr. Emerich Hunna übermittelten Ansuchens um Aufenthaltsgenehmigung von Dr. Franz Curt Fetzer an das Präsidium der Polizeidirektion Wien, Fremdenpolizei, vom 9.8.1945. Familienarchiv Fetzer.

Fetzers Familie

Die erste Frau von Franz C. Fetzer hieß Pauline, geb. Fleischer, aus Mainz. Alle drei Kinder aus der gemeinsamen Ehe wurden in Berlin geboren.

Leider ging die Ehe nicht lange gut, und das Ehepaar trennte sich bald nach der Geburt der Tochter Christine Anfang des Jahres 1935.

Pauline Fetzer hatte in der Ehe ihrer eigenen Eltern selbst erlebt, wie qualvoll eine nicht funktionierende Partnerschaft sein kann, und stimmte schon früh einer Trennung zu. Eine Scheidung war nach der damaligen Rechtslage keineswegs schnell erreichbar, diese wurde erst durch die veränderte Rechtslage in der NS-Zeit möglich.

Anfangs lebte die erste Frau Fetzers mit den Kindern auch nach der Trennung noch eine Zeit lang in derselben Wohnung. Später zog sie in eine kleinere Wohnung im Berliner Stadtteil Steglitz, in der Siemensstraße. Franz C. Fetzer wohnte dann am Wannsee.

Der Sohn Franz-Paul Fetzer, der als einziges Kind den Vater bewusst in der gemeinsamen Wohnung erlebt hatte, erinnert sich: „Ich weiß, dass ich ihn als Kleinkind vermisst habe, dass ich in der alten Wohnung schon immer gefragt habe, wo er ist.“ Und dann hat es geheißen: „ Er ist auf Reisen, er kommt. Dann ist er auch gelegentlich einmal erschienen.“[112]

Aber es blieb den Kindern natürlich nicht verborgen, dass sich die Eltern in Wirklichkeit bereits getrennt hatten.

Später durften die Kinder jeweils an einigen Sonntagen den Vater am Wannsee besuchen. Er hat ihnen dann Geschichten vorgelesen und ist mit ihnen spazieren gegangen.[113]

---

112 Franz-Paul FETZER, OHA-WISOG, AL 2182-2/05, S. 2 f.

113 Franz-Paul FETZER, OHA-WISOG, AL 2182-2/05, S. 2 f.

Während des Krieges, im Jahr 1939, kam es dann zur Scheidung, die dadurch rechtlich möglich wurde, da das Ehepaar bereits mehr als drei Jahre getrennt gelebt hatte.

Die Kinder aus Fetzers erster Ehe sind bei der Scheidung ihrer Mutter zugesprochen worden und sie sind bei ihr aufgewachsen. Die beiden Töchter waren bei der Auflösung der Ehe noch sehr jung, doch der Sohn Franz-Paul litt darunter, dass sich seine Eltern auseinander gelebt hatten.

Alle drei Kinder zogen 1941, als in Berlin mit steigender Intensität Bomben einschlugen, nach Boppard in das Heimathaus. Über dieses hatte die 1941 verstorbene Mutter Dr. Franz C. Fetzers, eine fromme Frau, welche die Scheidung keineswegs goutierte, testamentarisch bestimmt, dass Franz C. Fetzers geschiedene Frau Pauline ein lebenslanges Wohnrecht im Haus haben sollte und dass sie hier mit ihren Kindern einziehen könne.

Pauline Fetzer hat sich schwer von der Großstadt Berlin getrennt, weil die gebürtige Mainzerin hier im Laufe der Zeit einen großen Bekanntenkreis aufgebaut hatte. Aber sie erkannte richtig, dass es mitten im Krieg mit den Kindern besser sei in einer Kleinstadt zu leben als in einer Großstadt.

Kriegsbedingt konnte sich der Vater Franz C. Fetzer um die Kinder in dieser Zeit, in der es überaus schwierig war zu reisen, kaum regelmäßig kümmern.

Seine gerichtlich festgeschriebenen Unterhaltsverpflichtungen erfüllte er auch in jener Zeit, als nach Kriegsende Österreich wieder ein eigener Staat geworden war und es keinen funktionierenden Geldverkehr zwischen beiden Staaten gab.

Fetzer war immer ein ideenreicher und umsichtiger Organisator und er schaffte es, dass über alte Freunde in Deutschland ein Geldfluss lief und damit am Anfang jeden Monats Geldbriefe bei Frau Pauline Fetzer einlangten.

Probleme brachte dann die Währungsreform, womit sich die ökonomische Situation der Familie schlagartig verschlechterte.

Das aus Sicht der Kinder damals erfreuliche Ergebnis dieser finanziellen Restriktionen bestand darin, dass der völlig unbeliebte Klavierunterricht gestrichen werden musste, weil man sich dies einfach nicht mehr leisten konnte.[114]

114 Franz-Paul FETZER, OHA-WISOG, AL 2182-2/05, S. 9.

Dr. Fetzer verbrachte die Ferien nach Möglichkeit stets gerne mit seinen Kindern. So war er beispielsweise während des Krieges im Sommer 1944 auf einem 14-tägigen Ferienaufenthalt bei einer Tante, die als Oberin eines Klosters in Sarreburg wirkte. In diese Zeit fiel auch der 20. Juli 1944, an diesem Tag fand das missglückte Attentat des Grafen Stauffenberg auf Hitler statt.

Durch Fantasie konnte Fetzer, trotz der beschränkten Möglichkeiten, welche in der Kriegszeit gegeben waren, seinen Kindern ein unvergessliches Erlebnis bieten: Man schwamm in einem Ziegelteich, von dem er seinen Kindern suggerierte, dies sei das Mittelmeer, und so schwamm man von Frankreich nach Italien ...[115]

Fetzer lernt seine zweite Frau Charlotte kennen

Es war am 30. Juni 1938, da wollte es der Zufall, dass sich die Lebenswege von Dr. Franz C. Fetzer, der von seiner Ehefrau Pauline bereits getrennt lebte, und seiner späteren Ehefrau, Charlotte Mey, geboren am 20. Februar 1917, kreuzten.

Am Wannsee bei Berlin kam es zur ersten Begegnung. Charlottes Eltern führten in Berlin ein sehr offenes Haus und gaben oft größere Gesellschaften.

Dies wusste Charlotte nicht immer zu schätzen, und so entschied sie sich, diesmal das Weite zu suchen. Sie versorgte sich mit genügend Proviant und fuhr in Richtung des bei den Berlinern sehr beliebten Erholungsgebietes Wannsee, um dort am so genannten Stäubchensee, welcher mit dem Wannsee durch einen Fluss verbunden ist, ein Boot zu mieten.

Unglücklicherweise hatte der Bootsverleih nur noch eine Rennjolle übrig. Obwohl sie keine Ahnung hatte, wie man mit diesem Boot umgeht, mietete sie es und versuchte, damit zum Wannsee zu fahren. Dabei musste sie eine sehr schmale Flussenge passieren, über welche eine Brücke führt.

Gerade als sie durch diese Enge durchfahren wollte, stellte sich das Boot quer. Genau in diesem Moment näherte sich vom Wannsee ein Ausflugsschiff mit Urlau-

---

115 Franz-Paul FETZER, OHA-WISOG, AL 2182-2/05, S. 6.

bern. Dieses musste nun jäh stoppen, weil der Weg durch Charlottes Boot versperrt war.

Charlotte, die nun verzweifelt versuchte, mit dem Boot zurecht zu kommen, empfand dies als eine peinliche Situation. Doch die Ausflügler waren in guter Stimmung und lachten freundlich vom Schiff und waren wegen dieses Stopps gar nicht böse. Schließlich gelang es Charlotte doch, ihre Rennjolle wieder in die Gerade zu bekommen, und das große Ausflugsschiff konnte passieren.

Infolge dieses Vorfalles war ihr Selbstvertrauen in ihre Manövrierkünste gesunken. Das kleine Boot erwies sich als störrisch und reagierte recht eigenwillig auf kleinste Fehler, und es erwies sich als überaus schwierig, damit vorwärts zu kommen. So überzog sie einmal das Ruder in die eine, dann in die andere Richtung, und daraus ergab sich ein Zickzack-Kurs. Sie wurde mehrfach angesprochen, was ihr lästig war, und sie fuhr dann weiter auf den See hinaus.

Dort entdeckte sie ein größeres Segelboot, auf dem ein Mann saß, der ein französisches Buch las. Dieser Mann, es war Franz C. Fetzer, winkte ihr zu. Er fragte sie, ob sie ihm helfen könnte, er hätte heute keine Freunde an Bord, er möchte nämlich segeln, das Boot sei aber viel zu groß, um es allein zu bedienen.

Charlotte hatte zwar keine Ahnung vom Segeln, aber sie ging dennoch gerne an Bord, weil sie froh war, endlich die schwankende Rennjolle verlassen zu können. Damals konnte sie noch nicht ahnen, dass damit eine Beziehung beginnen wird, welche für 62 Jahre ihr Leben erfüllte.[116]

Im angeregten Gespräch stellte es sich heraus, dass auch er, so wie Charlotte und deren Familie, Gegner des Nazi-Regimes waren. Durch die intensive Unterhaltung verging die Zeit wie im Flug, es nahte der Mittag und Franz fragte als Kavalier, ob er etwas zum Essen anbieten dürfte.

Allerdings war Fetzer damals arbeitslos und in keiner erfreulichen wirtschaftlichen Lage. So hatte er nur einige Karotten als Proviant mitgebracht. Aus Höflichkeit versicherte Charlotte, dass sie auch diese sehr gerne esse, doch sie präsentierte ihr mitgebrachtes großes Esspaket, welches für beide mehr als reichte.

---

116 Charlotte FETZER, OHA-WISOG, AL 2120-3/04, S. 1 f.

Man spürte Sympathie füreinander, plauderte weiter und freute sich gemeinsam über die vielen Übereinstimmungen.

Man traf sich in der Folge immer wieder und in Charlotte hatte Franz C. Fetzer die große Liebe seines Lebens gefunden.

Natürlich war es nicht unkompliziert, sich ein gemeinsames Leben zu gestalten. Fetzer lebte in Scheidung und hatte drei Kinder. Er war um 17 Jahre älter als Charlotte und katholisch, während Charlotte evangelisch war. Fetzer war seit 1938 in Wien tätig, Charlotte blieb vorläufig in Berlin. Erst ab der Trauung im Jahr 1940 folgte sie ihm ständig nach Wien.

Der „Anschluss“

Am 12. März 1938 beendete der Einmarsch der deutschen Truppen die Unabhängigkeit Österreichs. Die Begeisterung für den Nationalsozialismus war in den meisten Bevölkerungskreisen durchaus echt; denn die Versprechungen der NS-Demagogen verfehlten damals nicht ihre Wirkung, und so wurden die deutschen Truppen fast überall im Land mit großem Jubel empfangen.

Eine ungeheure Propagandamaschine lief an, welche es erreichte, dass in Österreich bei der Volksabstimmung vom 10. April 1938, welche nachträglich den „Anschluss“ legitimieren sollte, ein fast hundertprozentiges „Ja“ für den vollzogenen politischen Wandel erreicht werden konnte.

Persönlichkeiten, welche mit dem Ständestaat in Verbindung gebracht wurden, aber auch Parteiführer der Sozialdemokratie und der kommunistischen Bewegung wurden gezielt verfolgt, kamen in Anhaltelager und hatten so auch keine Möglichkeit, bei der Volksabstimmung mitzuwirken.

Die Kritiker des NS-Regimes standen vor der Wahl sich entweder anzupassen, oder sich der Verfolgung durch NS-Schergen auszusetzen und auch die Deportation in ein Konzentrationslager in Kauf zu nehmen.

Mit der Machtergreifung des NS-Regimes erfolgten umfangreiche Maßnahmen, welche die so genannte „Gleichschaltung“ bzw. die Eingliederung Österreichs in das deutsche Verwaltungs-, Rechts- und Wirtschaftssystem zum Ziel hatten.[117]

Dazu gehörten unter anderem die Einführung der Deutschen Reichsmark in Österreich, die sukzessive Auslöschung des Begriffes Österreich, welcher durch

117 Gerhard BOTZ, Wien vom „Anschluß“ zum Krieg. Nationalsozialistische Machtübernahme und politisch-soziale Umgestaltung am Beispiel der Stadt Wien 1938/39, 2. Auflage, Wien 1980, S. 77 ff.

„Ostmark“ ersetzt wurde und die Übernahme der Leitungsfunktionen in Politik und Verwaltung durch Personen aus dem so genannten Altreich.[118]

Dies führte bei österreichischen Nationalsozialisten, die bereits in der illegalen Zeit davon geträumt hatten, dass Österreich nach dem „Anschluss“ eine ganz besondere Vorzugsrolle spielen werde, zu herben Enttäuschungen.

Die Metropole Wien, in der Hitler einige seiner Jugendjahre verbracht hatte und die ihm seitdem durch ihre Multikulturalität überaus suspekt war, wurde abgewertet.

Das eindeutige Machtzentrum, dem sich die gesamte Ostmark unterzuordnen hatte, war nunmehr Berlin.

In Deutschland war bereits im Jahr 1933 unmittelbar nach der Machtergreifung des NS-Regimes alles beseitigt worden, was der Umsetzung nationalsozialistischer Vorstellungen hinderlich sein könnte.

Neben der NDSAP waren keine anderen politischen Parteien mehr zugelassen, die verschiedenen Interessenvertretungen aus dem Bereich Arbeit und Wirtschaft wurden entweder aufgelöst oder gleichgeschaltet, das gesamte Vereinswesen wurde im Dienste des Nationalsozialismus umgeformt.

Mit dem Ausbau von nationalsozialistischen Organisationen, welche sämtliche Bevölkerungsschichten umfassen sollten, wurde sehr erfolgreich der Versuch unternommen, die gesamte Gesellschaft mit der NS-Ideologie zu durchdringen. Dies war auch mit einem Überwachungs- und Spitzelsystem verbunden, das im Blockwart, welcher jeweils für etwa 40 bis 60 Haushalte zuständig war, seine unterste Ebene hatte.

Über die verschiedensten Organisationsstrukturen wurden jeglicher Widerstand und jedes kritische Wort sofort geortet und nach oben gemeldet.

Dies war dann in der Folge mit den härtesten Ahndungen verbunden.

Sich in diesem Umfeld als Gegner des nationalsozialistischen Regimes zu bekennen, war lebensgefährlich.

Dieses brutale System der Machtergreifung und Machterhaltung wurde nunmehr auch auf das angeschlossene Österreich ausgedehnt.

---

118 Ludwig JEDLICKA, Der 20. Juli 1944 in Österreich, Wien 1965, S. 9–12.

Fetzer zieht nach Wien

Franz C. Fetzer war bereits vor dem „Anschluss“ mehrmals in Wien gewesen, er hatte sich offenbar bereits über die Möglichkeiten informiert, sich hier ansässig zu machen, weil er so den Behelligungen durch die Gestapo entgehen wollte, denen er in Deutschland laufend ausgesetzt war.

Auf Grund seiner steuerrechtlichen Berufserfahrungen hatte er noch in Berlin mit Erfolg um die Zulassung als Steuerberater angesucht.

Seit Ende des Jahres 1938 verlagerte er seinen Wohnsitz endgültig nach Österreich.[119]

Fetzer bereute es nicht, dass aus „der zunächst nur vorläufig gedachten Übersiedlung in den heimatlicheren Kulturverwandten Süden“ schließlich ein dauernder Aufenthalt wurde. In einem Brief an Dr. Hermann Schöpfer, mit dem er schon in Berlin befreundet war und der ihn im Jahr 1938 in Wien in seiner Wohnung aufgenommen hatte, resümierte er im Jahr 1944 rückblickend über seinen Wechsel nach Österreich, dass sich dadurch „alles zum Besseren gewendet hätte. Die berufliche Arbeit erwies sich als anregend erfolgreich, fast froh machend. In Wien selbst fasste ich Wurzeln wie in prädestiniertem Boden und wuchs fühlbar, so etwas wie Willkommen empfindend, aber auch von eigenen Wünschen unterstützt, ja zielbewusst hinein.“[120]

Fetzer ist in Österreich landein und landaus zu Tagungen gefahren und hat den Wirtschaftstreibenden die deutschen Steuervorschriften erläutert. Er war auch sehr bald als ein kenntnisreicher Fachmann bekannt wie ein „Bunter Hund“ und so lag es für ihn nahe, eine eigene Steuerkanzlei aufzumachen.

---

119 Dr. Friedrich Herrmann, Rechtsanwalt am Kammergericht, Beurteilung des Herrn Dr. Fetzer, Berlin-Zehlendorf, 5.9.1938. Familienarchiv Fetzer.

120 Brief Dr. Franz C. FETZERS an Dr. Hermann Schöpfer vom 26.11.1944. Familienarchiv Fetzer.

Im Jahr 1940 kam es dann zur standesamtlichen Hochzeit mit Charlotte Mey. Die Trauung fand bereits in Wien statt.

Der Trauungszeremonie ging einige Hektik voraus, denn man hatte sich beinahe verspätet, weil man sich morgens verplaudert hatte und dabei die Zeit übersah.

Als Trauzeugin von Charlotte war eine Freundin eigens aus Berlin angereist, sie hatte allerdings ihren Pass vergessen. So bat man einen Taxichauffeur, der zufällig seinen Pass mithatte, als Trauzeuge einzuspringen.[121]

Die Hochzeitsreise führte dann in das Südbahnhotel am Semmering.

Während Fetzer in Berlin einige Probleme mit der Gestapo hatte, konnte er in Wien in Ruhe arbeiten, ohne vom NS-Regime behelligt zu werden. Sicherheitshalber wechselte er in den ersten zwei Jahren etwa alle 14 Tage die Wohnung, um keine feste Adresse zu haben.

Nach der Trauung im Jahr 1940 bezog man eine feste Mietwohnung im 19. Bezirk, in Grinzing in der Guschelbauerstraße 3.[122]

Dass Fetzer ein berufliches Angebot aus Istanbul nicht annahm, lag auch daran, dass er in Wien vom „Reichsverband Industrie“ sehr gut aufgenommen worden war.[123]

Zunächst war Dr. Fetzer als reiner Steuerberater tätig, ab 1942 ändert er seine Berufsbezeichnung in „Treuhandbüro, Steuer- und Devisenberater.“[124]

Als Steuerberater richtete er sich ein Büro in zentraler Lage am Dr.-Karl-Lueger-Ring 6 ein.

---

121 Charlotte FETZER, OHA-WISOG, AL 2120-3/04, S. 2 f.

122 Die Guschelbauerstraße trägt heute die Bezeichnung Paul-Ehrlich-Gasse.

123 Charlotte FETZER, OHA-WISOG, AL 2120-3/04, S. 5.

124 Mitteilung des Wiener Landesarchivs vom 6. März 2006, Wiener Adressverzeichnis „Lehmanns Wohnungsanzeiger“ 1940 ff.

Fetzer ist als Berater tätig

Dr. Franz C. Fetzer war für die Industrieabteilung der Gauwirtschaftskammer in Wien tätig. Er bezog dabei kein Gehalt, sondern wurde von den Unternehmungen direkt honoriert, die seine Beratungsleistungen in Anspruch nahmen.

Seit dem „Anschluss" Österreichs an das Deutsche Reich war durch die Übernahme reichsdeutscher Rechtsvorschriften und der deutschen betriebswirtschaftlichen Grundsätze ein entsprechender Bedarf bei den Firmen gegeben.

Vor allem die Umstellung auf die deutsche Steuergesetzgebung brachte einen großen Anpassungsbedarf.

Mit der deutschen Art der Betriebsführung war eine Umstellung und, wie manche Kommentatoren meinen, auch eine gewisse Modernisierung für Österreichs Wirtschaft verbunden.[125]

Unter seinen Klienten befanden sich neben österreichischen Unternehmen auch deutsche Firmen, die wegen der zunehmenden Bombenangriffe ihren Sitz in die damals noch sicherere Ostmark verlagert hatten, wie beispielsweise die Textilfirma „Schwarz & Klein", die sich in Litschau nahe der tschechischen Grenze angesiedelt hatte.

Dr. Franz C. Fetzer war innerhalb des Industriereferates als Referent für Steuer- und Finanzfragen, für Preispolitik und Preiskontrolle und für industrieorganisatorische Fragen tätig.

Er arbeitete zur vollsten Zufriedenheit der Kammer, da er sich außergewöhnlich rasch und gründlich einzuarbeiten verstand.

So konnte er sich als ein besonderer Kenner des Steuerrechtes profilieren, welcher nicht nur für die Wiener Kammer, sondern „für sämtliche Kammern Österreichs die Interessen der gesamten österreichischen Industrie gegenüber dem Reich bei der Einführung der reichsdeutschen Steuergesetze" vertrat. Er widmete sich seiner neuen Aufgabe mit großer Sachkenntnis und viel Energie.

---

125 Walther KASTNER, Mein Leben kein Traum. Aus dem Leben eines österreichischen Juristen, Wien, o.J., S. 93.

So wird anerkennend festgestellt: „Es ist nachweisbar, dass wesentlich durch seine Tätigkeit eine vernünftige Anwendung der Vorschriften über die Reichsmarkeröffnungsbilanz, die mehrfache Ausdehnung und Verlängerung der Steuervorteile der Abschreibungsfreiheit, sowie andere Steuerbevorzugungen für Österreich erreicht wurden, die für die gesamte Wirtschaft von größter Bedeutung waren und zahlenmäßig in die Hunderte von Millionen gingen. Die Erfolge verdankt Dr. Fetzer der Verbindung von außerordentlich sachlichem Wissen mit gewandtem Auftreten und Verhandlungsgeschick."[126]

Das vielleicht Überraschende war, dass man in der NS-Zeit mit kritischen Aussagen relativ schnell in ein KZ kommen konnte, aber bei der Bekämpfung eines Steuerbescheides funktionierte der Instanzenzug recht gut, und man konnte dabei in Berlin durchaus Erfolg haben.

Das haben ihm in Österreich viele Unternehmer zunächst nicht geglaubt, die sich kaum trauten, gegen obrigkeitliche Bescheide vorzugehen.

Da in diesen administrativen Sachen das Rechtssystem relativ gut funktionierte und Fetzer hier überaus erfolgreich war, entwickelte sich seine Kanzlei sehr gut.[127]

---

126 Bescheinigung der Wirtschaftskammer Wien, Industrieabteilung, Bezirksstelle Wien-Niederdonau der Reichsgruppe Industrie zum Ansuchen um Aufenthaltsgenehmigung für Referenten Dr. Franz Curt Fetzer vom 3.8.1945. Familienarchiv Fetzer.

127 Franz-Paul FETZER, OHA-WISOG, AL 2182-2/05, S. 13.

Fetzers Kontakte zur Widerstandsbewegung

Charlotte Fetzer war ihrem Mann im Jahr 1940 von Berlin nach Wien nachgefolgt. Er hatte ihr einige vage Andeutungen gemacht, dass er mit dem Widerstand gegen Hitler zu tun hätte, doch er gab ihr keine weiteren detaillierten Informationen.

Aber sie war sich sicher, dass er sich von Deutschland nach Österreich begeben hatte, um dem Zugriff der Gestapo zu entgehen. Dafür sprach, dass er in der ersten Zeit des Aufenthaltes in Wien etwa alle 14 Tage die Wohnung wechselte, um die Spuren zu verwischen.[128]

Das Ehepaar Fetzer hatte anlässlich der Trauung, wie damals üblich, Hitlers Buch „Mein Kampf" als Hochzeitsgeschenk erhalten.

Franz C. Fetzer konnte es sich nicht verkneifen, in diesem Buch seine kritischen Randbemerkungen dazu zu schreiben. Seine Frau Charlotte hat immer darauf geachtet, dass sie alles wieder ausradiert, damit daraus kein politisches Problem entstehen kann.[129]

Dr. Fetzer hatte es sich zur Gewohnheit gemacht, nach Möglichkeit stets mit Tasche und Schirm unterwegs zu sein. Somit hatte er beide Hände voll und niemand konnte von ihm verlangen, dass er auf Begrüßungen mit dem „deutschen Gruß" reagierte.

Am Tag des Attentates von Graf Stauffenberg auf Hitler, am 20. Juli 1944, war Frau Charlotte Fetzer in Litschau, weil ihr Gatte sie beauftragt hatte, der Firma „Schwarz & Klein" einige Unterlagen zu übergeben. Während ihres Aufenthaltes in Litschau kam über den Rundfunk die Nachricht vom misslungenen Attentat.

---

128 Schriftliche Mitteilung von Frau Charlotte FETZER vom 5.8.2004. Familienarchiv Fetzer.

129 Charlotte FETZER, OHA-WISOG, AL 2120-3/04, S. 7.

Charlotte Fetzer verstand sich gut mit der etwa gleich alten Firmenchefin Maria Schwarz. Ihr entfuhr zwar die Äußerung „jetzt haben sie es doch getan“, doch man wechselte sofort das Thema; denn in dieser Zeit war man aus berechtigter Vorsicht sehr zurückhaltend und vermied kritische politische Diskussionen.

Franz C. Fetzer selbst war an diesem Tag zu Besuch bei seiner Tante, die Oberin eines Klosters in Sarreburg war, und hatte hier offenbar auch Kontakt mit Kreisen des französischen Widerstandes.[130]

In der Folge setzte im gesamten Deutschen Reich eine Welle von Verhaftungen ein, viele Personen, die vom NS-Regime verdächtigt wurden, irgendwelchen Netzwerken des Widerstandes anzugehören, waren schweren Verfolgungen ausgesetzt. Das Ehepaar Fetzer verlor dabei viele Freunde, die vom Regime umgebracht wurden.[131]

Auch in Wien kam es nach dem fehlgeschlagenen Attentat auf Hitler vom 20. Juli 1944 zu mehreren Verhaftungswellen.

So wurde der ehemalige sozialdemokratische Wiener Bürgermeister Karl Seitz noch am 20. Juli 1944 von der Gestapo in Haft gesetzt, weil er durch eine Aussage von Dr. Carl Friedrich Goerdeler belastet worden war.

In einer zweiten Verhaftungswelle wurde unter anderem die Gruppe um den bekannten österreichischen Widerständler Lois Weinberger verhaftet.

Es wurden auch viele Persönlichkeiten zu Verhören abgeführt, von denen wegen ihrer politischen Vergangenheit vermutet wurde, dass sie gegenüber dem NS-Regime kritisch eingestellt seien.[132]

Fetzer hatte Kontakt zu Gegnern des Nationalsozialismus. Er war mit dem ehemaligen steirischen Landeshauptmann Karl Maria Stepan, der unmittelbar nach dem Einmarsch der deutschen Truppen als Regimegegner sofort verhaftet wurde, eng befreundet. Er stand auch in jahrelanger Verbindung mit dem ehemaligen Führer der deutschen „Freien Gewerkschaften“ Wilhelm Leuschner, welcher von 1928 bis 1932 hessischer Innenminister war.

---

130 Franz-Paul FETZER, OHA-WISOG, AL 2182-2/05, S. 5.

131 Schriftliche Mitteilung von Frau Charlotte FETZER vom 5.8.2004. Familienarchiv Fetzer.

132 Ludwig JEDLICKA, Der 20. Juli 1944 in Österreich, Wien 1965, S. 76 ff.

Der prominente SPD-Politiker Leuschner war ein Mitglied der deutschen Widerstandsbewegung gegen Hitler. Er saß eineinhalb Jahre im politischen Gefängnis Moabit und wurde schließlich wegen seiner Verbindung zu den Akteuren des misslungenen Attentates auf Hitler vom 20. Juli 1944 hingerichtet.

Minister Leuschner wohnte bei Franz C. Fetzer während seines Wiener Aufenthaltes. Dieser brachte ihn in seinem Büro unter, weil dies am unauffälligsten war, weil hier ständig Klienten ein- und ausgingen und ein neues Gesicht keinerlei Aufmerksamkeit erregte.[133]

Leuschner war nach Wien gekommen, um hier mit dem Wiener Bürgermeister Karl Seitz, mit Vizebürgermeister Leopold Kunschak und Unterstaatssekretär Lois Weinberger und anderen österreichischen Gegnern des Nationalsozialismus Kontakt aufzunehmen.[134]

Bei diesem Treffen, bei dem Fetzer für Leuschner die Verbindungen zu österreichischen Persönlichkeiten herstellte, hat auch der sozialistische Politiker und spätere Bundespräsident Adolf Schärf teilgenommen.

Dieser hat damals Leuschner klar gemacht, dass der „Anschluss" tot sei: Österreich will nach Ende des Zweiten Weltkrieges wiederum einen unabhängigen eigenen Weg gehen und sich von Deutschland trennen.[135]

Angeblich ist bei dem Treffen in Wien von Leuschner auch eine Kabinettsliste erstellt worden, nach welcher Leuschner in der Regierung nach Hitlers Sturz die Position eines Innenministers erhalten hätte. Fetzer wäre dabei als Staatssekretär für das Innenministerium vorgesehen gewesen.

Franz C. Fetzer selbst hat sich vehement dagegen gewehrt, dass irgendwelche Listen angefertigt werden, weil dies in der damaligen Situation des NS-Terrors ein Todesurteil für all jene sein hätte können, die darauf aufschienen.[136]

---

133 Siehe dazu auch Charlotte FETZER, OHA-WISOG, AL 2120-3/04, S. 13.

134 Abschrift des über Rechtsanwalt Dr. Emerich Hunna übermittelten Ansuchens um Aufenthaltsgenehmigung von Dr. Franz Curt Fetzer an das Präsidium der Polizeidirektion Wien, Fremdenpolizei, vom 9.8. 1945. Familienarchiv Fetzer.

135 Adolf SCHÄRF, Erinnerungen aus meinem Leben, Wien 1963, S. 166–168.

136 Franz-Paul FETZER, OHA-WISOG AL 2182-2/05, S. 27 f. Siehe dazu auch Charlotte FETZER, OHA-WISOG, AL 2120-3/04, S. 9.

Zum Bekannten- und Freundeskreis des Ehepaares Fetzer gehörten auch zahlreiche jüdische Familien.

Darunter war beispielsweise Ernst Pollack, der Besitzer einer Textilfabrik in der Tschechoslowakei, welcher am Wiener Schubertring eine außergewöhnlich kostbar eingerichtete Wohnung hatte.

Das Ehepaar Fetzer war hier öfters zum Essen eingeladen und Franz C. Fetzer versuchte dabei dem Gastgeber und dessen Frau klar zu machen, in welcher Gefahr sie sich seit dem Einmarsch der deutschen Truppen befinden. Doch Herr Pollack wähnte sich sicher; denn er habe sogar im Ersten Weltkrieg für Österreich und Deutschland gekämpft, er sei auch kein konfessioneller Jude mehr, sondern Presbyterianer.

Charlotte Fetzer war Frau Pollack sehr verbunden, weil sich diese seinerzeit als sehr hilfreich erwies, um der neu aus Berlin Zugezogenen die Orientierung in Wien zu erleichtern und manche Tür in die Wiener Gesellschaft zu öffnen.

Frau Pollack musste aufgrund der Nürnberger Rassengesetze einen deutlich sichtbaren Judenstern tragen und Charlotte Fetzer registrierte mit einiger Genugtuung, dass sie trotzdem in den Geschäften der Wiener Innenstadt bei den gemeinsamen Einkäufen zuvorkommend behandelt wurde.

Als das Ehepaar Fetzer im Jahr 1942 für zwei Wochen auf einem Urlaub am Millstättersee war, mussten sie bei ihrer Rückkehr feststellen, dass die Wohnung von Familie Pollack leer war. Ernst und Gisela Pollack waren am 28.6.1942 von Wien in das Konzentrationslager in Theresienstadt deportiert worden.[137] Das Schicksal dieser alten Menschen hat das Ehepaar Fetzer schwer erschüttert, dazu kam das Gefühl der Ohnmacht, zu wissen, dass es keinerlei Möglichkeit gab, ihnen zu helfen ... [138]

Fetzer konnte nach 1945 im Schriftverkehr mit den österreichischen Behörden darauf verweisen, dass er laufend die Familien von mehreren Freunden unterstützt

---

137 Gisela Pollack (geb. 20.9.1874) starb am 13.9.1942, Ernst Pollack (geb. 4.2.1865) starb am 19.9.1942. Mitteilung des Dokumentationsarchivs des Österreichischen Widerstands durch Herrn Mag. Roth.

138 Schriftliche Mitteilung von Frau Charlotte FETZER vom 5.8.2004. Familienarchiv Fetzer.

habe, die im Zusammenhang mit dem Attentat auf Hitler vom 20. Juli 1944 erschossen worden sind.

Er habe sich „konsequent als Gegner des Nationalsozialismus und Vorkämpfer für ein unabhängiges Österreich betätigt".[139]

139 Abschrift des über Rechtsanwalt Dr. Emerich Hunna übermittelten Ansuchens um Aufenthaltsgenehmigung von Dr. Franz Curt Fetzer an das Präsidium der Polizeidirektion Wien, Fremdenpolizei, vom 9.8. 1945. Familienarchiv Fetzer.

Die Arisierungen

In Österreich begann gleich nach dem „Anschluss" der Terror gegen politisch Andersdenkende, aber auch die jüdische Bevölkerung war der Verfolgung ausgesetzt.

Während es in der ersten Umsturzphase zu „wilden Arisierungen"[140] bzw. zu unkontrollierten Enteignungen der jüdischen Bürger kam,[141] wurde dafür bald ein eigenes bürokratisches Verfahren angewandt, welches den Anschein einer Rechtsstaatlichkeit wahren sollte.

Dieser Prozess der Enteignungen erreichte in der Hauptstadt Wien eine stärkere Dimension als in den Bundesländern, weil hier der Anteil der jüdischen Bevölkerung, nach den Volkszählungsergebnissen von 1934 ging es um 9,4 %, relativ hoch war.[142]

Die so genannte „Arisierung" wurde von der Vermögensverkehrsstelle (VVST), die am 18. Mai 1938 im österreichischen Ministerium für Wirtschaft und Arbeit begründet wurde, als staatliche Zentralinstanz organisiert und überwacht.[143]

Auch die Organisationen der gewerblichen Wirtschaft waren in die Arisierungskommissionen eingebunden.[144]

---

140 Herbert ROSENKRANZ, Verfolgung und Selbstbehauptung. Die Juden in Österreich 1938–1945, Wien 1978, S. 60 ff.

141 Bei dem englischen Zeitungs-Korrespondenten Gedye findet sich eine besonders eindrucksvolle Schilderung: G. E. R. GEDYE, Die Bastionen fielen. Wie der Faschismus Wien und Prag überrannte, Wien, o.J., S. 287–301.

142 Gerhard BOTZ, Wien vom „Anschluß" zum Krieg. Nationalsozialistische Machtübernahme und politisch-soziale Umgestaltung am Beispiel der Stadt Wien 1938/39, 2. Auflage, Wien 1980, S. 328 ff.

143 Siehe dazu ausführlich: Gertraud FUCHS, Die Vermögensverkehrsstelle als Arisierungsbehörde jüdischer Betriebe, handelswissenschaftliche Diplomarbeit, Wien 1989.

144 Hans WITEK, „Arisierungen" in Wien. Aspekte nationalsozialistischer Enteignungspolitik 1938–1940.

Um die Kaufpreise festzusetzen, waren bei Betrieben, die einen Umsatz über 50.000 Reichsmark aufwiesen, auch Wirtschaftsprüfer erforderlich, welche die erforderlichen Schätzgutachten verfassen mussten.[145]

Für diese Schätzmeister und Sachverständigen gab es hier ein durchaus breites und ertragsreiches Betätigungsfeld.[146]

Allerdings ging es dabei mehr darum, dass „bei der Arisierung, nach außen hin ... ein gewisser Anstand und rechtlicher Zustand gewahrt" blieb,[147] der Einsatz von Experten vermittelte den Eindruck einer „Pseudo-Objektivität".[148]

In Wirklichkeit hatte der jüdische Eigentümer keine Wahl, sondern musste „zumeist jede ihm gebotene Summe ohne Widerrede" akzeptieren.

Außerdem wurden die Gelder auf eigene Sperrkonten überwiesen, auf welche die jüdischen Eigentümer nicht zugreifen konnten, und nach der Leistung der für die Emigrationserlaubnis erforderlichen Steuern und Abgaben blieb ohnedies nichts mehr übrig.[149]

Für Großunternehmen gab es ein Arisierungsverfahren über die Kontrollbank für Industrie und Handel, welche die Differenz zwischen dem Liquidationswert, welchen die jüdischen Eigentümer erhalten sollten, und dem Verkehrswert, welchen die Erwerber zu bezahlen hatten, an das Reich abzuliefern hatte.[150]

Hier hatte der bekannte Handelsrechtler Dr. Walther Kastner gewirkt, welcher sich im Österreichischen Nationalrat den Vorwurf gefallen lassen musste, dass er

In: Emmerich TALOS – Ernst HANISCH – Wolfgang NEUGEBAUER (Hg.), NS-Herrschaft in Österreich 1938–1945 (= Österreichische Texte zur Gesellschaftskritik, Band 36), Wien 1988, S. 199–216.

145 Gertraud FUCHS, Die Vermögensverkehrsstelle als Arisierungsbehörde jüdischer Betriebe, handelswissenschaftliche Diplomarbeit, Wien 1989, S. 38.

146 Tina WALZER – Stephan TEMPL, Unser Wien, „Arisierung!" auf österreichisch, Berlin 2001, S. 68.

147 Jonny MOSER, Die Katastrophe der Juden in Österreich 1938–1945. In: Der gelbe Stern in Österreich. Katalog und Einführung zu einer Dokumentation (= Studia Judaica Austriaca, Band V), Eisenstadt 1977, S. 116.

148 Tina WALZER – Stephan TEMPL, Unser Wien, „Arisierung!" auf österreichisch, Berlin 2001, S. 68.

149 Gertraud FUCHS, Die Vermögensverkehrsstelle als Arisierungsbehörde jüdischer Betriebe, handelswissenschaftliche Diplomarbeit, Wien 1989, S. 198 ff.

150 Walther KASTNER, Mein Leben kein Traum. Aus dem Leben eines österreichischen Juristen, Wien, o.J., S. 107 f.

nicht nur bei den Arisierungen, sondern später, in der Zweiten Republik, auch bei den Rückstellungen an wichtiger Stelle eingesetzt worden sei.[151]

Er selbst sah den Umstand, dass er im Laufe seiner Karriere für jede Regierung gearbeitet habe, recht unproblematisch und argumentierte: „Sollen aber z. B. Gesetze – so frage ich mich –, die keinesfalls verhindert werden könnten, nicht durch fachlichen Rat so weit als möglich verbessert werden?"[152]

So ist durchaus kritisch festzuhalten, dass es im Bezug auf die Arisierungen in Österreich auch nach 1945 am Unrechtsbewusstsein mangelte.[153]

---

151 Walther KASTNER, Mein Leben kein Traum. Aus dem Leben eines österreichischen Juristen, Wien, o.J., S. 115.

152 Walther KASTNER, Mein Leben kein Traum. Aus dem Leben eines österreichischen Juristen, Wien, o.J. S. 207.

153 Tina WALZER – Stephan TEMPL, Unser Wien, „Arisierung!" auf österreichisch, Berlin 2001, S. 85 f.

Der „totale Gehorsamkeitsanspruch“ des NS-Regimes

Dr. Franz C. Fetzer war nach seinem Selbstverständnis durchaus ein Mann des Widerstandes gegen das NS-Regime.

Es erhebt sich natürlich die Frage, worin bestand eigentlich der konkrete Widerstand? Es gibt zweifellos die Schwierigkeit, den Begriff „Widerstand“ klar zu definieren.[154]

Es gab ein breites Spektrum, welches vom aktiven Widerstand, passivem Widerstand, zivilen Ungehorsam und ideologischer Konspiration[155] bis hin zu jenem schwer messbaren Bereich ging, welcher mit Mentalreservationen gegenüber dem nationalsozialistischem System umschrieben werden könnte.

Im Gegensatz zu anderen besetzten Ländern, wo es eine Sprachbarriere zwischen den deutschen Invasoren und der lokalen Bevölkerung gab, war es in Österreich weit schwieriger, ein für den Aufbau eines Widerstandes begünstigendes Umfeld zu finden.[156]

Es gab auch das Problem, dass das Gros der politisch dem NS-Regime gegenüber kritisch eingestellten österreichischen Patrioten entweder bereits emigriert war, in den Konzentrationslagern saß oder von der Gestapo sehr genau überwacht wurde.[157]

---

154 Vgl. dazu Karl R. STADLER, Provinzstadt im Dritten Reich. In: Gerhard BOTZ, Wien vom „Anschluß“ zum Krieg. Nationalsozialistische Machtübernahme und politisch-soziale Umgestaltung am Beispiel der Stadt Wien 1938/39, 2. Auflage, Wien 1980, S. 13.

155 Vgl. Oliver RATHKOLB, Raoul Bumballa, ein politischer Nonkonformist 1945. In: Rudolf G. ARDELT – Wolfgang J. A. HUBER – Anton STAUDINGER, Unterdrückung und Emanzipation, Festschrift zum 60. Geburtstag von Erika Weinzierl, Wien–Salzburg 1985, S. 298 f. Zu den Formen des Widerstandes siehe auch Günther WEISENBORN (Hg.), Der lautlose Aufstand – Bericht über die Widerstandsbewegung des deutschen Volkes 1933–1945, Hamburg 1962, S. 21 ff.

156 Karl GRUBER, Ein politisches Leben. Österreichs Weg zwischen den Diktaturen, Wien–München–Zürich o.J., S. 29 ff.

157 Ludwig JEDLICKA, Der 20. Juli 1944 in Österreich, Wien 1965, S. 52 f.

Dies mag mit eine Erklärung dafür sein, dass der Widerstand in Österreich keineswegs jene Dimension erreichte, die mit den jugoslawischen Partisanen, der französischen Resistance oder der polnischen Armia Krajowa vergleichbar gewesen wäre.

So ist festzuhalten, dass selbst die legendäre O-5–Bewegung letztlich nur einen sehr „bescheidenen" Beitrag zur Bekämpfung des Nationalsozialismus und zur Befreiung Österreichs leisten konnte.[158]

Wegen des „totalen Gehorsamkeitsanspruches" des NS-Regimes und der Härte in der Verfolgung und Sanktionierung von Widerstandshandlungen kann man „jegliche Opposition im Deutschen Reich als Widerstand" werten.[159]

Selbst Witze oder spöttische Bemerkungen über das NS-Regime konnten bereits existenzbedrohende Auswirkungen haben. Das grassierende Spitzelwesen machte jede kritische Äußerung zu einem Risiko. Wer der Widerstandsszene zugerechnet wurde, spielte mit seinem Leben.

Die Gleichschaltung durch das NS-Regime ging im gesamten Deutschen Reich sehr schnell, reibungslos und ohne erkennbaren Widerstand vor sich.

Die gesamten Interessenverbände und unzählige freie Vereinigungen wurden innerhalb weniger Monate entweder aufgelöst oder im Sinne der nationalsozialistischen Zielsetzungen verändert und angepasst.

Aus heutiger Sicht ist es schwer verständlich, wie schnell und weitgehend widerspruchslos diese Gleichschaltung auf allen Ebenen vor sich ging.

Die Einheit der Volksgemeinschaft sollte dadurch gewahrt werden, dass praktisch sämtliche Bevölkerungsschichten jeglichen Alters in den jeweils dazu entsprechenden Organisationen erfasst wurden.

---

158 Oliver RATHKOLB, Raoul Bumballa, ein politischer Nonkonformist 1945. In: Rudolf G. ARDELT – Wolfgang J. A. HUBER – Anton STAUDINGER, Unterdrückung und Emanzipation, Festschrift zum 60. Geburtstag von Erika Weinzierl, Wien–Salzburg 1985, S. 301.

159 Vgl. Karl R. STADLER, Der Durchbruch der österreichischen Nationalidee in Verfolgung und Emigration. In: Andreas KHOL – Robert PRANTNER – Alfred STIRNEMANN (Hg.), Um Parlament und Partei. Alfred Maleta zum 70. Geburtstag (= Studienreihe der politischen Akademie der Österreichischen Volkspartei, Band I), Graz–Wien–Köln 1976, S. 121.

Der Bogen reichte von dem Bund deutscher Mädchen und der Hitlerjugend bis hin zur Deutschen Arbeitsfront, welche die Gewerkschaften ersetzte.

Für die jeweiligen Berufsgruppen der Lehrer, Ärzte, Rechtsanwälte etc. gab es eigene Organisationen.

Die Gleichschaltung wurde dadurch fast lückenlos, als die meisten dieser Berufsverbände mit Zwangsmitgliedschaft ausgestattet waren.

Vor allem für jene Personen, die im Lichte der Öffentlichkeit standen, wie Künstler, Journalisten oder Schriftsteller, war die Aufnahme in die entsprechende Organisation Voraussetzung dafür, weiterhin in der Öffentlichkeit wirken zu können.

Diese Verbände waren keineswegs mit den in einer Demokratie üblichen Mechanismen der Willensbildung versehen, auch die vormaligen Selbstverwaltungseinrichtungen wurden dem straffen Führerprinzip und dem Primat der nationalsozialistischen Partei unterworfen.[160]

Der Nationalsozialistische Rechtswahrerbund

Unmittelbar nach der nationalsozialistischen Machtübernahme wurden in Deutschland innerhalb kürzester Zeit die bestehenden juristischen Standesorganisationen zerstört und auch die juristischen Fachzeitschriften des Deutschen Reiches der Gleichschaltung unterzogen. Der Nationalsozialistische Rechtswahrerbund (NSRB) wurde zur alleinigen Berufsorganisation der Juristen im Dritten Reich.

Er war im Jahr 1936 durch Umbenennung aus dem Bund Nationalsozialistischer Deutscher Juristen (BNSDJ) entstanden.

Er umfasste einzelne „Reichsgruppen" für die verschiedenen juristischen Berufe wie Rechtsanwälte, Richter, Staatsanwälte, Notare und Rechtswissenschaftslehrer an den Hochschulen.

---

160 Ulrich von ALEMANN, Wie, wann und warum entstanden Verbände? In: Informationen zur politischen Bildung, hgg. v. Bundeszentrale für politische Bildung, Ausgabe 253, Bonn/München 4. Quartal 1996, S. 12/13.

Aber auch die so genannten Wirtschaftsrechtswahrer, wie Volkswirte, Betriebswirte und Wirtschaftstreuhänder, wurden von dieser Organisation erfasst.[161]

Wie der Vorläuferorganisation BNSDJ stand auch dem NSRB zunächst der „Reichsrechtsführer" und Leiter der Akademie für Deutsches Recht, Dr. Hans Frank, vor.

Dieser wurde dann im Jahr 1942 vom neuen Reichsminister der Justiz Dr. Otto Georg Thierack abgelöst, während der einst so mächtige Hans Frank aus all seinen Parteiämtern entlassen wurde und lediglich die Funktion eines Generalgouverneurs für die besetzten polnischen Gebiete behielt.[162]

Der Hintergrund für diesen markanten Wechsel waren heftige Machtkämpfe innerhalb der NSDAP, aber auch zwischen der NSDAP und dem weit weniger bedeutenden NS-Rechtswahrerbund, welcher sich nicht völlig nach den Vorstellungen der Parteiführer der NSDAP ausrichtete.

So gab es innerhalb des NS-Rechtswahrerbundes spürbaren Widerstand gegen den von der NSDAP für alle Bereiche des öffentlichen Lebens stets geforderten Primat der Partei.

So verwahrte sich der NS-Rechtswahrerbund dagegen, dass beispielsweise bei der Besetzung von Positionen im Rechtsleben die Parteizugehörigkeit zur NSDAP das vorrangige Kriterium sein sollte.

Es dürfte der NSDAP keineswegs sehr gefallen haben, dass beispielsweise der in Wien angesehene Universitätsprofessor Dr. Ernst Schönbauer, gemessen an der damaligen Euphorie des Umbruchs in Österreich, zu dieser Frage sehr deutlich Stellung bezog.

Schönbauer war Dekan der Juridischen Fakultät der Wiener Universität und Beauftragter der Reichsführung des NSRB für die Gruppe Hochschullehrer der Rechtsfakultäten im besetzten Österreich und er galt als ein „leidenschaftlicher und

161 Michael SUNNUS, Der NS-Rechtswahrerbund (1928–1945), Zur Geschichte der nationalsozialistischen Juristenorganisation (= Rechtshistorische Schriften, Band 78), Frankfurt/Main 1990, S. 32.

162 Michael SUNNUS, Der NS-Rechtswahrerbund (1928–1945), Zur Geschichte der nationalsozialistischen Juristenorganisation (= Rechtshistorische Schriften, Band 78), Frankfurt/Main 1990, S. 132.

kompromissloser Vorkämpfer der Idee des Führers während der Leidenszeit der Ostmark".[163]

Schönbauer war also durchaus ein begeisterter Anhänger der nationalsozialistischen Bewegung.

Dennoch führte er im übervoll besetzten Auditorium Maximum der Wiener Universität am 24. Mai 1938 in seiner Rede über den „Rechtswahrer in der nationalsozialistischen Ostmark" neben seiner obligaten und dem Zeitgeist entsprechenden Ergebenheitsadresse an den „geliebten Führer Adolf Hitler, Wahrer des Rechtes"[164] aus: „Die Parteizugehörigkeit als Maßstab des Wertes schlechthin anzulegen, würde zur Ungerechtigkeit führen."[165]

Wenngleich der NS-Rechtswahrerbund zu den Organisationsstrukturen des nationalsozialistischen Regimes gehörte und als Berufsorganisation dessen Zielen untergeordnet war, bedeutete die Zugehörigkeit NS-Rechtswahrerbund aber keineswegs zugleich auch die Zugehörigkeit zur NSDAP.

Zwischen der NSDAP und dem NS-Rechtswahrerbund gab es immer wieder Reibungsflächen; denn aus Sicht der NSDAP hätte der Rechtswahrerbund noch deutlicher im Sinne der Parteiinteressen agieren sollen.

In Österreich bestand der NS-Rechtswahrerbund eher als eine rein formelle Organisation, die fast nur auf dem Papier existierte und mit der Nationalsozialistischen Partei kaum verschränkt war.[166]

Damit gab es für rechtskundige Beamte, Richter, Rechtsanwälte und Wirtschaftstreuhänder die Möglichkeit, eine formelle Loyalität zum NS-Regime unter Beweis zu stellen und sich solcherart vor beruflichen Nachteilen abzusichern.

Dr. Franz C. Fetzer war auf Grund seiner politischen Vergangenheit durchaus exponiert und hatte kaum eine Alternative, wenn er weiterhin als Wirtschaftstreu-

163 Siehe Vorbemerkung des Verlages. In: Ernst SCHÖNBAUER, Der Rechtswahrer in der nationalsozialistischen Ostmark, Wien 1938.

164 Ernst SCHÖNBAUER, Der Rechtswahrer in der nationalsozialistischen Ostmark, Wien 1938, S. 29.

165 Ernst SCHÖNBAUER, Der Rechtswahrer in der nationalsozialistischen Ostmark, Wien 1938, S. 20 f.

166 Michael SUNNUS, Der NS-Rechtswahrerbund (1928–1945), Zur Geschichte der nationalsozialistischen Juristenorganisation (= Rechtshistorische Schriften, Band 78), Frankfurt/Main 1990, S. 148 f.

händer in Wien tätig sein wollte, als der Berufsorganisation NS-Rechtswahrerbund beizutreten.[167]

Eine derartige Mitgliedschaft war auch für Persönlichkeiten, die sich keineswegs mit dem Nationalsozialismus identifizierten und durchaus dem Widerstand zuzurechnen waren, erforderlich, um weiterhin in der Öffentlichkeit wirken zu können, wie auch das Beispiel des deutschen Widerstandskämpfers Dr. Egidius Schneider belegt, welcher als Jurist während der NS-Zeit der Berufsorganisation NS-Rechtswahrerbund angehörte und der nur deshalb überleben konnte, weil er vor seiner Exekution von den Alliierten aus dem Gestapo-Gefängnis befreit werden konnte.[168]

Dr. Franz C. Fetzer vermied es aber, sich über diese obligate „Pflichtübung" hinaus den nationalsozialistischen Machthabern weiter anzunähern.

Feststeht, dass weder Franz C. Fetzer noch seine Frau Charlotte jemals Mitglieder oder Parteianwärter bei der NSDAP waren und dass im deutschen Bundesarchiv bzw. im „Berlin Document Center" (BDC) keinerlei Unterlagen aufliegen, die auf eine Nähe zur NSDAP schließen lassen.[169]

Auch im Wiener Stadtarchiv, Bestand NSDAP: Archiv der Staatspolizei – Gauakten liegen keinerlei Unterlagen auf, aus denen ein Bezug Dr. Fetzers zum nationalsozialistischen Regime geschlossen werden kann.[170]

Fetzer erwarb eine Treuhandgesellschaft

Im Jahr 1942 erwarb Dr. Franz C. Fetzer den „Mantel" einer 1931 begründeten Gesellschaft, welche den Namen „Ostmärkische Treuhand-Gesellschaft" trug. Die

---

167 1942 verwendete Dr. Fetzer ein Briefpapier, welches ihn im gedruckten Briefkopf als Wirtschaftstreuhänder, Steuer- und Devisenberater ausweist, und das Emblem des NS-Rechtswahrerbundes mit dem Beisatz Mitglied des NSRB führt.

168 Siehe Artikel über Dr. Egidius Schneider, Dienstverpflichteter im „Amt Canaris", http://mhhmohr.cadae.de/egidius.schneider-strasse_in_...:, 6.4.2006.

169 Schriftliche Auskunft des Deutschen Bundesarchivs, Berlin, 9.2.2006.

170 Schriftliche Auskunft des Wiener Stadt- und Landesarchivs, Wien, Magistratsabteilung 8, vom 6.3.2006.

Vorbesitzer dieser Gesellschaft standen dem nationalsozialistischen Regime nahe, waren aber wirtschaftlich nicht sehr erfolgreich und hatten es trotz ihrer Qualifikation als Wirtschaftsprüfer „geschafft", die eigene Gesellschaft in den Konkurs zu führen.

Dass Dr. Fetzer diese Gesellschaft kaufte, welcher er dann in der Folge die Bezeichnung „Süd-Ost-Treuhand" (SOT) gab, hing damit zusammen, dass diese Firma sehr schöne Räumlichkeiten und noch zwei Schreibmaschinen besaß. Schreibmaschinen waren im Krieg äußerst begehrte Mangelware.[171]

Fetzer bekam aber nach dem Zweiten Weltkrieg insofern Probleme mit seiner Tätigkeit als Wirtschaftstreuhänder in der NS-Zeit, als die „Ostmärkische Revisions- und Treuhandgesellschaft" sich in den letzten Jahren, bevor Fetzer die Firma übernahm, nur mehr mit der Liquidierung von Judenvermögen, mit der treuhändigen Abführung der Judensteuer usw. beschäftigt hatte.

Alle diese Verfahren wurden sofort ordnungsmäßig beendet, aber trotzdem gab es später eine Vielzahl von Klagen gegen die SOT, und die Firma musste einen eigenen Rechtsanwalt mit der Abwehr dieser Klagen beschäftigen.

Darunter waren vor allem Fälle, mit denen Fetzer selbst nichts zu tun hatte, sondern damit, dass die „Ostmärkischen Revisions- und Treuhand" später von Fetzer übernommen wurde.[172] Dass Fetzer im Zusammenhang mit Vermögensentzugsverfahren zu Unrecht beschuldigt wurde, geht daraus hervor, dass die ihn betreffenden Verfahren von der Rückstellungskommission abgewiesen wurden.[173]

In einem Leserbrief wurde Dr. Fetzer vorgeworfen, sich im Arisierungsverfahren der Familie Pollack durch die Vorlage einer Honorarnote beteiligt zu haben.[174]

---

171 Franz-Paul FETZER, OHA-WISOG, AL 2182-2/05, S. 8.

172 Walter WUNDSAM, OHA-WISOG, AL 2136-8/04, S. 11.

173 Aus den Akten der Vermögensentzugs-Anmeldeverordnung (VEAV) der Magistratsabteilung 119, A 41, 7. Bezirk, C 342, Wiener Stadt- und Landesarchiv, geht hervor, dass Dr. Franz C. Fetzer einer von vier Antragsgegnern war, gegen die ein Antrag auf Rückstellung eines Geldbetrages eingebracht worden war. Das Begehren des Antragsstellers gegen Dr. Fetzer, diesen Betrag zu bezahlen, wurde von der Rückstellungskommission abgewiesen. Schriftliche Auskunft des Wiener Stadt- und Landesarchivs, Wien, Magistratsabteilung 8, vom 13.6.2006. An dieser Stelle sei der Sachbearbeiterin Mag. Susanne Fritsch sehr herzlich für ihre Mühewaltung gedankt.

174 Leserbrief von Frau Maria KLUGE, Toronto, an die Wiener „Presse" vom 14.1.2000.

Bei Studium der einschlägigen Archivalien ist festzustellen, dass es tatsächlich eine Honorarnote vom Oktober 1942 gibt, diese bezog sich aber darauf, dass Dr. Fetzer, der – wie schon vorher dargestellt – mit der Familie Pollack in gutem Kontakt stand, für deren verschiedene Fabriken als Steuerberater bereits seit Beginn des Jahres 1939 tätig gewesen war.

Fetzers Leistungen für die Firma Pollack wurden dabei im Einzelnen aufgelistet: So gab es beispielsweise Grenzprobleme nach dem „Anschluss" des Sudetenlandes, welche die Fabriken Pollacks beeinträchtigten. Fetzer führte im Auftrag Ernst Pollacks die entsprechenden Verhandlungen und setzte sich beim Wirtschaftsministerium in Berlin und bei anderen Behörden für Pollacks Anliegen ein und musste deshalb auch zahlreiche Fahrten nach Berlin, aber auch nach Prag unternehmen.

Er war auch offiziell mit der Steuerberatung der Schafwoll- und Seidenfabriken in Hilbetten und der Tücher- und Modewarenfabrik Pollack in Wien betraut. Fetzer führte auch die Verhandlungen bezüglich der Materialzuteilungen, ohne die die Firma nicht hätte arbeiten können, und er war auch jener Steuerberater, der die gesamten persönlichen steuerlichen Angelegenheiten der Familie Pollack betreute.

Er selbst war keineswegs als Vermögenstreuhänder eingesetzt, welcher die Arisierung der Unternehmen der Familie Pollack durchzuführen hatte; damit war ein Wiener Rechtsanwalt betraut worden. Aber auf Grund dessen, dass er die Betriebe gut kannte und vor der Arisierung deren steuerliche Vertretung im Auftrag der Familie Pollack übernommen hatte, war es nahe liegend, dass er in die Frage der Arisierung mit eingebunden wurde, wobei er aber im Verfahren die Interessen der Familie Pollack vertrat.

Dass er seine offene Honorarforderung für erbrachte Leistungen gegenüber dem Unternehmen Pollacks anmeldete, war ein im Geschäftsleben selbstverständlicher Akt, den man aus heutiger Sicht nicht tendenziös uminterpretieren darf.[175]

---

175 Siehe ausführliches Schreiben von Dr. Franz C. FETZER vom 27.10.1942 an das Finanzamt Innere Stadt-Ost, z.H. Herrn Fitbogen, Riemergasse 2, Wien I. Österreichisches Staatsarchiv, Archivbestand der Finanzlandesdirektion für Wien, Niederösterreich und das Burgenland. Zl. 18.240/6.
An dieser Stelle sei Herrn Hofrat Dr. Hubert Steiner vom Staatsarchiv für seine Unterstützung gedankt.

Fetzer und der Zweite Weltkrieg

Der Bombenkrieg beeinträchtigte das Leben in Wien, auch Fetzers Wohnung in Grinzing wurde durch Bomben beschädigt.

In einem Brief an einen Freund schilderte Fetzer, dass es in Wien wochenlang kein Gas, nur wenig Wasser und oft keinen Strom gibt. „Da die Tram bzw. ihre Oberleitung alle naslang marod ist, gewöhnt man sich langsam an den Spaziergang von Grinzing in die Stadt und zurück, als Vorbereitung auf etwaige noch unangenehmere Märsche. Doch wollen wir, wenn irgend möglich, bleiben …“.[176]

Bei einem Bombenangriff auf das Krankenhaus der Konfraternität in der Alserstraße, wo Frau Charlotte Fetzer wegen einer Blinddarmoperation im Gartenhaus lag, wäre sie fast ums Leben gekommen, wenn nicht Franz C. Fetzer knapp vor einem Bombenangriff seine Frau selbst in den Luftschutzkeller getragen hätte.[177]

Dr. Franz C. Fetzer ist während des Zweiten Weltkriegs mehrfach einberufen worden, aber über Intervention der „Reichsgruppe Industrie“ ist er immer wieder freigestellt worden, und er hat auch vermieden darauf hinzuweisen, dass er als preußischer Kadett eine militärische Ausbildung genossen hat.[178]

Gegen Kriegsende wurde aber der Druck, zum Militär einberufen zu werden, immer stärker. In den letzten Kriegsmonaten wurden auch noch jene, die bislang aus Gründen der beruflichen Unabkömmlichkeit freigestellt waren, zu den Waffen gerufen.

Auch Männer, die bislang für den Militärdienst als ungeeignet erschienen, weil sie schon zu alt oder durch Behinderungen beeinträchtigt waren, ereilte der Ruf zum Volkssturm, der angesichts des Näherrückens der Alliierten gleichsam ein letz-

---

176 Brief Dr. Franz C. FETZERS an Dr. Hermann Schöpfer vom 26.11.1944. Familienarchiv Fetzer.

177 Charlotte FETZER, OHA-WISOG, AL 2120-3/04, S. 8 f.

178 Charlotte FETZER, OHA-WISOG, AL 2120-3/04, S. 7.

tes Aufgebot darstellte, das in Schnellkursen eine militärische Grundschulung erhielt, um an der Front eingesetzt werden zu können.

Dr. Franz C. Fetzer schaffte es dennoch, sich der Einziehung zum Wehrdienst zu entziehen. Er tat dies auf eine überaus riskante Weise: Am Samstag, den 10. März 1945, ließ er sich morgens in seinem Steuerberatungsbüro am Dr.-Karl-Lueger-Ring von Dr. Latzel, einem ihm gut bekannten Arzt, eine Terpentininjektion in seinen linken Oberschenkel geben.[179]

Dadurch wurden ein riesiges Abszess und eine Entzündung mit hohem Fieber hervorgerufen.

Am 11. März bestätigte ein Arzt den schlechten Gesundheitszustand Fetzers. Mit diesem Attest suchte Tags darauf Charlotte Fetzer mit Erfolg das Wehrmeldeamt auf, welches die Einberufung zurücknahm.

Das damit verbundene Risiko war nicht unbeträchtlich; denn, wenn ihm die Militärärzte diese Selbstverstümmelung hätten nachweisen können, dann hätte dies ein militärgerichtliches Verfahren mit ernstesten Konsequenzen zur Folge gehabt.

Dr. Fetzer musste wegen der durch die Injektion hervorgerufenen Entzündung in das Spital zur ärztlichen Behandlung gebracht werden. Die Fahrt mit einem Pferdefuhrwerk war eine „stossende Tortur“.[180]

Frau Fetzer begleitete ihren Mann dorthin und dieser erzählte ihr später noch halb betäubt, dass jemand, als die Wunde geöffnet wurde, gefragt habe: „Was stinkt denn hier so?“ Und eine andere habe geantwortet: „Terpentin“. Das hinterließ natürlich die Sorge, dass das Spital wegen des Verdachtes auf Selbstverstümmelung eine Anzeige erstatten könnte. Das trat zum Glück nicht ein.

Frau Fetzer konnte nach diesem medizinischen Eingriff ihren Mann wieder nach Hause bringen. Leider hat sich die Wunde nicht gut geschlossen, die Infektion war beharrlich.

---

179 Franz C. FETZER, Tagebucheintragung vom 10.3.1945. Familienarchiv Fetzer.

180 Franz C. FETZER, Tagebucheintragung vom 15.3.1945. Familienarchiv Fetzer.

Die Krankenpflege war zu Hause schwierig, denn es gab kaum Wasser und auch kein Gas mehr. Mit einem weiteren Attest gelang es, auch die Einberufung zum Volkssturm abzuwenden.[181]

Da das Fieber wieder gefährlich hoch wurde und die Wunde am Oberschenkel weiterhin stark eiterte, musste Dr. Fetzer wieder in das Spital, diesmal zur „Konfraternität“, gebracht werden,[182] wo er am 29.3.1945 abermals operiert werden musste. An diesem Tag wollte Fetzer angesichts der nahenden Osterfeiertage seine Beichte ablegen. Es bedrückte ihn, dass ihm der Priester wegen seiner Scheidung von der ersten Frau die Absolution verweigerte.[183]

Inzwischen war die Lage von Wien durch die unaufhaltsam näher rückenden sowjetischen Truppen immer unhaltbarer geworden.

In dieser Situation gelang es Charlotte Fetzer über hohe Funktionäre der Organisation Todt einen PKW vom Typ „Steyr-Baby“ zu organisieren, welcher mit Holzgas betrieben wurde. Wien war bereits an mehreren Seiten von den Sowjets eingeschlossen. Frau Fetzer fuhr noch schnell in das Büro, um einige Dinge mitzunehmen. Dann fuhr sie nachts um 0.30 Uhr in das Krankenhaus, wo sie ihren Mann abholte.

Fetzer war so schwach und abgemagert, dass ihn eine Schwester in den Wagen tragen musste. So gelang dann die Flucht aus Wien, die mit vielen Gefahren verbunden war, denn die Finsternis wurde immer wieder durch die so genannten „Christbäume“ erhellt, die von alliierten Flugzeugen abgeworfen wurden.[184]

Trotz laufender Tieffliegerangriffe gelang es, sich auf abenteuerliche Art bis nach Taufkirchen in Oberösterreich durchzuschlagen, wo man dann über Vermittlung von Freunden im Pfarrhaus unterkam. Für das Ehepaar Fetzer war es bereits damals klar, dass man nicht nach Deutschland zurück, sondern in Österreich bleiben wolle. Die freundliche Intervention von diesen Freunden war sehr wichtig, denn die Pfarrersköchin war gegen Deutsche sehr feindlich eingestellt.

---

181 Franz C. FETZER, Tagebucheintragung vom 27.3.1945. Familienarchiv Fetzer.

182 Charlotte FETZER, OHA-WISOG, AL 2120-3/04, S. 11.

183 Franz C. FETZER, Tagebucheintragung vom 29.3.1945. Familienarchiv Fetzer.

184 Charlotte FETZER, OHA-WISOG, AL 2120-3/04, S. 10 f.

Die Versorgung durch die Pfarrersköchin war angesichts der damaligen Zeitumstände ungewöhnlich gut.[185] Dr. Fetzer war damals noch in einem sehr schlechten gesundheitlichen Zustand, von dem er sich nur sehr langsam erholte.

Durch das damals streng verbotene Abhören von Auslandssendern informierte sich Fetzer über den Kriegsverlauf und den sich abzeichnenden Zusammenbruch[186], den das Ehepaar Fetzer in Taufkirchen erlebte.

In den letzten Kriegstagen ergab sich dann noch dadurch ein Problem, dass die Pfarrersköchin, kurz bevor die Amerikaner nach Schärding einrückten, bereits die weiße Fahne hisste. Gegenüber in der Schule war noch die SS einquartiert, die sofort mit ärgsten Repressalien, ja sogar mit dem Erschießen drohte.

Charlotte Fetzer gelang es schließlich, die Sache zu bereinigen, und die SS-Leute, die ohnedies bereits knapp vor dem Rückzug standen, ließen die Köchin unbehelligt.[187]

Am 3. Mai 1945 rückten die amerikanischen Truppen in Taufkirchen ein. Die Bevölkerung freute sich über das Kriegsende. Das Ehepaar Fetzer feierte mit Freunden bei Zitherspiel, Most und Geselchtem. Die amerikanischen Truppen wurden von den Einheimischen zage begrüßt, diese gaben sich zunächst recht zurückhaltend.[188]

Nachdem Dr. Fetzer sehr sprachgewandt war, war er sofort für die Bewohner von Taufkirchen, für den Bürgermeister, aber auch für die einrückenden amerikanischen Truppen, sehr nützlich, weil er sich als Dolmetscher zur Verfügung stellte.[189] Er wurde später von den Amerikanern auch zum „Gesundheitskommissar" des DP-Lagers (Auffanglager für „displaced persons") ernannt[190] und er half den Amerikanern bei mannigfachen Verwaltungs- und Organisationsfragen.[191]

185 Franz C. FETZER, Tagebucheintragung vom 11.4.1945. Familienarchiv Fetzer.

186 Franz C. FETZER, Tagebucheintragung vom 23.4.1945. Familienarchiv Fetzer.

187 Charlotte FETZER, OHA-WISOG, AL 2120-3/04, S. 16 f.

188 Franz C. FETZER, Tagebucheintragung vom 3.5.1945. Familienarchiv Fetzer.

189 Franz C. FETZER, Tagebucheintragung vom 4.5.1945. Familienarchiv Fetzer.

190 Franz C. FETZER, Tagebucheintragung vom 12.6.1945. Familienarchiv Fetzer.

191 Franz C. FETZER, Tagebucheintragung vom 18.6.1945. Familienarchiv Fetzer.

Dabei kam er vor allem mit Captain Charles L. Byrd in Kontakt, welcher Fetzer auch eine Bestätigung seiner Tätigkeiten aushändigte, welche ihm beim weiteren Umgang mit den amerikanischen Behörden nützlich sein sollte.[192]

Fetzer nahm bereits in Oberösterreich mit zahlreichen ehemaligen Klienten und mit Industriellen, wie beispielsweise dem Trauner Essigproduzenten Enekel Kontakt auf; er stellte sich auch in Linz bei Beamten der Landesregierung vor und besprach mit dem oberösterreichischen Politiker Dr. Heinrich Gleißner Fragen einer allfälligen Mitarbeit und der Einbürgerung in Österreich.[193]

Bei einer Besprechung mit Persönlichkeiten der Industrie-Abteilung in Oberösterreich erfuhr Fetzer, dass man ihn in Wien als Steuer-Referent des Industriellen-Verbandes weiter beschäftigen wolle.[194]

Dies war für ihn eine freudige Nachricht und er setzte alle Hebel in Bewegung, um für sich und seine Frau alle Dokumente zu erhalten, die man damals benötigte, um die Zonengrenzen überschreiten zu dürfen.

Der Rückkehr nach Wien, wo Fetzer später bereits bei der Gründungsversammlung der Industriellenvereinigung dabei war, stand dann nichts mehr im Wege.

Der „Militarist" war nicht beim Militär

Es mag verblüffen, dass Dr. Franz C. Fetzer, welcher beim preußischen Kadettencorps eine militärische Ausbildung erhielt und der zeitlebens einen durchaus strammen militärischen Eindruck hinterließ, nie im Kriegsdienst stand.

---

192 Letter of recommendation, an „Industrial Section, Regional Military Government" gerichtet. Von Charles L. BYRD, Captain F. A., Taufkirchen. Service Battery, 666th Field Artillery Battalion, APO 403 U.S. Army, vom 11.7.1945. Hier wird bestätigt, dass Dr. Fetzer den US-Truppen als Dolmetscher zur Verfügung stand, dass er ein „Anti-Nazi" war und dass er der Militärregierung beim Wiederaufbau der österreichischen Industrie sehr hilfreich sein könnte. Abschrift des Dokumentes im Familienarchiv Fetzer.

193 Franz C. FETZER, Tagebucheintragung vom 5.6.1945. Familienarchiv Fetzer.

194 Franz C. FETZER, Tagebucheintragung vom 19.7.1945. Familienarchiv Fetzer.

Als der Erste Weltkrieg ausbrach, war er zwar in der Uniform eines Kadetten, aber als 14-Jähriger noch viel zu jung, um an die Front geschickt zu werden.

Bei Ausbruch des Zweiten Weltkrieges war er 39 Jahre und bei dessen Ende 45 Jahre alt. Er war also durchaus im wehrfähigen Alter.

Die ersten Einberufungsbefehle konnten unter Hinweis auf seine wichtige Funktion im Dienste der Öffentlichkeit abgewendet werden.

Als dies in der dramatischen letzten Phase der Kriegs nicht mehr möglich war, griff er zum ultimativen Mittel der Selbstverstümmelung durch eine Terpentinspritze.

Dabei ging er ein hohes Risiko ein: Hätten die Ärzte die Selbstverstümmelung erkannt und zur Anzeige gebracht, dann wäre ihm ein kriegsgerichtliches Verfahren sicher gewesen.

Es kann auch keinen Zweifel geben, wie dieses Verfahren geendet hätte: Das Todesurteil wäre die unausweichliche Konsequenz gewesen.

Es war aber auch die Selbstverstümmelung im medizinischen Sinne keineswegs risikolos: Die Schwere der dadurch hervorgerufenen Infektion und allenfalls auftretender Komplikationen waren angesichts der in der Kriegssituation problematischen medizinischen Versorgungssituation schwer vorhersagbar. Mit anderen Worten: Diese Art, sich dem Kriegsdienst zu entziehen, war nicht risikolos und erforderte Mut.

Dass sich Franz C. Fetzer auf diese Art vor dem Kriegseinsatz bewahrte, mag durch seine Abwehrhaltung gegenüber dem Nationalsozialismus begründet sein.

Damit ist es auch kein Widerspruch, dass er im preußischen Kadettencorps ausgebildet wurde und er sich dennoch im Zweiten Weltkrieg seiner Militärpflicht entzog. Die Erziehung im Kadettencorps war keineswegs auf blinden Kadavergehorsam ausgerichtet; gerade aus diesem Milieu gingen einige sehr bekannte Widerstandskämpfer hervor, welche sich gegen das NS-Regime wandten.

Das oft ge- und missbrauchte Wort von der Pflichterfüllung kann auch anders interpretiert werden, nämlich als Pflicht, sich nicht von einem verbrecherischen Regime für größenwahnsinnige Ziele als Soldat verwenden zu lassen.

Wer im Widerstand war, desertierte oder sich auf andere Art der Wehrpflicht entzog, hatte im Österreich der unmittelbaren Nachkriegszeit keineswegs immer mit hoher gesellschaftlicher Anerkennung zu rechnen.

Es ist dies ein zeitgeschichtliches Phänomen, das sicherlich nachdenklich stimmen muss.

Fest steht, dass Fetzer nach 1945 zwar oft durchblicken ließ, dass er Kontakte zum Widerstand hatte und ein Gegner des NS-Regimes war, aber er sprach erst im vorgerückten Alter über dieses Kapitel seines Lebenslaufes.[195]

So waren diese Passagen seiner Biografie auch den meisten seiner besseren Freunde nicht bekannt.

Im Gegenteil: Fetzer pflegte meist seine Ausbildungszeit beim preußischen Kadettencorps zu erwähnen und er hatte zeitlebens das Image einer durchaus soldatisch geprägten Persönlichkeit.

Dazu passt das von ihm gerne gebrauchte Goethe-Zitat: „Die größten Vorteile im Leben überhaupt wie in der Gesellschaft hat ein gebildeter Soldat." Und sein späterer Nachfolger und langjähriger Freund Prof. Herbert Krejci meint dazu: „Das war und ist Dr. Fetzer im guten Sinn des Wortes, im Gegensatz zum sturen Militaristen."[196]

Disziplin und Ausdauer, eine klare Sprache und eine stets aufrechte Körperhaltung ließen Fetzers Image als soldatische Persönlichkeit glaubhaft erscheinen.

So verwundert es auch nicht, dass er sich anlässlich der Feier zu seinem 95. Geburtstag eine musikalische Umrahmung durch die Gardemusik wünschte, die mit preußischen und österreichischen Militärmärschen aufwartete.[197]

Und er wies auch immer wieder darauf hin, dass im königlich-preußischen Kadettencorps „nicht soldatische Rabauken, sondern Diener des Staates" erzogen worden seien.

---

195 Es ist interessant, dass die Fragmente seines Kriegstagesbuches von ihm erst zwanzig Jahre später, also 1965, maschinschriftlich erfasst wurden und bislang in keiner Weise außerhalb seiner Familie bekannt wurden.

196 Herbert KREJCI, Laudatio zum 90. Geburtstag von DDr. Franz C. Fetzer vom 4.4.1990, S. 2 f.

197 N. N., 90 Jahre und kein bisschen alt! Die Republik ehrte Dr. Fetzer zum 90. Geburtstag. In: Die Industrie, 11.4.1990, S. 6 f.

Professor Herbert Krejci meint dazu: „Dr. Fetzer hat in das Kadettencorps die Liberalität seiner Heimat, des westdeutsch-karolingischen Grenzraumes mitgebracht. Er ist damit auch gegen jene deutsche Versuchung gefeit, dass ‚am deutschen Wesen die Welt genesen solle'."[198]

Dass Fetzer ein Mann mit Standfestigkeit und Zivilcourage war, geht auch aus einer Situation in den Zusammenbruchstagen des Deutschen Reiches hervor: Fetzer hatte eine Wohnung in der Paul-Ehrlich-Gasse im 19. Bezirk in Wien. Als seine durch Bomben beeinträchtige Wohnung von den Russen beschlagnahmt wurde, bewies er eine ungeheure Zivilcourage.

Er stellte sich ohne Angst selbstbewusst vor die schwer bewaffneten und damals recht unberechenbaren Russen hin und schimpfte so lange, bis es den Russen zu dumm wurde und sie seine Wohnung wieder freigaben.[199]

---

198 Herbert KREJCI, Laudatio zum 90. Geburtstag von DDr. Franz C. Fetzer vom 4.4.1990. S. 3 f.

199 Walter WUNDSAM, OHA-WISOG, AL 2136-8/04, S. 11.

Das Jahr 1945: Zusammenbruch und Neubeginn

Der Zweite Weltkrieg war auch für die Zivilbevölkerung mit Lebensgefahr und mannigfachen Entbehrungen verbunden. Nach dem Zusammenbruch des nationalsozialistischen Regimes versagten die Organisationsstrukturen, und die Bevölkerung hatte unter der völlig unzureichenden Versorgung zu leiden.

Bei den ersten Einladungen in der mittelbaren Nachkriegszeit gab es auch heute ungewöhnlich erscheinende Präsente für die gastgebende Hausfrau. Anstelle von Blumen gab es für Frau Fetzer mitunter in Papier eingewickelte Briketts, die angesichts der klirrenden Kälte meist sehr willkommen waren.[200]

Um die Versorgung des Haushaltes aufzubessern, besorgte Charlotte Fetzer immer wieder einiges am florierenden Schwarzmarkt, wo sie ihren Schmuck gegen Lebensmittel eintauschte. So hatte sie auch eine Freundin jüdischer Abkunft, die immer gut mit „Care-Paketen“ versorgt war.

Es gab auch ein kleines Geschäft in der Wiener Innenstadt, in der Stallburggasse, wo man gleichsam unter dem Ladentisch jene Güter erwerben konnte, die eine gute Ergänzung dessen waren, was man so auf Lebensmittelkarten erhalten konnte.

So war es ihr möglich, auch das Büro mitunter mit Gulasch und echtem Kaffee zu versorgen.[201]

Bis sich die neuen Verwaltungsstrukturen herauskristallisierten, gab es ein Vakuum, welches sich erst allmählich wieder füllte.

Aber auch noch in der ersten Wiederaufbauphase der Zweiten Republik, wo es darum ging, sich mit den wichtigsten überlebensnotwendigen Gütern einzudecken, musste man ein Geflecht von Beziehungen einsetzen, um seine Existenz absichern

---

200 Charlotte FETZER, OHA-WISOG, AL 2120-3/04, S. 13 f.

201 Charlotte FETZER, OHA-WISOG, AL 2120-3/04, S. 15.

zu können. So kann die Gesellschaft der Nachkriegs- und Wiederaufbauphase auch als eine „Eine-Hand-wäscht-die-andere-Gesellschaft“[202] bezeichnet werden.

In der unmittelbaren Nachkriegszeit, wo es nach dem Zusammenbruch des NS-Regimes eine Fülle von ungeklärten Rechtsfragen gab, zeigte sich aber auch „ein Klima der Denunziationen, der Verdächtigungen und Anschuldigungen“.[203]

In diesem Klima war es für die zu Recht oder Unrecht Beschuldigten eine nahe liegende Sache, sich durch Zeugen schriftlich seine Sauberkeit bestätigen zu lassen. So kam es zu unzähligen „Persilscheinen“, welche im Umgang mit den Behörden bestätigen sollten, dass man kein belasteter Nationalsozialist, sondern durchwegs ein aufrecht handelnder guter Österreicher gewesen sei.

Da Fetzer auf Grund seiner Aussprache seine deutsche Herkunft hörbar machte, war es bei seinem Einbürgerungsverfahren wichtig, durch derartige „Persilscheine“ klar zu stellen, dass er keineswegs durch die deutsche Annexion als Exponent des NS-Regimes nach Österreich gekommen war, sondern dass er dazu in kritischer Distanz gestanden war und für die österreichische Industrie wertvolle Leistungen erbracht hatte.

---

202 Siehe Gerhard JAGSCHITZ. In: Peter BÖHMER, Wer konnte, griff zu – „Arisierte“ Güter und NS-Vermögen im Krauland-Ministerium (1945–1949), Wien 1999, S. XXV.

203 Peter BÖHMER, Wer konnte, griff zu – „Arisierte“ Güter und NS-Vermögen im Krauland-Ministerium (1945–1949), Wien 1999, S. 76 f.

Fetzer wird Österreicher

Nach dem Zusammenbruch waren es vor allem Dr. Eugen Margarétha und Dr. Franz Mayer-Gunthof, welche Dr. Fetzer sofort wieder nach Wien holten, weil sie ihn und seine Fähigkeiten schätzten und ihn deshalb wieder für die Mitarbeit in der Aufbauphase gewinnen wollten.

Am 9. August 1945 suchte Franz C. Fetzer, der schon seit 1938 dauernd in Wien gelebt und gearbeitet hatte, für sich und seine Frau um die dauernde Aufenthaltsgenehmigung an;[204] zugleich reichte er auch sein Ansuchen zur Erlangung der österreichischen Staatsbürgerschaft ein.[205]

Die Wiener Wirtschaftskammer unterstützte Fetzers Ansuchen mit einer Bescheinigung, die Fetzers Tätigkeit und seine Persönlichkeit in den wärmsten Farben schildert.

So wird nach einer Aufzählung seiner Verdienste resümiert: „Der Fetzer ist uns daher sachlich und menschlich ein wertvoller und hochgeschätzter Mitarbeiter geworden. Dr. Fetzer soll nicht nur seine bisherigen Referate, die an Bedeutung keineswegs verloren haben, behalten, sondern künftig auch die handelspolitischen Fragen bearbeiten. Wir sehen schon heute, dass die Finanznot des Landes Steuerprobleme an die Industrie herantragen wird, die der zentralen Behandlung durch einen Sachbearbeiter bedürfen, der – wie Dr. Fetzer – nicht nur steuerwissenschaftlich auf der Höhe ist, sondern die Verhältnisse der Gesamtwirtschaft und der einzelnen Branchen genau kennt. Ähnlich liegen die Dinge für eine längere Zukunft auch auf dem Gebiete der Preispolitik, der Preisüberwachung und Kalkulation.“[206]

---

204 Abschrift des über Rechtsanwalt Dr. Emerich Hunna übermittelten Ansuchens um Aufenthaltsgenehmigung von Dr. Franz Curt Fetzer an das Präsidium der Polizeidirektion Wien, Fremdenpolizei, vom 9.8.1945. Familienarchiv Fetzer.

205 Abschrift des Bestätigungsschreibens vom 13.8.1945. Familienarchiv Fetzer.

206 Bescheinigung der Wirtschaftskammer Wien, Industrieabteilung, Bezirksstelle Wien-Niederdonau der

Schließlich verwies man darauf, dass die Fragen der Handelspolitik während der NS-Zeit von Berlin aus – ohne Fühlungnahme mit der Wirtschaftskammer in Wien – entschieden worden seien; nunmehr gibt es hier eigene wichtige Aufgaben, für welche man mit Dr. Fetzer den geeigneten sachkundigen Referenten zu haben glaubte.

Gerade in dieser Phase der Neugestaltung Österreichs und der Entnazifizierung war sicherlich der abschließende Hinweis wichtig, dass Fetzers „politische Haltung von jeher einwandfrei war und dass er in charaktervoller Haltung seine Gegnerschaft zum Nationalsozialismus seit jeher bekannte. Er war nie Mitglied oder Anwärter irgendeiner nationalsozialistischen Parteiorganisation."[207]

Infolgedessen wurde von verschiedenen Seiten interveniert, um einerseits zu bekunden, dass Fetzers Einbürgerung im öffentlichen Interesse sei, andererseits wird auf seine politische Haltung während der NS-Zeit hingewiesen, wo er sich wegen seines Eintreten für ein selbständiges Österreich[208] und seiner politische Haltung „wesentlichen Gefahren" ausgesetzt habe. Damit versuchte man den Einbürgerungsprozess zu beschleunigen.[209]

Es wurde auch bestätigt, dass Fetzer durch Jahre hindurch zwei jüdische Frauen mit monatlich 250.– Reichsmark unterstützt habe.[210]

Reichsgruppe Industrie zum Ansuchen um Aufenthaltsgenehmigung für Referenten Dr. Franz Curt Fetzer vom 3.8.1945. Familienarchiv Fetzer.

207 Bescheinigung der Wirtschaftskammer Wien, Industrieabteilung, Bezirksstelle Wien-Niederdonau der Reichsgruppe Industrie zum Ansuchen um Aufenthaltsgenehmigung für Referenten Dr. Franz Curt Fetzer vom 3.8.1945. Familienarchiv Fetzer.

208 Dr. Eugen Margarétha schreibt in seiner Bestätigung vom 11.8.1945: „Ich habe Herrn Dr. Franz Fetzer, Wien XIX., Guschelbauergasse 2, in der Zeit von 1940–1945 als entschlossenen und kämpferischen Gegner des Nationalsozialismus kennen und schätzen gelernt. Er hat sich in schwieriger Position illegal und erfolgreich gegen das NS-Regime betätigt. Ich gewann schon damals den Eindruck, dass Dr. Fetzer als Österreicher fühlt und mit uns Österreichern den Kampf gegen das Nazipreussentum mit allen Mitteln zu führen entschlossen ist. Ich würde es daher begrüssen, wenn Dr. Fetzer auch nach dem Gesetz Österreicher würde." Abschrift im Familienarchiv Fetzer.

209 Siehe das Schreiben von Ing. S. Stegu, Beauftragter für die Industrie Österreichs im Bundesministerium für Handel und Wiederaufbau, vom 28.4.1946. Ingenieur Stanislaus Stegu war SPÖ-Mitglied und Leiter der Abteilung „Ingangsetzung der Industrie".

210 Am 7.11.1945 bestätigte Frau Erika Herbert, verehelichte Mayer, in einem an Dr. Fetzer gerichteten Schrei-

Franz C. Fetzer wurde dann tatsächlich im Jänner 1947 in Österreich eingebürgert. Diese Einbürgerung erstreckte sich auch gleich auf seine drei in Deutschland lebenden Kinder, die damals noch nicht eigenberechtigt waren und für die Fetzers erste Frau Pauline das alleinige Sorgerecht hatte.[211]

Für Fetzer war die Einbürgerung ein ganz wichtiger Rechtsakt. Aus diesem Anlass verfertigte er ein kleines Erinnerungsblatt, das einen selbst geschriebenen Spruch enthielt, welcher sich um ein Zitat nach Anton Wildgans rankte:

Habt Mut zu Österreich
Wenn 's heut auch Sorgen-reich
„Gott hat es lieb gehabt
schuf es so reich begabt“
(Wildgans)

So deutet uns Dichtung
zugleich Wunsch und Richtung
Vom Rhein zur Donau hin
Führt uns Geschick und Sinn.
Entfalten, Bewähren
Auch uns mög 'st gewähren
Österreich![212]

---

ben: „Gern bestätige ich, dass Sie Jahre hindurch die Jüdinnen Frau Liebisch und Frau Stolper mit monatlich RM 250.– unterstützten. Desgleichen bestätige ich Ihnen, dass Sie in Ihrem Büro Dr. Karl Luegerring 6, Herrn Minister Leuschner beherbergten, der bekanntlich an dem Attentat auf Hitler beteiligt war und erschossen wurde. Herr Minister Leuschner hat von Ihnen aus, bzw. durch Sie die Beziehungen zu Bürgermeister Seitz und Dr. Weinberger aufgenommen, die später ebenfalls wegen Hochverrat verhaftet wurden. Da ich selbst und mein Vater im KZ saß, hatten Sie keine Bedenken, mich von der Bedeutung und Gefährlichkeit Ihrer Arbeit gegen die Nazis zu unterrichten.“ Abschrift im Familienarchiv Fetzer.
Ähnliche Tendenz weist auch ein Schreiben von Dr. Oskar Winkler vom 6.11.1945 auf, welches sich vehement gegen anders lautende Aussagen wendet und Fetzer bestätigt, dass er „nicht nur kein Nationalsozialist, sondern im Gegenteil aus innerster Überzeugung und einer diametral entgegengesetzten Weltanschauung ein erbitterter, unverhohlener Gegner des nationalsozialistischen Regimes war. Politisch schwer belastet waren Sie während der Nazizeit. Im heutigen freien Österreich sind Sie einer der nicht allzu zahlreichen Menschen, die unter Einsatz Ihrer persönlichen Sicherheit und Ihres Lebens für unsere Befreiung von dem verhassten Naziregime eingetreten sind.“ Abschrift im Familienarchiv Fetzer.
Otto Linszbauer, Prokurist der „Süd-Ost-Treuhand Wirtschaftsprüfungsgesellschaft“ bestätigte in einem Schreiben vom 6.11.1945 Fetzers integere politische Haltung während der NS-Zeit und verweist darauf, dass dieser als Geschäftsführer dieser Gesellschaft auch Angestellte beschäftigt habe, die „anderswo aus rassenpolitischen Gründen nicht beschäftigt wurden und es hatten diese Angestellten Ihrem wiederholten Einschreiten zu verdanken, dass sie nicht verschickt bzw. in Lager untergebracht wurden. Überdies beschäftigten Sie eine Reihe ehemaliger Staatsangestellter die im Jahre 1938 bei der gewaltsamen Besetzung Österreichs durch Deutschland wegen Unzuverlässigkeit ihre Stellung aufgeben mussten.“ Abschrift im Familienarchiv Fetzer.

211 Franz-Paul FETZER, OHA-WISOG, AL 2182-2/05, S. 21.

212 Kopie des Erinnerungsblattes vom November 1947, Familienarchiv Fetzer.

Franz C. Fetzer war von der besonderen Rolle Österreichs überzeugt. Er war zwar seiner Geburt nach Deutscher – dies war auch in seiner Sprache zeitlebens deutlich hörbar[213] – er ist aber in seinem Lebensweg ein „ungeheurer Begierdeösterreicher gewesen, der das Österreichische vielleicht besser verstanden und repräsentiert hat als so manche Österreicher".[214]

In seiner Persönlichkeit gingen das Preußentum und das Wahlösterreichertum eine glückliche Verbindung ein, die Abstammung aus dem deutsch-französischem Grenzgebiet mag zu dieser Harmonie beigetragen haben.[215]

Viele seiner Bekannten hatten den Eindruck, dass Fetzer, umso älter er wurde, desto mehr zum inneren Österreicher wurde, der sich sehr intensiv mit der österreichischen Geschichte auseinandersetzte.[216]

Die Pflege seiner historischen Kenntnisse war für ihn kein Selbstzweck, sondern er schöpfte stets aus seinem ungeheuren Wissen, wenn er sich mit den Zukunftsfragen der österreichischen Wirtschaft und Gesellschaft beschäftigte.

Als agiler Motor der Industriellenvereinigung und als Berater für Politik und Wirtschaft wirkte er an entscheidenden Weichenstellungen für Österreichs Entwicklung mit.

Dabei stellte er aber auch immer wieder das Ganze über enge Partikularinteressen. Es war ihm klar, dass eine gute soziale, gesellschaftliche und politische Entwicklung des Landes vor allem auch vom guten Funktionieren der Wirtschaft abhängt.

213 Werner TESSMAR-PFOHL, OHA-WISOG, AL 2141-9/04, S. 1.

214 Erhard BUSEK, OHA-WISOG,VIP 2131-8/04, S. 5.

215 N. N., Immer im Dienst – Franz C. Fetzer wird 85 Jahre alt. In: Die Industrie, 10.4.1954, S. 7.

216 Herbert KREJCI, OHA-WISOG, AL 2121-4/04, S. 31.

Zur Vorgeschichte der Vereinigung Österreichischer Industrieller

Im Gegensatz zu den Interessenvertretungen in Form von Kammern, die als Körperschaften öffentlichen Rechts mit Pflichtmitgliedschaft ausgestattet sind, stellt die Vereinigung Österreichischer Industrieller den wichtigsten freiwilligen Verband von Unternehmern in Österreich dar.

In der Vorgeschichte der modernen Interessenvertretungen dominierte durch viele Jahrhunderte das Zunftwesen, welches das Wirtschaftsleben durch zahlreiche Regulative, wie Preis- und Lohntaxen, beeinflusste. Durch die strikten Regulierungen des Marktes wurden Innovationen behindert und freie Konkurrenz war kaum möglich; in nahezu bevormundender Weise wurde die Freiheit der Unternehmer eingeengt. So ist es verständlich, dass das Zunftwesen trotz mancher Verdienste bereits im Zeitalter des Merkantilismus und ganz besonders im Liberalismus scharf kritisiert und dessen Auflösung gefordert wurde. In Österreich wurde die Macht der Zünfte bereits unter Maria Theresia und Kaiser Joseph II. durchlöchert, aber erst relativ spät, nämlich mit der neuen Gewerbeordnung von 1859, kam es zur endgültigen Auflösung des Zunftwesens.

Bereits 1767 kam es in Graz und Prag zur Gründung von „k. k. patriotisch-ökonomischen Gesellschaften“, welche die Landwirtschaft und den industriellen Pflanzenbau zu fördern suchten.

In der Epoche der Frühindustrialisierung gab es dann in der ersten Hälfte des 19. Jahrhunderts mehrere Zusammenschlüsse von Repräsentanten aufstrebender Industriezweige. 1817 fanden sich die privilegierten niederösterreichischen Zitz- und Kattunfabrikanten zusammen, 1826 formierten sich Ausschüsse, welche die Baumwollindustrie Niederösterreichs repräsentierten. 1829 entstand der „Verein zur Ermunterung des Gewerbegeistes in Böhmen“, welcher bereits Industrieausstellungen organisierte, im wirtschaftlichen Ausbildungswesen Aktivitäten setzte und auch mit eigenen Medien publizistisch hervortrat. 1839 wurde der „Österreichische Gewerbeverein" geschaffen, welcher aus dem „Innerösterreichischen Gewerbeverein" (1837) und dem „Niederösterreichischen Gewerbeverein" (1839) entstand.[217]

Im Revolutionsjahr 1848 wurde in Wien die erste Handels- und Gewerbekammer errichtet; in der Folge wurde das Kammersystem allmählich auf das Gebiet der gesamten Monarchie ausgedehnt.

1862 kam es zur Konstituierung eines „Vereins der österreichischen Industriellen", welcher als die wichtigste Vorläuferorganisation der heutigen Vereinigung Österreichischer Industrieller gilt.

Die Gründung dieses Vereins war damals vor allem eine Reaktion auf den französisch-preußischen Handelsvertrag, welcher die österreichische Industrie diskriminierte. So hatte man das vordringliche Ziel, zur Schaffung eines süddeutschen Zollvereines unter österreichischer Beteiligung anzuregen. Zu den Proponenten dieses ersten österreichischen Industrieverbandes auf überregionaler Ebene zählte unter anderem auch Alexander von Schoeller.[218]

Unter dem Industriellen Wilhelm von Guttmann wurde 1875 der „Industrielle Club" begründet, welcher sich vor allem in zollpolitischen Fragen als ein wichtiges Organ für die Vertretung industrieller Interessen in Österreich entwickelte. Man zeigte dabei durchaus protektionistische Tendenzen und unter dem Motto „Österreich den Österreichern" wurde darauf gedrungen, dass die Öffentliche Hand ihren Bedarf bei inländischen Produzenten decken solle.[219]

Während im „Industriellen Club" vor allem die Interessen der Großindustrie artikuliert wurden, verkörperte der „Centralverband der Industriellen Österreichs" die Dachorganisation aller industrieller Interessen, denn in diesem waren 1912 bereits 63 Mitgliederverbände industrieller Interessenvertretungen integriert.

---

217 Theodor FAULHABER, Die Vereinigung Österreichischer Industrieller, Wien 1980, S. 9 ff.

218 Theodor FAULHABER, Die Vereinigung Österreichischer Industrieller, Wien 1980, S. 11. Siehe auch Milan FRÜHBAUER, Vereinigung Österreichischer Industrieller, Wien 1990, S. 6 f.

219 Theodor FAULHABER, Tradition und Zukunft, 125 Jahre freie industrielle Standesvertretung, Wien 1987, S. 15 f.

1896 kam es zur Errichtung eines ständigen Büros, welches die Agenden des „Centralverbandes" führte und ab 19. März 1896 wurde „Die Industrie" als das Printmedium für die österreichischen Industrieinteressen herausgegeben.

1897 kam es zur Gründung des „Bundes Österreichischer Industrieller" als einer weiteren Dachorganisation in der Vertretung industrieller Interessen, welche vor allem die Klein- und Mittelbetriebe vertrat. Wegen dieser Zersplitterung in der Vertretung industrieller Interessen formierte sich ab 1903 ein „Ständiger Ausschuß" der zentralen industriellen Organisationen, dessen Geschäftsführung beim „Industriellen Club" lag.[220]

Am 24. Februar 1918 kam es dann schließlich mit der Gründung des „Reichsverbandes der österreichischen Industrie" zu einer einheitlichen Spitze in der Vertretung industrieller Interessen, in welcher die bislang existierenden Dachverbände aufgingen. Damit war eine klare Struktur geschaffen worden, die der bisherigen Zersplitterung in den Interessenvertretungen ein Ende setzte. Immerhin gab es gegen Ende der Monarchie in Österreich etwa 850 Interessenvertretungen, von denen rund drei Viertel der Industrie zuzurechnen waren.[221]

Nach dem Ersten Weltkrieg und der Zerschlagung der österreichisch-ungarischen Monarchie wurde im August 1919 der „Hauptverband der Industrie Deutsch-Österreichs" gegründet, welcher die neue Dachorganisation zur Vertretung industrieller Interessen in Österreich darstellte; 1921 erfolgte dann die Namensänderung in „Hauptverband der Industrie Österreichs".[222]

In der Ersten Republik brachte die Errichtung des autoritären christlichen Ständestaates mit seiner korporatistischen Verfassung im Mai 1934 eine Änderung in der industriellen Standesorganisation: Durch das Bundesgesetz vom 17. Oktober 1934 wurde der „Bund der österreichischen Industriellen" als eine Einrichtung des öffentlichen Rechtes geschaffen, welche dem Bundesministerium für Handel und Verkehr unterstellt war.

---

220 Theodor FAULHABER, Die Vereinigung Österreichischer Industrieller, Wien 1980, S. 13 f.

221 Theodor FAULHABER, Tradition und Zukunft, 125 Jahre freie industrielle Standesvertretung, Wien 1987, S. 27.

222 Theodor FAULHABER, Die Vereinigung Österreichischer Industrieller, Wien 1980, S. 15 f.

Einen weiteren Einschnitt brachte schließlich die Eingliederung Österreichs in das Deutsche Reich. Damit wurde die industrielle Interessenvertretung in Österreich in ihrer bisherigen Form zerschlagen. Der „Bund der österreichischen Industriellen" wurde aufgelöst, seine Funktionen gingen gemäß dem Organisationsgefüge des Deutschen Reiches auf die Regionalinstanz der „Reichsgruppe Industrie" und nach den Bestimmungen zur Errichtung von „Gauwirtschaftskammern" auf die entsprechende Abteilung der „Gauwirtschaftskammer Wien" über.

Es gelang aber schließlich der österreichischen Industrie in zähen Verhandlungen durchzusetzen, dass sie in einer „Geschäftsstelle der Reichsgruppe Industrie in Wien" eine Repräsentanz erhielt, welche trotz der administrativen Teilung der Ostmark in „Alpen- und Donaugaue" ein gemeinsames Sprachrohr der österreichischen Industrie gegenüber den zentralen Behörden ermöglichte.[223]

223 Theodor FAULHABER, Die Vereinigung Österreichischer Industrieller, Wien 1980, S. 18.

Die Neugründung der Vereinigung Österreichischer Industrieller nach 1945

Nach dem Zweiten Weltkrieg gab es für die österreichische Industrie eine dramatische Situation, die weit ungünstiger war, als nach dem Ersten Weltkrieg. Die Kriegszerstörungen und die Demontagen, welche den Osten Österreichs betrafen, hatten den Neubeginn in der Nachkriegszeit erschwert.

Bereits unmittelbar nach Kriegsende kam es im Mai 1945 zu Überlegungen zur Gründung einer freien Interessenvertretung der Industrie, an denen vor allem der Industrielle Dr. Hans Lauda und Dr. Eugen Margarétha beteiligt waren. Letzterer fungierte von 1949 bis 1952 als Vorgänger von Reinhard Kamitz als Finanzminister der Zweiten Republik.

Am 18. November 1946 kam es im Großen Festsaal der Wiener Kammer der gewerblichen Wirtschaft zur Gründungsversammlung der „Vereinigung Österreichischer Industrieller".[224]

Zum ersten Präsidenten wurde Dr. Hans Lauda gewählt. Als Vizepräsidenten fungierten Josef C. Böck-Greissau (Fa. König & Bauer, Wien), Manfred Mautner-Markhof (Vereinigte Mautner Markhof'sche Preßhefefabriken, Wien), Gustav Hack (Hack-Werke, Steyr) und Kurt Konrad Tanzer (Direktor der Steirischen Wasserkraft- und Elektrizitäts-AG, Graz). Unter der Bezeichnung eines Geschäftsführenden Vorstandsmitgliedes wurde Alexander Hryntschak, Aufsichtsratsmitglied der Vöslauer Kammgarnfabrik-AG, zum ersten Generalsekretär der Vereinigung Österreichischer Industrieller bestellt.[225]

---

224 Theodor FAULHABER, Die Vereinigung Österreichischer Industrieller, Wien 1980, S. 19 ff.

225 Theodor FAULHABER, Tradition und Zukunft, 125 Jahre freie industrielle Standesvertretung, Wien 1987, S. 42 f.

Die Adresse Schwarzenbergplatz Nr. 4

Die Zentrale der Vereinigung Österreichischer Industrieller hat ihren Sitz in einem repräsentativen Gebäude am Wiener Schwarzenbergplatz, im so genannten „Haus der Industrie".

Im Jahr 1903 war ein „Ständiger Ausschuss" der damals bestehenden drei industriellen Dachverbände begründet worden, 1902 gab Alexander von Peez die Anregung für die Vertretung industrieller Interessen – analog zu bereits bestehenden Gebäuden der Arbeiterschaft und der Landwirtschaft – ein repräsentatives Gebäude zu errichten,[226] welches in den Jahren 1906 bis 1909 nach den Plänen des bekannten Wiener Architekten Karl König (1841–1915) über Auftrag des Industriehaus-Vereines gebaut und am 24. März 1911 von Kaiser Franz Joseph feierlich eröffnet wurde.

Nicht nur die eindrucksvolle Fassade aus der Epoche des Späthistorismus, die sich am Klassizismus orientiert, sondern auch die großzügige gut erhaltene Innenausstattung zeugen auch heute noch vom imperialen Glanz der zu Ende gehenden Monarchie.

Der große Festsaal, der mit einem Gemälde des Kaisers Franz Joseph versehen ist, gilt auf Grund seiner Marmortäfelungen, der eindrucksvollen Glasdecke und der reichen Stuckaturen als einer der imposantesten Räume der Wiener Ringstraßenbauten.[227]

Während des Zweiten Weltkrieges wurden am Dach des Industriehauses im Jahr 1944 vorübergehend Plattformen für Fliegerabwehrgeschütze errichtet. Durch Bombentreffer in der Umgebung des Gebäudes kam es zu einigen Beschädigungen und einige Büroräume wurden zertrümmert.[228]

---

226 Theodor FAULHABER, Die Vereinigung Österreichischer Industrieller, Wien 1980, S. 14.

227 Viktor BAUER, Das Haus der Industrie in Wien. Architektur – Baugeschichte – Historische Entwicklung, Wien, o.J., S. 10.

228 Viktor BAUER, Das Haus der Industrie in Wien. Architektur – Baugeschichte – Historische Entwicklung, Wien, o.J., S. 25.

Vom Herbst 1945 bis zum Juli 1955 war hier das Hauptquartier der Alliierten Kommission für Österreich eingerichtet worden, hier wurden auch die letzten Vorarbeiten für den Österreichischen Staatsvertrag geleistet, welcher dann am 15. Mai 1955 in einem Festakt im Oberen Belvedere feierlich unterzeichnet wurde.[229]

Am Schwarzenbergplatz wurde im August 1945 ein großes Befreiungsdenkmal für die im Kampf um Wien gefallenen Soldaten der Roten Armee enthüllt und der Platz erhielt die Bezeichnung „Stalinplatz".

Erst im Rahmen der Entstalinisierung wurde der Stalinplatz von der Stadtgemeinde Wien am 17. August 1956 wiederum zur alten Bezeichnung Schwarzenbergplatz umbenannt.[230]

Während der Besetzung des Gebäudes am Schwarzenbergplatz Nr. 4 durch die Alliierten, waren die Mitarbeiter der Industriellenvereinigung damals einige Häuser weiter in einem Ausweichquartier untergebracht.

Die Adresse Stalinplatz führte zu einer gewissen Pikanterie, denn viele der ausländischen Schwesternverbände der Österreichischen Industriellenvereinigung wunderten sich darüber, dass ein „Verband von Kapitalisten" seinen Sitz an einem Platz haben könne, welcher nach der Galionsfigur der kommunistischen Weltbewegung benannt sei, der dem kapitalistischen System den erbitterten Kampf angesagt hatte.[231]

---

229 Nina NEMETSCHKE – Georg J. KUGLER, Lexikon der Wiener Kunst und Kultur, Wien 1990, S. 136.

230 Viktor BAUER, Das Haus der Industrie in Wien. Architektur – Baugeschichte – Historische Entwicklung, Wien, o.J., S. 28.

231 Herbert KREJCI, OHA-WISOG, AL 2121-4/04, S. 4.

Fetzer und die Vereinigung Österreichischer Industrieller

Fetzer wurde, als er 1938 nach Österreich kam, durch die Vermittlung des Reichsverbandes der deutschen Industrie als Konsulent für die Probleme der Überleitung der deutschen Gesetzgebung zur Nachfolgeorganisation des Bundes der österreichischen Industrie nach Wien berufen.

In Österreich gab es noch keine eingehenden Kenntnisse des deutschen Steuerrechtes. Dies war für Dr. Fetzer eine hervorragende Möglichkeit, als Steuerberater zu Klienten zu kommen; denn um sicher zu gehen, war es für Unternehmer nahe liegend, sich an den vom Industriellenbund empfohlenen und „hervorragend besprochenen Steuerberater" zu wenden, welcher sich durch seine vorhergehende Tätigkeit in Deutschland als überaus kompetent erwies.[232]

Für die Industrieabteilung der Gauwirtschaftskammer in Wien wirkte er an der Lösung der Probleme, die mit der Reichsmark-Eröffnungsbilanz verbunden waren, mit und setzte sich mit der Oststeuer-Verordnung, der Bewertungsfreiheit und der Aufbaurücklage auseinander. Er wurde auch damit beauftragt, die Interessen der österreichischen Industrie in den Verhandlungen mit dem Reichsfinanzministerium über Sonderbestimmungen für die Ostmark betreffend Abschreibungen, nicht entnommener Gewinne, steuerfreier Rücklagen für Ersatzbeschaffungen usw. zu vertreten.[233]

Nach dem Zusammenbruch des Deutschen Reiches erfolgte die Neuorganisation des österreichischen Kammerwesens. Im Jahr 1945 fungiert Franz C. Fetzer als Referent der Sektion Industrie und Bergbau der Handelskammer Wien. Es war vor allem der spätere Finanzminister Dr. Eugen Margarétha, den Fetzer bereits während der Kriegszeit kennen gelernt hatte, welcher Dr. Fetzer dazu veranlasste, nicht wieder nach

232 Hugo WINKLER, OHA-WISOG, AL 2181-1/05, S. 4.

233 Siehe selbst verfasster Lebenslauf von Franz C. Fetzer. Familienarchiv Fetzer.

Deutschland zurückzugehen, sondern in Österreich zu bleiben. Nach Kriegsende benachrichtigte Margarétha, der damals Syndikus der Industriesektion der Handelskammer geworden war, dass er mit Fetzer zusammenarbeiten wolle. Er wurde mit Steuer- und Finanzfragen der Kammer betraut und erhielt durch diese Tätigkeit Kontakt zu den Industriellen Mayer-Gunthof und Lauda.[234]

Dr. Fetzer war dann nach dem Zusammenbruch des Deutschen Reiches 1945 von Anfang an bei der Gründung der Industriellenvereinigung dabei.

In den unmittelbaren Nachkriegsjahren gab es für die Regierung, aber auch für die Wirtschaftskammer das Problem, dass die Alliierten beharrlich auf Entnazifizierungen drängten. Dies hatte zur Folge, dass es einen Mangel an fachkundigen Wirtschaftsexperten gab, sodass Dr. Margarétha oft nicht wusste, wie er die verschiedenen Kommissionen und Arbeitssitzungen beschicken sollte.[235]

Im Jahre 1947 wurde Franz C. Fetzer steuerpolitischer Berater der neu begründeten Vereinigung Österreichischer Industrieller. Aber er war nie ein Angestellter der Industriellenvereinigung, sondern er stand mit ihr immer nur in einem Konsulentenverhältnis, weil er sich ausbedungen hatte, dass er mit seiner Firma „Süd-Ost-Treuhand“, die in der Wiener Prinz-Eugen-Straße domizilierte, verbunden bleibt.

Der wirtschaftlichen Situation Österreichs angepasst, ging es in den steuerpolitischen Fragen vor allem um Eigenfinanzierung durch Bewertungsfreiheit usw. Fetzer hat dieses System mitgetragen und da kam es zu ersten kleineren Konflikten im Haus der Industrie, da es eine Gruppe jüngerer Industrieller gegeben hat, die nicht nur auf die Selbstfinanzierung setzen, sondern auch die Finanzierung über den Kapitalmarkt forcieren wollten.

Durch seine hervorragende Fähigkeit, steuerpolitische Konzeptionen zu entwickeln und diese mit der Politik erfolgreich zu verhandeln, stieg Fetzers Ansehen bei

---

234 Fritz DIWOK – Hildegard KOLLER, Reinhard Kamitz, Wegbereiter des Wohlstands, Wien 1977, S. 39 ff.

235 Alois BRUSATTI (Hg.), Zeuge der Stunde Null. Das Tagebuch Eugen Margaréthas 1945–1947, Linz 1990, S. 163 ff.

den Industriellen, „er hat ihre Sprache gesprochen, er hat ihnen Geld gebracht durch seine Steuerpolitik".[236]

Fetzer wird 1961 Hauptgeschäftsführer der IV

Fetzer hat mit seinen steuerpolitischen Aktivitäten viel zum Aufstieg der österreichischen Industrie nach 1945 beigetragen.

Somit fiel dann die Wahl auch auf ihn und er war ab 1. Jänner 1961 bis Ende 1970 deren Generalsekretär bzw. Hauptgeschäftsführer.

Als solcher hatte er das Büro der Industriellenvereinigung zu leiten, welches im Vergleich zu den Kammern über sehr wenige, aber hoch qualifizierte Mitarbeiter verfügt. Da sich die Industriellenvereinigung durch die Beiträge der freiwilligen Mitglieder finanziert, gab es hier seit jeher ein ausgeprägtes Kostenbewusstsein, was ein „lean management" nahe legte.

Dem Generalsekretär unterstehen die einzelnen Abteilungen, die sich mit Fragen der Industriepolitik, Finanz- und Steuerpolitik, Handels- und Währungspolitik, Gesellschaftspolitik, Bildungspolitik, Sozialpolitik, Rechtspolitik und der Organisation und Administration beschäftigen.

Naturgemäß spielt hier die Öffentlichkeitsarbeit eine ganz besondere Rolle, weil damit die Ansichten der Industriellenvereinigung publik gemacht werden sollen; dazu kommt, dass laufend Kontakte zu „opinion leaders" hergestellt werden und dass auch eigene Publikationen herausgegeben werden.[237]

Am Generalsekretär liegt es, die Arbeiten der einzelnen Abteilungen zu koordinieren und in den Bürobesprechungen die großen Linien und Zielrichtungen entsprechend den Vorstellungen des Vorstandes und des Präsidiums vorzugeben.

---

236 Herbert KREJCI, OHA-WISOG, AL 2121-4/04, S. 6.

237 Christian DOLEZEL, Die „industrie". Von der Verbands- zur Zielgruppenzeitschrift oder Zeitschriftenmarketing zur Entwicklung einer Verbandszeitschrift. Phil. Diplomarbeit, Wien 1995, S. 60 ff.

Dr. Fetzer selbst war naturgemäß besonders an den Fragen der Finanz- und Steuerpolitik interessiert.

Er wurde auf der Suche nach neuen Wegen in der Finanz- und Steuerpolitik von Julius Raab und Reinhard Kamitz ermutigt und hat hier mit Männern wie Hans Lauda, Manfred Mautner-Markhof, Franz Mayer-Gunthof, Oskar Winkler und vielen anderen zusammengearbeitet.

Dabei hatte er besonders engen Kontakt zu Dr. Franz Josef Mayer-Gunthof[238], denn dieser war zu jener Zeit Präsident der Industriellenvereinigung, als Fetzer die Funktion des Hauptgeschäftsführers ausübte.

Fetzer hatte aber auch stets einen guten Kontakt zur hohen Beamtenschaft, hier war es vor allem Sektionschef Pucharski im Finanzministerium, welcher die Reformen unterstützte.[239]

Die Hauptaufgabe ist politische Arbeit

In einem Brief an den ehemaligen deutschen Reichskanzler Dr. Brüning skizzierte Fetzer seine Tätigkeit: „Die Hauptaufgabe ist aber weniger eine Interessenvertretung im engeren Sinne, wie das sonst meist bei der Führung von Verbänden der Fall ist, sondern vielmehr eine politische Arbeit. Die Eigenart der seit 1945 in Österreich entwickelten Koalitionsregierung zwischen Schwarz und Rot, d. h. der Volkspartei und der Sozialistischen Partei, die seit 20 Jahren fast die gleichen Stimmenzahlen bei Wahlen erreichen, hat es mit sich gebracht, dass die Mitwirkung der so genannten Sozialpartner, d. h. der Gewerkschaften und der Arbeiterkammern auf der einen Seite, der Bundeskammer der gewerblichen Wirtschaft und der Vereini-

---

238 Dr. Franz Mayer-Gunthof, geboren am 18.8.1894 in Mährisch-Trübau (Moravská Třebová, Tschechische Republik), gestorben am 2.2.1977 in Wien, Industrieller. Neben seiner Tätigkeit als Textilindustrieller (Generaldirektor der Vöslauer Kammgarnfabrik) unter anderem Mitbegründer und Präsident (1960–1974) der Vereinigung österreichischer Industrieller. Er galt als besonderer Befürworter der österreichischen Sozialpartnerschaft.

239 Herbert KREJCI, Laudatio zum 90. Geburtstag von DDr. Franz C. Fetzer vom 4.4.1990, S. 4.

gung Österreichischer Industrieller auf der anderen Seite, bei den politischen Entscheidungen immer größer wird."[240]

Fetzer sah seine Aufgabe weniger im Durchsetzen kleinlicher Interessenstandpunkte, sondern vielmehr in der Mitgestaltung der großen Linien, ihm lag vor allem das „Konzeptive, die Vorarbeit zur Bewältigung zu erwartender Aufgaben".[241]

Im Jahr 1966 wurde Fetzer über Beschluss des Präsidiums der Vereinigung Österreichischer Industrieller unter Beibehaltung seiner Funktion als Hauptgeschäftsführer in das Präsidium berufen.[242]

Mit Jahresbeginn 1971 ging er in Pension, sein Nachfolger als Hauptgeschäftsführer in der Vereinigung Österreichischer Industrieller wurde der Steirer Dr. Kunata Kottulinsky, welcher bereits seit dem Jahr 1966 als Stellvertreter von Dr. Fetzer und Leiter der Abteilung für Industriepolitik fungiert hatte.

Wie sehr Fetzers Wissen und sein Verhandlungsgeschick in der Industriellenvereinigung nach wie vor geschätzt wurde, geht daraus hervor, dass man ihn trotz der Erreichung des Pensionsalters weiterhin in einer Spitzenposition in der Vereinigung vertreten sehen wollte. So war Franz C. Fetzer seit dem Jahr 1971 Mitglied des Vorstandes und des Präsidialrates der Vereinigung Österreichischer Industrieller.

Als Spezialist für steuerpolitische Fragen wurde er nicht nur innerhalb der Vereinigung geschätzt, er trug mit seinem Know-how wesentlich zur Politikberatung auf Bundesebene bei. Politiker brauchen für die verschiedenen Fachbereiche kundige Spezialisten, da sie für politische Entscheidungen das entsprechende Know-how benötigen, welches sie unmöglich selbst in sämtlichen Fachfragen haben können.

Dr. Fetzer hatte bereits Finanzminister Dr. Margarétha beraten, er wurde auch für Dr. Reinhard Kamitz und dessen Nachfolger im Finanzministerium ein wichtiger Ratgeber in vielen Fragen der Steuerpolitik. Er war aber auch ein wichtiger

240 Schreiben Dr. FETZERS an Dr. Brüning, 6.12.1965.

241 N. N., Zähe Arbeit con sordino, Zum 70. Geburtstag von Dr. Franz Curt Fetzer. In: Die Industrie, Nr. 16, Wien, 17.4.1970, S. 5.

242 Dr. Fetzer ins Präsidium berufen. In: Die Industrie, Nr. 21, Wien, 27.5.1966.

Gesprächspartner für viele weitere wirtschaftspolitische Entscheidungsträger, da er sich „dank seinem Bemühen um Objektivität ehrlicher Anerkennung erfreut".[243]

Zum Wandel der Vereinigung Österreichischer Industrieller

In der ersten Phase der Zweiten Republik war die Industriellenvereinigung, pointiert ausgedrückt, noch eine Vereinigung von einigen industriellen Familien mit klingenden Namen, die sozusagen ein letzter Abglanz der industriellen Aristokratie aus der Monarchie gewesen sind.

Das hat dort im Stil sehr lange weiter gelebt. Der Ton wurde durch die geadelten Familien vorgegeben, wie aus den Namen, wie Mayer-Gunthof, Mayer-Mallenau, Mayr-Melnhof usw. ersichtlich war.

Hier wurde noch viel auf Tradition und das betonte Einhalten von äußeren Umgangsformen Wert gelegt.

Nach 1945 spielte zunächst das gesellschaftliche Element noch eine starke Rolle. Viele der Spitzenfunktionäre aristokratischer Herkunft hatten ihre Schulausbildung im Theresianum absolviert und hatten ihren Militärdienst als Kriegsgeneration des Ersten Weltkriegs bei der Kavallerie abgeleistet.

So soll der spätere Präsident Dkfm. Dr. Hans Igler einmal bei einer Veranstaltung gesagt haben: „Meine Herren, nehmt's zur Kenntnis, ich bin der erste, der als Soldat nicht geritten ist." Man war damals bei der Kavallerie oder bei der so genannten reitenden Artillerie. Auf dem Pferd zu sitzen, galt gleichsam als ein Standessymbol.[244]

243 N. N., Zähe Arbeit con sordino, Zum 70. Geburtstag von Dr. Franz Curt Fetzer. In: Die Industrie, Nr. 16, Wien, 17.4.1970, S. 5.

244 Herbert KREJCI, OHA-WISOG, AL 2121-4/04, S. 24 f.

Zeitgemäße Managerqualitäten …

Die Frage nach einer gediegenen Herkunft wurde dann allmählich durch die zentrale Forderung ersetzt, dass man ungeachtet einer respektablen Ahnengalerie über zeitgemäße Managementqualitäten verfügen sollte.

Ein weiterer Wandel ergab sich dadurch, dass neben den Eigentümer-Unternehmern die Manager-Unternehmer zusehends an Bedeutung gewannen.

Während noch bei der Gründung der Industriellenvereinigung nach dem Zweiten Weltkrieg fast zwei Drittel der Gründungsmitglieder als Voll- oder Miteigentümer an den Unternehmen beteiligt waren, die sie vertraten, spiegelt seitdem auch die Zusammensetzung der Verbandslisten den zunehmenden Trend zu den Manager-Unternehmern wider.

Vor allem in den Großunternehmen bzw. in den Aktiengesellschaften liegt die Dispositionsgewalt bei den Managern, die nicht notwendigerweise selbst am Unternehmen mit Eigentumsrechten beteiligt sind.

Sogar die leitenden Manager der Verstaatlichten Betriebe stufen sich selbst als Unternehmer ein.[245]

In der Industriellenvereinigung sind übrigens nicht nur Produktionsbetriebe im engeren Sinn umfasst, sondern auch Kreditinstitute, Versicherungsgesellschaften und Unternehmen aus dem Feld der Großformen des Einzelhandels und anderer Dienstleistungen.[246]

Dass die Eigentümerunternehmer innerhalb der Industriellenvereinigung nach wie vor in der Mehrheit sind, liegt an der klein- und mittelbetrieblichen Strukturierung der österreichischen Unternehmen.[247]

Was die Entscheidungsstrukturen der Industriellenvereinigung betrifft, gibt es hier analog zum Kammersystem zwei Ebenen, nämlich die der ehrenamtlichen

---

245 Vgl. Theodor FAULHABER, Die Vereinigung Österreichischer Industrieller, Wien 1980, S. 154.

246 Milan FRÜHBAUER, Vereinigung Österreichischer Industrieller, Wien 1990, S. 6 f. Siehe dazu auch Christian DOLEZEL, Die „industrie". Von der Verbands- zur Zielgruppenzeitschrift oder Zeitschriftenmarketing zur Entwicklung einer Verbandszeitschrift. Phil. Diplomarbeit, Wien 1995, S. 39 f.

247 Vgl. Theodor FAULHABER, Die Vereinigung Österreichischer Industrieller, Wien 1980, S. 27 und 143 f.

Funktionäre und jene der hauptberuflichen Angestellten, die vom Hauptgeschäftsführer bzw. Generalsekretär angeführt werden.

Hier gab es in der Person von Dr. Franz C. Fetzer die Besonderheit, dass er als Hauptgeschäftsführer fungierte, zugleich aber auch selbst ein Eigentümer-Unternehmer war.[248]

Es scheint früher in der Industriellenvereinigung die Einstellung gegeben zu haben, dass man bei den Verhandlungen gleichsam das Gegenüber von Ministerien sei.

Es gab dann im eigenen Haus eine ähnliche Gliederung und zugleich das Verhalten, das sich an Ministerialräten orientierte. Was heute sicher als antiquiert erscheint, wurde damals als durchaus zeitgemäß empfunden.[249]

In der Ära des Präsidenten Dr. Mayer-Gunthof war die Industriellenvereinigung auch auf dem Opernball sehr präsent und es wurden viele Gäste in deren Logen eingeladen. Da war es für Frau Fetzer gesellschaftliche Pflicht, sich um die Damen der aus dem In- und Ausland angereisten Gäste der Industriellenvereinigung zu kümmern und sie in das Ballgeschehen einzuführen.[250] In den Folgejahren wurde diese Praxis aus Kostengründen aufgegeben.

Fetzer versuchte mit viel Fingerspitzengefühl, der Modernität zum Durchbruch zu verhelfen. Diese Wandlung war dann auch eine Schlüsselrolle für Herbert Krejci, der einen völlig neuen Umgang mit den Medien pflegte.

Fetzer war auch einer, der nach dem Abgang von Reinhard Kamitz eine starke Konzeption der Wirtschaftspolitik von Seiten der Industrie einforderte.[251]

---

248 Vgl. Theodor FAULHABER, Die Vereinigung Österreichischer Industrieller, Wien 1980, S. 37.

249 Werner TESSMAR-PFOHL, OHA-WISOG, AL 2141-9/04, S. 4.

250 Charlotte FETZER, OHA-WISOG, AL 2120-3/04, S. 14 f.

251 Erhard BUSEK, OHA-WISOG, VIP 2131-8/04, S. 7.

Die wirtschaftspolitischen Herausforderungen der Nachkriegszeit

Nach dem Zusammenbruch des Deutschen Reiches war im Jahr 1945 zunächst noch die im Jahr 1938 nach dem „Anschluss" Österreichs eingeführte Reichsmark im Umlauf.

Der Zweite Weltkrieg war praktisch mit der Notenpresse finanziert worden und so war die Geldmenge auf das etwa 7fache aufgebläht. Nach dem „Zusammenbruch" gab es in Österreich einen zerrütteten Währungs- und Kreditapparat. Neben der Reichsmark wurde auch Besatzungsgeld in Umlauf gebracht, was die Konsolidierung der Währung keineswegs erleichterte.

So stellte sich für die damalige Wirtschaftspolitik die zentrale Frage, wie man trotz des vorhandenen Geldmengenüberhanges einen inflationären Auftrieb wie nach dem Ersten Weltkrieg vermeiden könnte.

Mit dem „Schaltergesetz" wurde die Wiederaufnahme der Zahlungen der Kreditinstitute ermöglicht. Man machte nur 40 % der Altkonten verfügbar. Damit war ein erster Schritt zur rigorosen Geldabschöpfung gesetzt.

Mit dem Schillinggesetz wurde im November 1945 wieder der Schilling eingeführt. Im November 1947 folgte das „Währungsschutzgesetz". Immerhin konnten mit diesen energischen Maßnahmen 45 % des Banknotenvolumens abgeschöpft werden.

Dies waren einige wesentliche Eingriffe, um die drohende Gefahr einer galoppierenden Inflation zu bannen. Neben der von den USA großzügig geleisteten ERP-Hilfe war dies eine der wichtigsten Grundlagen für die rasche Konsolidierung der österreichischen Wirtschaft und den Wiederaufbau.

In den Jahren nach dem Zweiten Weltkrieg war Österreich durch die Besatzungsmächte geprägt.

Der Staatsvertrag ließ auf sich warten …

Der österreichische Wunsch nach Unabhängigkeit ließ sich nur in sehr zähen Verhandlungen, in denen es immer wieder enttäuschende Rückschläge gab, umsetzen.

Erst nach einem Jahrzehnt war es soweit: Durch den Staatsvertrag vom 15. Mai 1955 erhielt Österreich wieder seine Freiheit.

Doch die von Österreich dafür zu erbringenden Leistungen waren beträchtlich: Man musste sich verpflichten, 6 Jahre lang Güter im Ausmaß von 150 Millionen Dollar (das entsprach damals einem Wert von 3,9 Milliarden Schilling) und zusätzlich durch einen Zeitraum von 10 Jahren pro Jahr 1 Million Tonnen Erdöl an die Sowjetunion zu liefern.

Außerdem mussten von der Republik Österreich neben anderen Verpflichtungen unter den Titeln „Besatzungskostenentschädigung", „Kriegs- und Verfolgungssachschäden", „Wiener Memorandum" etc. von 1956 bis 1960 in den Bundesbudgets Leistungen im Ausmaß von etwa 14 Milliarden Schilling erbracht werden.

Insgesamt erwuchs aus dem Staatsvertrag eine gewaltige finanzielle Last. Die erforderlichen Gelder wurden größtenteils bereits in den Jahren 1955 und 1956 aufgebracht, der Rest verteilte sich auf die folgenden vier Jahre.

Es ist überraschend, wie schnell dies erfüllt wurde, ohne dass damit Bremseffekte für den Aufschwung verbunden waren.

Dies mag ein Indikator dafür sein, dass die „harte" Ökonomie stets von psychosozialen Faktoren mit beeinflusst wird: Wegen der errungenen Freiheit nahm man die Lasten gerne in Kauf und lamentierte wenig darüber.

In den 50er-Jahren wurde dann der Konsum kräftig ausgeweitet. Die Entbehrungen der Kriegs- und unmittelbaren Nachkriegsjahre gingen zu Ende. In einer regelrechten „Ess- und Fresswelle" kam es zu einer Steigerung im Verbrauch der verschiedensten Konsumgüter. Das „Wirtschaftswunder" hatte eingesetzt.

Die Lohn- und Preispolitik der Nachkriegszeit

Die währungspolitischen Stabilisierungsbemühungen waren durchaus erfolgreich, doch der Übergang von der Kriegs- zur Friedenswirtschaft bedingte noch eine Fülle von weiteren reglementierenden Eingriffen des Staates, um in der unmittelbaren Nachkriegszeit einen wilden Preisauftrieb zu verhindern.

In dieser Ausnahmesituation war ein rascher Übergang zu einer liberalen Marktwirtschaft nicht ohne weiteres möglich. Auch grundsätzlich liberal eingestellte Politiker forderten in dieser Phase die ordnende Hand des Staates.

So wurde die Lohn- und Preispolitik einer überaus strengen Regelung unterzogen und zunächst ein genereller Preisstopp dekretiert, welcher als Ausgangsbasis den 1. April 1945 hatte.

Für die Industrie war dies ein großes Hemmnis, denn dies bedeutete nichts anderes, als dass eine jegliche Preiserhöhung nur noch mit einer besonderen Genehmigung der dafür zuständigen Behörde möglich gemacht wurde.

Dieses Verbot für Wirtschaftstreibende eigenmächtig die Preise zu erhöhen, galt auch für sämtliche nach diesem Stichtag auf Grund behördlicher Verfügung erstmals neu erstellten Preise.

Selbstverständlich waren diese restriktiven Maßnahmen nur als vorübergehende Eingriffe gedacht, welche mit der Stabilisierung der Währung und dem Abschluss des Staatsvertrages wiederum beendet werden sollten. Doch entgegen den ersten Hoffnungen bei der Konstituierung der Zweiten Republik sollte dieser Prozess dann doch länger dauern.

Da aber die Weltmarktpreise der Rohstoffe laufend anstiegen, aber auch die Lebenshaltungskosten und die Löhne in Veränderung begriffen waren, konnte das absolute Einfrieren der Preise keineswegs aufrechterhalten werden.

Als Sprecher der österreichischen Industrie wandte sich Dr. Franz C. Fetzer sehr eindringlich gegen die Vorgangsweise, nach der die Preisanträge behandelt wurden, und forderte hier tief greifende Reformen. Er kritisierte an den Grundsätzen für die Bearbeitung von Preisanträgen, dass nachgewiesene Kostenerhöhungen nur in besonderen Fällen für Preiserhöhungen anerkannt werden, so insbesondere dann, wenn diese auch bei wirtschaftlicher Betriebsführung für das Unternehmen existenzbedrohend wären. Demgegenüber unterstrich er, dass die Wirtschaft „auf Gewährung grundsätzlich kostendeckender Preise beharren“ müsse. [252]

Realitätsfremde Preisvorschriften

Aber auch die einzelnen Verfahrensvorschriften, die bei der Behandlung von Preiserhöhungsverfahren zum Tragen kamen, waren nicht sehr wirtschaftsfreundlich. So gab es für das Ausmaß möglicher Preissteigerungen eine prozentmäßig fixierte Höchstgrenze. Dagegen konnte Franz C. Fetzer mit Recht anführen, wie realitätsfremd diese Bestimmung sei, denn Österreich sei keineswegs imstande, den Weltmarktpreisen zu gebieten, nicht über eine vom Staat verordnete Höchstgrenze hinaus zu steigen, und er verwies auf die tatsächlichen internationalen Preiserhöhungen bei Rohstoffen und Maschinen. Ein weiterer Kritikpunkt waren die unzureichenden Möglichkeiten, Abschreibungen und Instandhaltungskosten in der Kalkulation für die Preisanträge geltend machen zu können. Während der Kriegszeit gab es kaum Erneuerungen im Maschinenpark, welcher entsprechend ausgenutzt und nur unzureichend gepflegt wurde. Die Bestimmung, dass die Neuanschaffung oder die Instandhaltung des Maschinenparks nur zu 50 % geltend gemacht werden könne, verstoße nach Franz C. Fetzers Meinung „gegen die primitivsten Gesetze der Wirtschaft“, weil damit der notwendige Aufschwung der österreichischen Wirtschaft gehemmt werde.[253]

---

252 Franz FETZER, Zu den Grundsätzen für die Bearbeitung von Preisanträgen. In: Die Industrie, Nr. 9, 1947, S. 7 ff.

253 Franz FETZER, Zu den Grundsätzen für die Bearbeitung von Preisanträgen. In: Die Industrie, Nr. 9, 1947, S. 7 ff.

Es gab aber auch noch viele weitere Aspekte der Preisregelungsvorschriften, welche von Dr. Franz C. Fetzer heftig kritisiert wurden: So sei es unsinnig, für die Beurteilung von Preiserhöhungsanträgen die Betriebsergebnisse des Vorjahres heranzuziehen, da somit die Vergleichsbasis in die Kriegszeit fällt und sich inzwischen die Betriebsverhältnisse von Grund auf geändert haben. Es sei aber auch nicht einzusehen, so lautete Fetzers Kritik, dass selbst Lohn- und Gehaltserhöhungen, die ohnedies von der Zentrallohnkommission offiziell bestätigt wurden, nicht ohne besondere Genehmigung der zuständigen Behörden in die Kalkulation aufgenommen werden dürfen. Wenn also amtlicherseits die Kostenseite durch ihre Genehmigungen der Lohnerhöhungen beeinflusst werde, dann müsse doch nicht extra bei der Behörde darum angesucht werden, dass diese Auswirkungen auf die Preisgestaltung entsprechend berücksichtigt werden dürfen. Außerdem gab es bei der Berücksichtigung von Lohnerhöhungen auf die Preisfestsetzungen ein Berechnungssystem, welches keineswegs garantierte, dass die durch die Lohnerhöhungen verursachten höheren Produktionskosten zur Gänze abgegolten werden. Da es in diesem Verfahren grundsätzlich Erhöhungen mit rückwirkender Kraft nicht geben kann, zeigte Fetzer auf, dass jene Betriebe, die sich entsprechend den gesetzlichen Vorschriften verhalten, gezwungen sind, mit Verlust zu arbeiten.

Daraus leitete Dr. Franz C. Fetzer namens der Industrie die konkreten Forderungen ab, dass man vom System der Einzelanträge bei der Genehmigung von Preisangleichungen abgehen müsse und dass die grundsätzliche Erlaubnis gewährt werden sollte, dass Preiserhöhungen bei Roh- und Hilfsstoffen, Löhnen und Soziallasten, die ohnedies von der zuständigen Behörde genehmigt worden seien, ohne weiteren besonderen Antrag bei den Preisbehörden im Rahmen der Kalkulationsvorschriften weitergegeben werden können".[254]

Fetzer war mit seiner Forderung, dass man in der Preispolitik anstelle punktueller Eingriffe ein koordiniertes Verfahren finden sollte, durchaus erfolgreich. Vor allem die im Jahr 1963 erfolgte Schaffung des Beirates für Wirtschafts- und Sozial-

254 Franz FETZER, Zu den Grundsätzen für die Bearbeitung von Preisanträgen. In: Die Industrie, Nr. 9, 1947, S. 9.

fragen im Rahmen der Paritätischen Kommission brachte ein sozialpartnerschaftliches Instrument, welches sich mit mittel- und längerfristigen Fragen der österreichischen Wirtschaftspolitik beschäftigte.

Interessant ist, dass seitens der Industrie noch keineswegs die Forderung gestellt wurde, die Preise gänzlich frei zu geben, sondern dass man sich angesichts der schwierigen Nachkriegssituation durchaus bereit fand, einem Preis- und Lohn-Regelungsverfahren zuzustimmen. Damit bewies man auch jenen sozialpartnerschaftlichen Geist, welcher die Zweite Republik entscheidend prägen sollte.

Die Sozialpartnerschaft in Österreich

Bereits in der Monarchie war im Revolutionsjahr 1848 mit der Errichtung von Handelskammern begonnen worden. Die Forderung nach Errichtung von Arbeiterkammern konnte in der Monarchie noch nicht realisiert werden. Als in der Frühphase der Ersten Republik auch Arbeitnehmervertretungen in Form von Körperschaften öffentlichen Rechtes errichtet wurden (1920), versuchte Staatskanzler Dr. Karl Renner, in Form so genannter „Industriekonferenzen" eine Zusammenarbeit von Arbeitgeber- und Arbeitnehmergruppierungen zu erreichen.[255]

Nachdem die Erste Republik daran zugrundegegangen war, dass die großen politischen Lager sich zu heftig bekämpften, um gegen den Nationalsozialismus widerstandsfähig zu sein, sollten diese Erfahrungen am Beginn der Zweiten Republik den Willen zur Zusammenarbeit stärken.

Dr. Franz C. Fetzer war als Exponent industrieller Interessen stets für die Sozialpartnerschaft eingetreten. Allerdings stand er den in den Jahren von 1947 bis 1951 abgeschlossenen fünf Lohn- und Preisabkommen, welche dazu beitragen sollten, die Inflation in den Griff zu bekommen, durchaus kritisch gegenüber. Denn er meinte, dass mit punktuellen Eingriffen eine inflationäre Entwicklung nicht aufgehalten werden kann.

Die Lohn- und Preisabkommen wurden auch von der Bevölkerung nicht immer begrüßt.

So kam es vom russischen Sektor bzw. den USIA-Betrieben ausgehend im Jahr 1950 zu einer großen Streik- und Demonstrationsbewegung, die unter Mitwirkung der Gewerkschaft unter Franz Olah kanalisiert werden konnte.

---

255 Gerald SCHÖPFER, Zur Genesis der österreichischen Sozialpartnerschaft. In: Gerald SCHÖPFER (Hg.), Phänomen Sozialpartnerschaft, Wien–Köln–Graz 1980, S. 23–42.

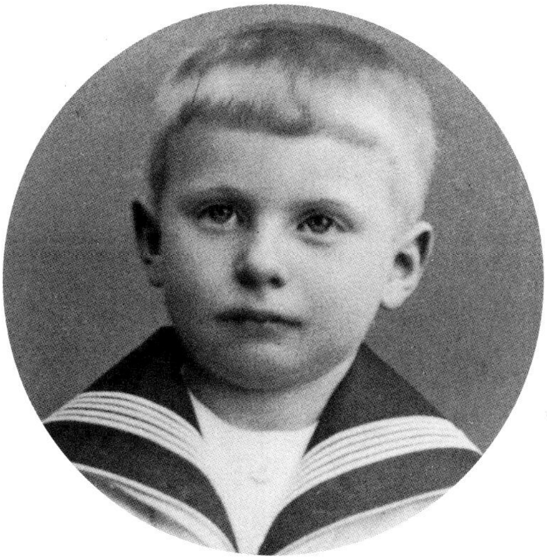

Vom Säugling …

… über den preußischen Kadetten …

… zum 38-jährigen Herrn Doktor:
Dr. Franz C. Fetzer im Laufe der ersten Lebensjahrzehnte.

Franz C. Fetzer als Junge im Matrosenanzug

... und als selbstbewusster junger Mann.

Fetzers Vater Josef Fetzer im Jahr 1895 in Metz.

Gruppenbild aus dem preußischen Kadettenkorps auf Schloss Bensberg.

Dr. Franz C. Fetzer

Charlotte Fetzer und Präsident Dr. Mayer-Gunthof im Jahr 1960 beim Empfang für Prinz Bernhard der Niederlande.

Dr. Franz C. Fetzer und Präsident Dr. Mayer-Gunthof im Gespräch mit Bundeskanzler Dr. Josef Klaus.

Im Jagdstüberl des Hotels Sacher in Wien am 25. Februar 1987: Frau Grete Kamitz, Gattin des Finanzministers Dr. Reinhard Kamitz, mit Dr. Franz C. Fetzer.

Bundeskanzler Leopold Figl (Bild Mitte) mit Dr. Franz C. Fetzer (ganz links) und Fetzers Frau Charlotte (rechts außen).

Dr. Franz C. Fetzer gratuliert dem ehemaligen Finanzminister Dr. Reinhard Kamitz anlässlich der Feier zu dessen 70. Geburtstag am 17. Juni 1977.

Der Schuhfabrikant (Fa. Koflach) Franz Herunter, Finanzminister Dr. Reinhard Kamitz und Dr. Franz C. Fetzer bei einer Feier der österreichischen Lederindustrie.

Dr. Franz C. Fetzer und seine Frau Charlotte.

Bundespräsident Dr. Rudolf Kirchschläger und Frau Charlotte Fetzer.

Sozialpartnerschaftliche Verhandlungsrunde im Haus der Industrie am Wiener Schwarzenbergplatz im Urbansaal (benannt nach dem Industriellen Ludwig Urban, der am Gemälde sichtbar ist) mit Gewerkschaftspräsident Anton Benya (1. von links), IV-Präsident Dr. Mayer-Gunthof (3. von rechts), Dr. Franz C. Fetzer (2. von rechts) und Lederfabrikant Rudolf Poeschl.

Bundeskanzler Dr. Bruno Kreisky und Gewerkschaftspräsident Anton Benya (Mitte) im Gespräch mit Dr. Franz C. Fetzer.

Audienz bei Papst Johannes Paul II. im Jahr 1979: Kardinal Dr. Franz König stellt dem Papst Dr. Franz C. Fetzer vor, welcher sich um die Stiftung „Pro Oriente" sehr verdient gemacht hat. Im Hintergrund: Frau Piffl-Percevic, die Gattin des Unterrichtsministers Dr. Theodor Piffl-Percevic.

Gruppenbild der hochrangigen österreichischen Delegation unter der Leitung von Kardinal Dr. Franz König und Unterrichtsminister Dr. Theodor Piffl-Percevic, die von Papst Johannes Paul II. zur Audienz empfangen wurde.

Unterrichtsminister Dr. Theodor Piffl-Percevic, Vizekanzler Dr. Fritz Bock, Dr. Franz C. Fetzer, Kardinal Dr. Franz König, IV-Präsident Dr. Franz Josef Mayer-Gunthof, Dr. Otto Schulmeister und Generaldirektor Dr. Adolf Bayer (von links nach rechts).

Kardinal Dr. Franz König überreicht Dr. Franz C. Fetzer einen hohen päpstlichen Orden.

Dr. Franz C. Fetzer, Monsignore Otto Mauer und Unterrichtsminister Dr. Theodor Piffl-Percevic im Gespräch mit einem hohen Vertreter der Orthodoxie.

Dr. Franz C. Fetzer in Brüssel im Jahr 1963, bei einem Empfang durch Prinz Albert, dem Bruder des belgischen Königs, im Maison d'Erasme.

Dr. Franz C. Fetzer wird vom IV-Präsidenten Dr. Franz Josef Mayer-Gunthof dem deutschen Bundeskanzler Prof. Dr. Ludwig Erhard vorgestellt.

Das Ehepaar Fetzer war mit vielen berühmten Persönlichkeiten in freundschaftlichem Kontakt. Der berühmte amerikanische Filmschauspieler Spencer Tracy (5. April 1900 in Wisconsin, USA; † 10. Juni 1967 in Beverly Hills) übergab sein Foto mit einer freundschaftlichen Widmung an Charlotte Fetzer, die als Fotografin eine durchaus künstlerische Begabung hatte.*

Auf den Weltreisen hielt Charlotte Fetzer viele Impressionen mit ihrer Kamera fest.
Links oben: Dr. Franz C. Fetzer bei den Geysiren des Yellowstone-Nationalparks in den USA.

Ein französischer Reporter, der zufällig vorbeikam, nahm dieses Foto des Ehepaares Fetzer im türkischen Perge, beim Eingang zum historischen Theater, in dem angeblich der Apostel Paulus seine erste Predigt hielt, auf. Perge war in byzantinischer Zeit noch Bischofssitz, doch spätestens während des Arabersturms flüchtete die Bevölkerung in das nahe gelegene Antalya, das besser zu verteidigen war.

Der VW-Bus des Ehepaares Fetzer wurde 1974 in der ukrainischen Hafenstadt Odessa am Schwarzen Meer vom Schiff „Admiral Nachimow" ausgeladen. Von dort begann dann eine spannende Reise nach Asien.

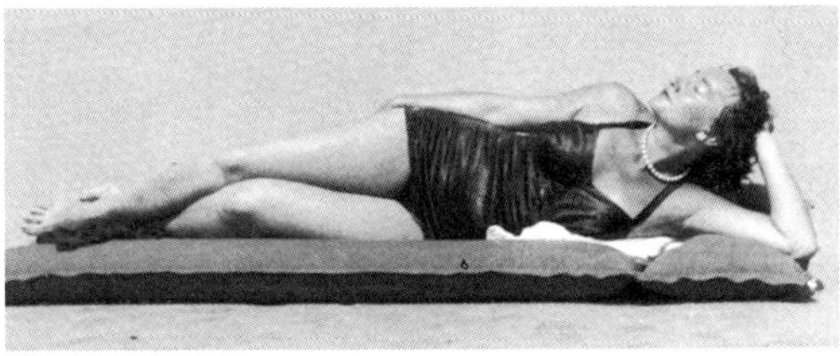

In Tunesien probierte Dr. Franz C. Fetzer eine Wasserpfeife. „Pin-up-Foto" von Charlotte Fetzer, welches auf der Insel Oleron, die der französischen Atlantikküste vorgelagert ist, aufgenommen wurde.

Dr. Franz C. Fetzer vor einem Hai-Maul auf der Südseeinsel Tahiti.

Beginn der ersten gemeinsamen Reise, welche das Ehepaar Fetzer im Jahr 1956 in die USA unternahm, im Hafen von Triest. Nachdem kurz zuvor die „Andrea Doria" untergegangen war, fuhr man mit der im Hintergrund sichtbaren „Saturnia".

Dr. Franz C. Fetzer in seinem VW-Bus, mit diesem fuhr er viele Tausende von Reisekilometern. Charlotte Fetzer hatte die Reisen sorgsam vorbereitet. So besorgte sie meist einen großen Vorrat an Lebensmitteln, den sie von Wien aus nach Asien mitnahm. Foto: Charlotte Fetzer

Dr. Franz C. Fetzer vor einem Tempel auf der Insel Sizilien.
Foto: Charlotte Fetzer

Das Ehepaar Fetzer besuchte auch den berühmten Ort Pamukkale (türkisch für Baumwollschloss), welcher im Südwesten der Türkei in der Nähe der Stadt Denizli liegt. Seinen Namen erhielt der Ort durch die beeindruckenden Kalksinterterrassen, die über Jahrtausende durch kalkhaltige Thermalquellen entstanden sind und heute eine beliebte Touristenattraktion darstellen, die auch zum Weltkulturerbe der UNESCO gezählt werden.
Foto: Charlotte Fetzer

„Unrasiert und fern der Heimat" vermerkte Charlotte Fetzer auf diesem Foto ihres Gatten, welches Sie im Tassili n'Ajjer, eine Gebirgskette in der Sahara (Südost-Algerien und Libyen) aufnahm. Die Kette ist für die prähistorischen Felsmalereien und andere archäologische Fundstätten aus der letzten Eiszeit vor ca. 6.000 Jahren bekannt.
Foto: Charlotte Fetzer

Moschee in Zentralasien.
Foto: Charlotte Fetzer

Charlotte Fetzer befasste sich auch mit experimenteller Fotografie und mit Fotomontagen. Das Foto zeigt einen Tuareg, welcher in Algerien als Führer für das Ehepaar Fetzer fungierte, vor einer Landschaft mit Kamelherde.

Impressionen aus Ephesus in der Türkei.
Fotos: Charlotte Fetzer

Dr. Franz C. Fetzer, mit seinen Kindern Dr. Franz-Paul und Christine Fetzer, neben dem Kopf des Herrschers des Königsreiches Komagene, Antiochus I.

Nemrud Dag – der „Gipfel der Götter“: Ein 50 Meter hohes Bauwerk aus 30.000 Kubikmetern Stein, umgeben von drei weitläufigen Terrassen, riesigen Obelisken, gigantischen Götterstatuen und einem Altar. Das so genannte achte Weltwunder der Antike auf dem 2150 Meter hohen Berg Nemrud im Südosten der Türkei ist das Grabmal von Antiochus I., eines Herrschers aus dem ersten vorchristlichen Jahrhundert. Der gesamte Komplex vereinigt griechische und persische Stilelemente zu einem einzigartigen Gesamtkunstwerk. Foto: Charlotte Fetzer

Anatolien mit einem türkischen Hirtenhund. Im Hintergrund sieht man Kühe, die über einen ausgetrockneten Salzsee laufen. Der Hund wurde vom Ehepaar Fetzer nach Österreich mitgenommen und erhielt den Namen Aslan. Fotomontage: Charlotte Fetzer

Fotomontage: Das berühmte Grabmal Taj Mahal in Indien und der VW-Bus der Familie Fetzer, welcher auf all den Reisen nie eine größere Panne hatte. Allein die Fahrten Wien-Indien und zurück, die zweimal, nämlich 1973 und 1976 unternommen wurden, machten jeweils 40.000 km aus.
Fotomontage: Charlotte Fetzer

Dr. Franz C. Fetzer auf einem Hausboot am Dan-See in Indien/Kaschmir.
Foto: Charlotte Fetzer

Das Foto oben zeigt Großvater Dr. Franz C. Fetzer mit dem Sohn Franz-Paul und Tochter Anna-Maria und Enkelin Diane.

Dr. Franz C. Fetzer mit Sohn Franz-Paul, den Töchtern Anna Maria und Christine und Luise Klement, der langjährigen Haushälterin des Ehepaares Fetzer.

Dr. Franz C. Fetzer mit Tochter Christine und Urenkel Drake Dwornik.

Dr. Franz C. Fetzer erreichte das biblische Alter von genau 100 Jahren …
Sämtliche Fotos stammen aus dem Familienarchiv Fetzer.

In der Folge versuchten die Sozialpartner, nicht nur durch kurzfristige Lohn- und Preisabkommen, sondern auch durch eine Steuerung der mittel- und längerfristigen Politik gestaltend mitzuwirken.

Allerdings wurde das 1951 gegründete „Wirtschaftsdirektorium“, welches Regierung und Sozialpartner zu Wirtschaftslenkungsmaßnahmen vereinen sollte, als nicht verfassungskonform wiederum aufgehoben.

Im Jahr 1957 kam es auf Betreiben von Gewerkschaftspräsident Johann Böhm und Arbeitgebervertreter bzw. Bundeskanzler Julius Raab zu einem Ministerratsbeschluss, welcher die Sozialpartner zu gemeinsamen Konsultationen bzw. zur Gründung der „Paritätischen Kommission“ anregte.

Mit der „Paritätischen Kommission“ und deren Unterausschüssen (Lohnausschuss, Preisausschuss, Beirat für Wirtschafts- und Sozialfragen) verfügten die großen Interessengruppierungen in Österreich über eine Gesprächsplattform, welche gleichsam als Koalitionsersatz auch in der Zeit der Einparteienregierungen funktionierte.

Da die Sozialpartnerschaft auf reiner Freiwilligkeit beruht, sind die Interessengruppierungen immer wieder gezwungen, in Kompromissen einen gemeinsamen Nenner zu finden.

Dies erfordert die Bereitschaft zu sachlichen Verhandlungen, die Fähigkeit, sich auch in die Position des Verhandlungspartners zu versetzen und mit Verhandlungsgeschick auszuloten, was herauszuholen ist. Hier war sicherlich Dr. Franz C. Fetzer als erfahrener Verhandler und besonnener Taktiker in seinem Element.

Die Industriellenvereinigung – ein Partner innerhalb der österreichischen Sozialpartnerschaft?

Wenn man in Österreich von den Sozialpartnern spricht, so meint man in der Regel auf Arbeitnehmerseite die Arbeiterkammer und den Österreichischen Gewerkschaftsbund und als deren Verhandlungspartner auf der Gegenseite scheinen die Bundeswirtschaftskammer und die Präsidentenkonferenz der Landwirtschaftskammern auf.

Das Prinzip der Parität bedingt, dass sich auf beiden Seiten der Verhandlungstische die gleiche Anzahl von Verhandlungspartnern gegenüber sitzt.

So mag die Vereinigung Österreichischer Industrieller auf den ersten Blick wie ein fünftes Rad am Vehikel der Sozialpartnerschaft erscheinen.

Dazu kommt, dass die Interessen der Industrie ohnedies durch die Sparte Industrie der Pflichtorganisation Wirtschaftskammer als hinlänglich vertreten erscheinen.

Welche Rolle spielt also hier die Industriellenvereinigung, die als freiwillige Vereinigung von großer realer Macht ist, immerhin vertritt sie den Löwenanteil der industriellen Arbeitgeber in Österreich?

Für einen Kenner der österreichischen Besonderheiten mag es nicht verwundern, dass es hier eine pragmatische Lösung gibt, die keineswegs gesetzlich genau umrissen ist. Immerhin ist ja insgesamt das Konstrukt der Sozialpartnerschaft nichts, was auf einer eigenen gesetzlichen Basis beruht, sondern das „Konfliktregelungsmodell der Sozialpartnerschaft besteht wesentlich im Versuch freiwilliger Zusammenarbeit der Verbände der Unternehmer und der Arbeitnehmer zur Lösung wirtschaftlicher und sozialer Probleme auf überbetrieblicher Ebene".[256]

Die Industriellenvereinigung: Subabonnent der Wirtschaftskammer?

So war die Industriellenvereinigung über die enge Verschränkung zur Wirtschaftskammer in das sozialpartnerschaftliche Geschehen eingebunden.

Es gab seit jeher viele personelle Identitäten: viele Spitzenfunktionäre waren sowohl in der Kammer als auch in der Industriellenvereinigung tätig. Wo die In-

256 Karl KORINEK, Das System der österreichischen Sozialpartnerschaft. Skizze der Bedingungen, der Prinzipien und der Grenzen des Systems. In: Gerald SCHÖPFER (Hg.), Phänomen Sozialpartnerschaft, Festschrift zum 75. Geburtstag von Hermann Ibler, Wien–Köln–Graz 1980, S. 9–21.

dustriellenvereinigung nicht offiziell einbezogen war, wurde sie gleichsam über das „Subabonnement" auf die Standpunkte der Wirtschaftskammer einbezogen.[257]

Als freiwilliger Interessenverband in Form eines Vereines war die Industriellenvereinigung gegenüber den Kammern benachteiligt.

So hat einmal Wirtschaftskammerpräsident Rudolf Sallinger aus seiner Sicht gegenüber dem IV-Präsidenten Dr. Hans Igler in einer Versammlung klar gestellt, dass es nur vier Sozialpartner gibt, nämlich die Wirtschaftskammer, die Präsidentenkonferenz der Landwirtschaftskammern, den Gewerkschaftsbund und den Österreichischen Arbeiterkammertag. Die Industriellenvereinigung sei hingegen nur am Rand, durch die Personalunion zwischen der Bundessektion Industrie und der Industriellenvereinigung eingebunden.[258]

Seit den 70er-Jahren bildete sich die Praxis heraus, dass sich die Bundesregierung in vielen Fragen direkt an die Industriellenvereinigung und den Gewerkschaftsbund wandte, womit es zu einer gewissen Aufwertung, zugleich aber auch zu einer vielleicht etwas gesteigerten Rivalität zwischen Industriellenvereinigung und Wirtschaftskammer kam.[259]

Bei den meisten sozialpartnerschaftlichen Verhandlungen selbst hat Dr. Franz C. Fetzer nicht unmittelbar mitgewirkt, sondern er war eine Art „moral suasion". An ihm ging nichts vorbei und er hat unzählige Kontakte gepflegt.

Aber die Industriellenvereinigung und damit ihr Generalsekretär Fetzer waren natürlich an allem Grundlegenden beteiligt. So beispielsweise, wenn verschiedene Komitees zusammengestellt wurden. Da waren auch immer die von der Industriellenvereinigung nominierten Vertreter dabei, wobei es mitunter Interessenkonflikte mit der Bundeswirtschaftskammer geben konnte.

In Österreich ist die Sozialpartnerschaft durch den Umstand begünstigt, dass das Land sehr klein ist und in der Hauptstadt Wien fast jeder jeden im höheren Management kennt.

---

257 Vgl. Theodor FAULHABER, Die Vereinigung Österreichischer Industrieller, Wien 1980, S. 68 f.

258 Herbert KREJCI, OHA-WISOG, AL 2121-4/04, S. 15.

259 Vgl. Theodor FAULHABER, Die Vereinigung Österreichischer Industrieller, Wien 1980, S. 69.

So ist eine relativ kleine Zahl von Verhandlern in vielen mit unterschiedlichen Fragestellungen befassten Ausschüssen bzw. Kommissionen tätig. Dies bedeutet, dass die hier Involvierten eine integrale Sicht ökonomischer und sozialer Entwicklungen haben, was mitunter das Eingehen von jenen Kompromissen erleichtert, die auf Grund des Einstimmigkeitsprinzips wichtig sind.[260]

In den Kategorien ökonomischer Vernunft …

Ein Prinzip der Sozialpartnerschaft ist auch die Vertraulichkeit und das Verhandeln hinter verschlossenen Türen.

Jede politisch motivierte Demagogie und besonders eindrucksvolle Rhetorik, die für das Agieren von Mandataren in den gesetzgebenden Körperschaften vor den eingeschalteten Fernsehkameras üblich ist, wäre hier völlig fehl am Platz. Man spricht sehr sachlich und argumentiert in den Kategorien ökonomischer Vernunft.

Dazu kommt, dass sich im Laufe der Zeit trotz aller sachlich bedingten Gegenpositionen durchaus fast freundschaftliche Vertrauensverhältnisse entfalten konnten.

So gab es auch in der Sozialpartnerschaft eigentlich nie so etwas wie Protokollprobleme.

Dr. Franz C. Fetzer kannte den Bundeskanzler Ing. Julius Raab sehr gut, er war aber auch mit dem Wirtschaftskammerpräsidenten Rudolf Sallinger sehr vertraut, wenngleich umgekehrt Sallinger als Vertreter der Klein- und Mittelbetriebe die Großindustrie mitunter recht kritisch sah.

Fetzer schätzte angeblich Sallinger als „ein Talent mit aller Brutalität".

Es gab aber auch gute Kontakte mit den Exponenten der Arbeitnehmerinteressen und den Führungskräften der Sozialdemokratie. Da gab es eine Runde, die damals der Wirtschaftsprüfer Friedrich Franz Eder, welcher der Sozialdemokratie zuzurechnen war, begründet hat.

---

260 Vlg. Thomas OLIVA, die Praxis der Sozialpartnerschaft aus der Sicht der Industrie. In: Gerald SCHÖPFER (Hg.), Phänomen Sozialpartnerschaft, Festschrift zum 75. Geburtstag von Hermann Ibler, Wien–Köln–Graz 1980, S. 97–103.

Die Sozialpartnerschaft gab es auch in den Zeiten, in welchen die große Koalition auf Regierungsebene nicht gut funktionierte oder es ab 1966 unter Kanzler Dr. Klaus Einparteienregierungen gab.

So dachte man in der Industriellenvereinigung in der Zeit der ÖVP-Alleinregierung durchaus daran, dass sich das politische Blatt wieder wenden kann und dass die damals in Opposition befindlichen Sozialdemokraten wieder einmal zur Regierungsverantwortung kommen werden. So gab es auch zwischen 1966 und 1970 Kontaktgespräche zwischen der Industrie und dem späteren Bundeskanzler Dr. Bruno Kreisky. Als es zu dessen Alleinregierung kam, war bereits ein gutes Gesprächsklima geschaffen.

Hier liefen die Dinge durchaus anders als in der deutschen Bundesrepublik, wo es, nachdem die Sozialdemokraten an die Macht gekommen waren, für die Interessenvertreter der deutschen Industrievertreter eine völlig ungewohnte Situation gab, die von Hilflosigkeit gekennzeichnet war.[261]

Was unterscheidet die Vereinigung Österreichischer Industrieller von der Wirtschaftskammer?

Die Interessen der Industriellen werden sowohl von der Wirtschafskammer, in welcher die Sparte Industrie eine wichtige Rolle spielt, als auch von der Vereinigung Österreichischer Industrieller vertreten, die sich seit dem 23. Mai 1996 laut Beschluss der Vollversammlung „Vereinigung der Österreichischen Industrie“ nennt.

Natürlich gibt es in vielen prinzipiellen wirtschaftspolitischen Fragen eine übereinstimmende Haltung, es gibt aber auch einige Bereiche, in denen es divergierende Standpunkte gibt.

Dies zeigte sich bereits in der Vorgeschichte der Interessenvertretungen in Österreich, wo es nicht nur bei der Einführung der neuen liberalen Gewerbeordnung von 1859 heftige Diskussionen gab.

261 Herbert KREJCI, OHA-WISOG, AL 2121-4/04, S. 16.

Die Auseinandersetzungen zwischen Kleingewerbe, Kleinhandel und Großindustrie entzündeten sich vor allem nach der von Wien ausgehenden Weltwirtschaftskrise von 1873 an der Frage der Gewerbefreiheit.

Durch die Krise war das Vertrauen in den ungehemmten Liberalismus und an die Selbststeuerungskräfte am Markt ins Wanken geraten und es erhob sich wieder der Ruf nach staatlicher Intervention.

So ging die kurze liberale Phase relativ bald zu Ende; denn mit den Gewerbeordnungsnovellen von 1883 und 1885 kam es bereits wiederum zu weitgehenden Einschränkungen der Gewerbefreiheit, wenngleich diese Novellen keineswegs zur Rückkehr zum mittelalterlichen Zunftwesen führten.

So wurden die Vorschriften über die Nachweise der Fähigkeiten und die Prüfung der persönlichen Zuverlässigkeit des Gewerbetreibenden schärfer formuliert und es wurde schließlich wiederum das Konzessionssystem eingeführt.

Formal gesehen, war aber die alte Gewerbeordnung von 1859 weit über ein Jahrhundert, bis zur neuen Gewerbeordnung von 1973 in Kraft geblieben, obwohl sie sich im Inhalt sehr stark verändert hatte.

Während das Gewerbe eher am lokalen Bedarf ausgerichtet war, war die Industrie seit jeher viel stärker am Export orientiert.

In der wirtschaftspolitischen Grundeinstellung waren in der Regel die Interessenvertreter der Industrie weit liberaler eingestellt als die Exponenten des Gewerbes, wenngleich es in der Industrie seit jeher auch Sympathisanten einer protektionistischen Wirtschaftspolitik gab, die für Österreich lange charakteristisch war.

Es darf aber nicht übersehen werden, dass das Gewerbe nicht schlechthin mit Kleinbetrieben und die Industrie mit der Großindustrie gleichzusetzen ist; denn es gibt auch innerhalb der Industrie kleine Familienbetriebe und innerhalb des Gewerbes auch größere Unternehmen.

Aber die vereinfachend skizzierten Auffassungsunterschiede zwischen den Interessen von Gewerbe und Industrie führten auch letztlich dazu, dass sich auch nach der Errichtung des Kammerwesens in Österreich seit 1848 eigene freie Interessenvertretungen der Industrie entwickelten, obwohl die Industrie ihre Vertretung ebenso in den Wirtschaftskammern gefunden hatte.[262]

Zwischen der Sektion Industrie der Wirtschaftskammer und der Industriellenvereinigung gab es immer wieder viele Parallelaktivitäten.

In der sowjetischen Besatzungszone war die Sektion Industrie der Wirtschaftskammer besonders wichtig, denn sie konnte bei der Zuteilung von Kohle oder Baumwollkontingenten mitwirken.

Dies hat sich natürlich später mit der Entwicklung zur Marktwirtschaft verändert, so dass zwar die Kammer in ihrer Gesamtheit weiterhin wichtig war, aber die Industriellenvereinigung für die Vertretung speziell industrieller Belange an Gewicht noch eindeutig zugelegt hat.[263]

Zwischen der Wirtschaftskammer als gesetzlicher Interessenvertretung und der Vereinigung Österreichischer Industrieller als Verein gab es immer wieder gewisse Reibungsflächen, es gab aber auch immer wieder enge Verflechtungen.

Die Leitungsfunktionen in der Sektion Industrie in der Wirtschaftskammer wurde immer von der Industriellenvereinigung besetzt, wobei allerdings auch Vertreter der Verstaatlichten Industrie berücksichtigt wurden.

Dr. Franz C. Fetzer war dabei sehr bestrebt, die Verstaatlichte Industrie unter einem gemeinsamen Industriebegriff zu halten. Er war zwar kein Befürworter von Verstaatlichungen, aber für ihn gab es nur eine Industrie. Er setzte sich immer dafür ein, auch die Generaldirektoren aus der Verstaatlichten Industrie in die Gremien der Industriellenvereinigung einzubinden.[264]

Es äußerten sich auch gewisse Aversionen der kleinen Gewerbetreibenden gegenüber der Industrie, indem sie von den „Pfeffersäcken vom Schwarzenbergplatz" sprachen.[265]

262 Vgl. Theodor FAULHABER, Die Vereinigung Österreichischer Industrieller, Wien 1980, S. 14.
263 Werner TESSMAR-PFOHL, OHA-WISOG, AL 2141-9/04, S. 7.
264 Erhard BUSEK, OHA-WISOG, VIP 2131-8/04, S. 7 f.
265 Erhard BUSEK, OHA-WISOG, VIP 2131-8/04, S. 9 f.

Lange Zeit hat durchaus die Interessenvertretung der Gewerbetreibenden stärker dominiert. So war beispielsweise Kanzler Julius Raab ein „klassischer Gewerbler", der auch den Österreichischen Gewerbebund begründete.

Aber auch der Kammerpräsident Rudolf Sallinger kam aus diesem Bereich. Es gab also durchaus gewisse „Spannungen zwischen Industrie einerseits und Gewerbe andererseits", so beispielsweise zwischen Bauindustrie und Baugewerbe. „Das ist dann bis in konkrete Verbandsangelegenheiten gegangen, es sind noch die großen Bauunternehmen aus der Baugewerbeinnung ausgeschieden und haben den Verband der Bauindustrie gegründet. Dinge, die eigentlich heute keine wie immer geartete Rolle spielen."[266]

Fetzer war es immer recht gut gelungen, diese Spannungselemente zwischen den Interessenvertretungen durch sein ausgleichendes Verhandlungsgeschick zu kanalisieren.[267]

Es war ihm auch immer wichtig, darauf hinzuweisen, dass gerade in Österreich die mittelständische Wirtschaft eine bedeutende Rolle spielt.[268]

---

266 Erhard BUSEK, OHA-WISOG, VIP 2131-8/04, S. 9 f.

267 Erhard BUSEK, OHA-WISOG, VIP 2131-8/04, S. 7.

268 Walter WUNDSAM, OHA-WISOG, AL 2136-8/04, S. 13.

Dr. Franz C. Fetzer: ein Freund der Sozialpartnerschaft

Vizekanzler Dr. Erhard Busek meint über Fetzers Engagement als Vertreter der Arbeitgeber innerhalb der österreichischen Sozialpartnerschaft, er war „ein tiefer Österreicher, der an der Stabilität des Landes ein großes Interesse gehabt hat. Hier hat die Industriellenvereinigung eine gewisse Rolle gespielt. Er war Generalsekretär zur Zeit des Franz Josef Mayer-Gunthof, der ja schon in den älteren Jahren war. Die beiden Herren haben von der Grundlinie sicher überein gestimmt, aber der eigentliche Stratege für die Industrie in Richtung auf Sozialpartnerschaft, in Richtung auf Große Koalition, auch im Umgang mit dem doch relativ starken nationalen Teil der Industriellenvereinigung" war Dr. Franz C. Fetzer. „Er hat hier, für die Stabilität des Landes in der Zeit ungeheuer viel beigetragen."[269]

Franz C. Fetzer hatte gegenüber seinen politischen Gegenspielern immer das Fingerspitzengefühl, was zumutbar ist, und war auch stets dafür, einen politisch unterlegenen Gegner mit Respekt zu behandeln und die Gesprächsbasis aufrecht zu erhalten.

Er war auch bei den Verhandlungen durchaus hart, aber nie das, was man mit dem österreichischen Wort „hinterfotzig" bezeichnen würde; denn er kämpfte stets mit offenem Visier.[270]

Fetzer sah bereits vor dem erstmaligen Zerbrechen der Großen Koalition nach den Nationalratswahlen im Jahr 1966, als es nach einem überzeugenden ÖVP-Sieg unter Bundeskanzler Dr. Josef Klaus erstmals zu einer Alleinregierung kam, dass das Prinzip der Koalition, das sich seit 1945 durchaus bewährt hatte, nunmehr immer offener in Frage gestellt wurde.

---

269 Erhard BUSEK, OHA-WISOG, VIP 2131-8/04, S. 5.

270 Walter JAKOBLJEVICH, OHA-WISOG, AL 2143-9/04, S. 11.

So kommentiert Fetzer im Dezember 1965: „Im Anfang, als sich die beiden Parteien zur Zusammenarbeit jener Persönlichkeiten trafen, die vorher gemeinsam im KZ gesessen hatten und als noch der Druck der Besatzung die Politiker zusammen schweißte, zeigte die Koalition große Vorteile. Nunmehr aber mit dem Generationenwechsel und den unangenehmen Folgen dessen, was man fälschlich auch bei uns ein ‚Wirtschaftswunder' nennt, was aber in Wirklichkeit nur einen übertriebenen Wohlfahrtsstaat zur Entwicklung gebracht hat, stoßen Meinungen und Ehrgeiz immer heftiger aufeinander und es kommt, da die Parteien noch immer ungefähr gleich stark sind, nur schwer zu nützlichen Regelungen bedeutender Fragen als da sind: Regelung der Wohnungswirtschaft, Abbau der Subventionen, Schutz der Kaufkraft des Schillings, Aufgabenbeschränkung des Staates, währungsneutrale Budgets. Angesichts dieser Gegebenheiten ist es vorteilhaft, wenn die oben erwähnten Sozialpartner noch miteinander reden können, obwohl ich persönlich, von der Achtung vor der Verfassung her gesehen, auf die Grenzen für die Vertretbarkeit eines solchen Zusammenwirkens mit aller Deutlichkeit hinweise. Die Narben des Jahres 1934 sind zwar am Verheilen, niemand aber weiss, ob sie bei Verschärfung von Gegensätzen innenpolitischer Natur nicht wieder aufbrechen. Unter solchen Umständen ist eine starke und feste Regierung notwendig und sind Nebenregierungen, welcher Art denn immer, abzulehnen und zu vermeiden."[271]

Dr. Fetzer war zeitlebens vom Eindruck des Zusammenbruchs der Demokratie in der Weimarer Republik geprägt.

Er wusste, dass es zur politischen Dramaturgie gehört, dass die politischen Lager offiziell aufeinander einschlagen, aber er sah auch immer die Grenzen, die es zu wahren gilt, damit nicht Menschen in ihrer Substanz verletzt werden. So meinte er oft: „Ihr müsst immer aufpassen, dass wir die menschliche Seite respektieren und das keine Verwundungen entstehen."[272]

---

271 Schreiben Dr. Fetzers an Dr. Brüning, 6.12.1965.

272 Herbert KREJCI, OHA-WISOG, AL 2121-4/04, S. 30.

Der Gesprächskontakt darf nie abreißen ...

Eine Bewährungsprobe für das politische Klima einer fairen Auseinandersetzung gab es 1966, da in diesem Jahr erstmals die Koalition zerbrach.

Damals vertrat Fetzer die klare Meinung, dass im Interesse des Gemeinwohls der Gesprächskontakt zur Sozialistischen Partei nicht abreißen dürfe.

In der Privatwohnung von Kommerzialrat Friedrich Franz Eder trafen sich häufig an Sonntagen Persönlichkeiten von „links" und „rechts" zu einem Gedankenaustausch im Interesse des Staates. Fetzer lag viel daran, die Zusammenarbeit aufrechtzuerhalten, und es entsprach seiner inneren Haltung, dass es in Österreich auch ein „drittes Lager" gibt.[273]

Dr. Franz C. Fetzer war in seiner Einschätzung vom hohen Wert der Sozialpartnerschaft sicherlich durch seine historischen Erfahrungen in der Zwischenkriegszeit in Deutschland geprägt. [274]

Fetzer hatte die Fähigkeit, sich auf die unterschiedlichsten Gesprächspartner einzustellen, die ihn auch entsprechend akzeptierten. So meint Vizekanzler a. D. Dr. Erhard Busek: „Ich habe ihn an der Seite des Präsidenten Sallinger erlebt, typologisch ungeheuer unterschiedliche Menschen, mit einem unterschiedlichen Bildungsgrad. Fetzer hoch gebildet, Sallinger der Instinktmensch. Ich habe das auch im Verhältnis Fetzer zu Benya erlebt. Es ist unglaublich. Das konnte er, man muss aber auch zur Ehre dieser Herren sagen, sie haben auch verstanden, wer Fetzer ist."[275]

Fetzer hatte auch einen guten Kontakt zu Gewerkschaftsführer Franz Olah. Da hatten sich „zwei Menschen getroffen, die voreinander großen Respekt gehabt haben. Beide haben gesagt, Macht ist nichts Negatives. Olah war ein strikter Antikommunist und hat eine ... sehr charismatisch menschliche Ausstrahlung gehabt und hier hat es sehr gute Relationen gegeben, menschlicher Natur." [276]

---

273 Herbert KREJCI, Laudatio zum 90. Geburtstag von DDr. Franz C. Fetzer vom 4.4.1990, S. 5.

274 Erhard BUSEK, OHA-WISOG,VIP 2131-8/04, S. 9.

275 Erhard BUSEK, OHA-WISOG,VIP 2131-8/04, S. 5 f.

276 Herbert KREJCI, OHA-WISOG, AL 2121-4/04, S. 16.

Eine Grundregel: Suche nach vernünftigen Kompromissen

Für Fetzer war es wichtig, dass es innerhalb der Sozialpartnerschaft bei der Behandlung wirtschaftspolitischer Fragen einen rationalen Prozess gab, wo es auch einen guten Grundkonsens gab und die Suche nach vernünftigen Kompromissen eine Grundregel gewesen ist. Man war sich hier auch einig in Richtung einer auf Europäisierung und Internationalisierung gerichteten Politik.[277]

Um gute Ergebnisse zu erzielen, kam es unter Fetzers Mitwirkung zu Verbesserung der sozialpartnerschaftlichen Arbeitsmechanismen. Mit der Paritätischen Kommission im Jahr 1957 und mit dem Raab-Olah-Abkommen wurden wichtige Gesprächsforen für die Vertretung von Arbeitgeber- und Arbeitnehmerinteressen geschaffen.

Mit dem Beirat für Wirtschafts- und Sozialfragen, der als 3. Unterausschuss neben dem Preis- und Lohnunterausschuss eingeführt wurde, erreichte man eine neue Qualität der Problembehandlungen, denn es wurden auch unabhängige Wissenschaftler zur Erstellung von Gutachten beigezogen und es hat auch Minderheitsvoten gegeben. Für das gute Gesprächsklima ist kennzeichnend, dass man im Beirat beschloss, dass niemand den anderen mit einem Titel anreden darf. Die Präsidenten haben die im Beirat vertretenen Wirtschaftspolitiker – darunter fanden sich sehr prominente Namen, wie Kienzl, Schmitz usw. – immer wieder zu Studienreisen ins Ausland geschickt. So sammelte man einerseits Erfahrungen aus dem Ausland, andererseits entstand dadurch ein menschlicher Zusammenhalt, sodass sich letztlich alle duzten, und so war es auch kein Problem sofort zum Telefon zu greifen, wenn es einmal eine kritische Situation gegeben hat.[278] Über ideologische Grenzen hinweg war man durchaus lösungsorientiert, was für den sozialen Frieden in Österreich sicherlich zuträglich war.

Fetzer war auch nach seinem Ausscheiden aus dem aktiven Berufsleben ein überzeugter Vertreter der Sozialpartnerschaft. Er sprach für die österreichische Wirtschaft

277 Erhard BUSEK, OHA-WISOG,VIP 2131-8/04, S. 9.
278 Herbert KREJCI, OHA-WISOG, AL 2121-4/04, S. 17.

die Hoffnung aus, dass es nicht nur in der Vergangenheit politische Persönlichkeiten gab, die „miteinander konnten", sondern dass der Stil der Sozialpartnerschaft – unabhängig davon, welche Formen der Regierungsbildung je nach Wahlergebnis anstehen werden – auch in Zukunft zu finden sein wird.[279]

279 Franz C. FETZER, Laudatio für Reinhard Kamitz anlässlich dessen 75. Geburtstags. Unveröffentlichtes Manuskript.

Das „Deutsche Eigentum" und die Verstaatlichungsgesetze

Ein wesentliches Problem nach 1945 war mit der Frage des „Deutschen Eigentums" verbunden. Während man im Gegensatz zur Situation nach dem Ersten Weltkrieg, wo Österreich die Kriegsschuld angelastet wurde, nach dem Zweiten Weltkrieg von Österreich keine direkten Reparationen forderte, beschloss man aber, das in Österreich befindliche „Deutsche Eigentum" als Kriegsentschädigung in Anspruch zu nehmen.

Bereits in der Ersten Republik gab es ein starkes Engagement des deutschen Kapitals in der österreichischen Wirtschaft, welches sich während der NS-Zeit ausweitete. Zahlreiche Industriebetriebe (z. B. „Hermann Göring"-Werke etc.) wurden während des „Dritten Reiches" in Österreich begründet.

Erschwerend war, dass der Begriff „Deutsches Eigentum" nicht genau definiert worden war. Während sich die westlichen Alliierten an den eigentlichen Sinn des Wortes hielten und nur Fabriken, die während der deutschen Besetzung errichtet worden waren, beschlagnahmten, um sie schon 1946 wieder in österreichische Verwaltung zu retournieren, legte die Sowjetunion den Begriff des „Deutschen Eigentums" wesentlich weiter aus. Man bezog alles, was in deutscher öffentlicher oder privater Hand war, in die Frage des „Deutschen Eigentums" mit ein.

Die Sowjets gingen mit dem Begriff „Deutsches Eigentum" sehr großzügig um

Schon 1945 hatte die russische Besatzungsmacht die Erdölfelder und Raffinerien in Niederösterreich als „Deutsches Eigentum" beschlagnahmt. Nach österreichischem Protest schlug man die Gründung einer gemischten russisch-österreichischen Ölgesellschaft vor, welche ein Grundkapital von 32 Millionen Schilling aufweisen sollte. Dabei wollten die Russen 16 Millionen in Form der beschlagnahmten Ölfelder einbringen, hingegen hätte Österreich 15,5 Millionen Schilling bar einzubringen gehabt. Dieser Vorschlag wurde von Österreich nicht angenommen.

Schließlich verfügte der Befehl Nr. 17 des Oberkommandos der Roten Armee am 27. Juni 1946 unter Berufung auf die „Potsdamer Beschlüsse" die Übernahme aller deutschen Vermögenswerte als Reparationsleistung an die Sowjetunion. Dabei wurden auch zahlreiche Besitztümer eingezogen, die mit „Deutschem Eigentum" nichts zu tun hatten, wie etwa die Güter des Fürsten Esterházy im Burgenland, deren Waldbestand radikal dezimiert wurde. So gingen insgesamt 252 Industriebetriebe und 140 landwirtschaftliche Betriebe mit insgesamt 160.000 Hektar Ackerland in die USIA (Uprawlenje Sowjetskim Imuschestwom w Awstrij = „Verwaltung des sowjetischen Vermögens in Österreich") über.

In der USIA waren insgesamt 155.000 Arbeiter beschäftigt, 30 % der österreichischen Industrieproduktion innerhalb der sowjetischen Besatzungszone, bzw. 5 % der gesamtösterreichischen Produktion waren durch die USIA-Betriebe der österreichischen Wirtschaft entzogen worden. Der USIA gehörten bedeutende Bergwerks- und Hüttenbetriebe an, die meisten Betriebe der Elektroindustrie, der Maschinen- und Stahlbauindustrie, der Gießereifabrikation, der Glaserzeugung und der Lederverarbeitung im russischen Sektor. Zu den Großbetrieben der USIA zählten Firmen, wie „Siemens-Halske", „Siemens-Schuckert", „Mannesmann", „Berndorfer Metallwarenfabrik", „AEG-Union", die Wiener „Elinwerke", die österreichische „Unilever-AG", die Wiener Werke von „Brown Boveri", „Simmering-Graz-Pauker" usw.

Für die Wirtschaft bedeuteten die rund 200 USIA-Verkaufsläden eine schwere Konkurrenz, da sie weder Zölle noch Steuern entrichteten und deshalb ihre Waren weit unter dem heimischen Preisniveau anbieten konnten. Die Gewinne der USIA mussten an die Sowjetische Militärbank in Wien abgeliefert werden, welche, um die schnellen Gewinne zu maximieren, kaum Investitionen durchführte und sich lediglich auf die notwendigen Instandhaltungen beschränkte.

Dies galt auch für die Sowjetische Mineralölverwaltung, die SMV, bei der 8.000

Arbeiter beschäftigt waren. Man förderte bis 1955 rund 20 Millionen Tonnen Erdöl, also etwa ein Viertel der gesamten ausbringbaren Vorräte.

Die von den Sowjets verwalteten Betriebe, wie die USIA-Betriebe, die Sowjetische Mineralölverwaltung, die Donaudampfschifffahrtsgesellschaft, lagen außerhalb der Kontrolle Österreichs.

Von diesen Betrieben, welche über einen paramilitärischen Werkschutz mit etwa 2.000 Uniformierten verfügten, gingen auch im Sommer 1950 politische Unruhen bzw. ein Putschversuch aus.

Zur Genesis der Verstaatlichung in Österreich

Ein wesentlicher Grund für die Verstaatlichung in Österreich war in dieser spezifischen Struktur der österreichischen Wirtschaft bzw. in der Problematik des „Deutschen Eigentums“ zu suchen. Die österreichische Regierung versuchte, durch das 1. Verstaatlichungsgesetz vom 26. Juli 1946 Teile der Wirtschaft vor dem Zugriff der Besatzungsmächte zu retten. Es war dies das Bemühen, die Beschlagnahme wichtiger Betriebe zu verhindern, die sonst an die Siegermächte gefallen wären. Dies war ein wesentlicher Aspekt der Verstaatlichung in Österreich.

Zur Genesis der Verstaatlichung in Österreich ist festzuhalten, dass sich bereits gegen Ende des 19. Jahrhunderts ein zunehmender Einfluss der öffentlichen Hand auf die Wirtschaft breit machte, so besonders auf dem kommunalwirtschaftlichen Sektor. Hier wären vor allem die Maßnahmen in der Monarchie unter dem Wiener christlich-sozialen Bürgermeister Dr. Karl Lueger zu erwähnen.

Durch den Ersten Weltkrieg und die folgende Inflationsperiode, vor allem durch die Weltwirtschaftskrise der 30er-Jahre, verstärkte sich diese Tendenz weiter. Immer mehr Betriebe gerieten unter den Einfluss der Großbanken.

Im Jahr 1945 befanden sich bereits ein Fünftel der österreichischen Industrie, fast die gesamte Energiewirtschaft und große Anteile an den Banken in staatlicher Hand.

Es waren weniger die politisch-ideologischen Gründe als vielmehr die konkrete historische Situation, welche zu einer Verstaatlichung führte. Sicherlich war es auch das Problem, dass die Eigentumsverhältnisse an einigen Großbetrieben ungeklärt waren und dass es aufgrund des Kapitalmangels fast unmöglich erschien, die zerstörten Betriebe durch Privatinitiative allein zu reaktivieren.

Dass die Ideologie bei den Verstaatlichungsgesetzen kaum eine Rolle spielte, sondern es konkret darum ging, in der spezifischen historischen Situation eine Lösung für die Frage des „Deutschen Eigentums" zu finden, geht auch daraus hervor, dass diese Gesetze im Österreichischen Parlament mit Zweidrittelmehrheit, das heißt mit den Stimmen beider Großparteien beschlossen wurden.

Das 1. Verstaatlichungsgesetz …

Mit dem 1. Verstaatlichungsgesetz wurden 70 Industrie- und Gewerbeunternehmungen und die drei Großbanken: „Creditanstalt-Bankverein", „Länderbank" und „Österreichisches Kreditinstitut" verstaatlicht. Trotz der Verstaatlichung wurde die Rechtsform der Betriebe nicht verändert. Das heißt, sie waren Kapitalgesellschaften, deren Aktien sich im Staatsbesitz befanden. Sie hatten aber keine Sonderposition in Bezug auf Steuerbelastung und Sozialabgaben und blieben Mitglieder der Handelskammern.

Da die Sowjets das Verstaatlichungsgesetz nicht anerkannten, konnte es zunächst nur für die nicht sowjetisch besetzten Regionen Österreichs verwirklicht werden, da die Russen die Herausgabe der von ihnen beschlagnahmten Betriebe des „Deutschen Eigentums" verweigerten.

So blieb rund ein Drittel der nunmehr verstaatlichten Betriebe, wie vor allem die Erdölindustrie, außerhalb des Zugriffs der österreichischen Verwaltung.

Das 2. Verstaatlichungsgesetz …

Mit dem 2. Verstaatlichungsgesetz (26. März 1947) wurde mit einigen kleinen Ausnahmen die österreichische Elektrizitätswirtschaft zum Eigentum der öffentlichen Hand erklärt und an die Landesgesellschaften übertragen. Für die Verwaltung des Hochspannungsnetzes und die Beteiligung des Bundes an den Landeselektrizitätsgesellschaften wurde die Österreichische Elektrizitäts-Aktiengesellschaft (Verbundgesellschaft) als eigene Dachorganisation begründet.

Die Frage, was genau unter den Begriff des „Deutschen Eigentums" fällt, war in einzelnen konkreten Fällen gar nicht so eindeutig zu beantworten.[280]

Fetzer galt als einer der Spezialisten, die sich in Fragen des „Deutschen Eigentums", aber auch in Fragen des „arisierten" Eigentums und in retrospektiven Bewertungsfragen besonders gut auskannten.[281]

Fetzer war kein dogmatischer Privatisierer

Versuche, beispielsweise in Form der so genannten Volksaktien eine Reprivatisierung einzuleiten, kamen den Interessen der Industriellenvereinigung natürlich entgegen.

Diese Idee wurde von Finanzminister Dr. Reinhard Kamitz vor der Wahl 1956 propagiert. Es gab hier auch eine Zusammenarbeit in der Öffentlichkeitsarbeit zwischen Kamitz und der Industriellenvereinigung.

Es gab damals eine so genannte journalistische Arbeitsgemeinschaft, in welcher Journalisten der unabhängigen Zeitungen einerseits mit dem Gedankengut der Industriellenvereinigung vertraut gemacht wurden und andererseits auch deren Meinungen als Feedback eingeholt wurden.[282]

280 Peter BÖHMER, Wer konnte, griff zu – „Arisierte" Güter und NS-Vermögen im Krauland-Ministerium (1945–1949), Wien 1999, S. 92 ff.

281 Hans SEIDEL, OHA-WISOG, VIP 2133-8/04, S. 5.

282 Herbert KREJCI, OHA-WISOG, AL 2121-4/04, S. 9.

Trotz aller Skepsis, die von Seiten der Industriellenvereinigung gegenüber der Verstaatlichung entgegen gebracht wurde, gab es doch einen konstruktiven Beitrag zur Positionierung der Verstaatlichten Betriebe, indem prominente Exponenten der Vereinigung, wie auch Dr. Fetzer und später auch Prof. Herbert Krejci in Aufsichtsräten von Verstaatlichten Betrieben fungierten. So bescheinigt auch Bundesminister a. D. Prof. Dipl.-Ing. Dr. Rudolf Streicher, welcher Dr. Fetzer überaus schätzte: „Er war kein Feind der Verstaatlichten Industrie, er war kein dogmatischer Privatisierer."[283]

Es gibt nur eine Industrie …

Es ist klar, dass einem Verband, welcher die im Privatbesitz befindliche Industrie vertritt, das Phänomen Verstaatlichung aus ideologischen Überlegungen heraus keineswegs willkommen sein konnte. Trotz dieser prinzipiellen Vorbehalte akzeptierte man aber das Faktum, dass auf Grund der besonderen Konstellation nach dem Zweiten Weltkrieg die beiden Verstaatlichungsgesetze ein auch von der ÖVP mitgetragener Schritt waren, um diese Unternehmen für Österreich zu erhalten.

So gab es seitens der Industriellenvereinigung ein „relativ entkrampftes Verhältnis" zur Verstaatlichten Industrie.[284]

Als mit dem Staatsvertrag 1955 die von den Sowjets beschlagnahmten Betriebe an Österreich übergeben wurden, tauchten innerhalb der Industriellenvereinigung bereits Überlegungen zu einer möglichst weiten Reprivatisierung auf.

Natürlich wurde seitens der Industriellenvereinigung und ihres Exponenten Dr. Franz C. Fetzer die Idee der Reprivatisierung sehr begrüßt,[285] aber die Vereinigung Österreichischer Industrieller verstand es durchaus mit der Realität der Ver-

---

283 Rudolf STREICHER, OHA-WISOG, VIP 2135-8/04, S. 4.

284 Theodor FAULHABER, Die Vereinigung Österreichischer Industrieller, Wien 1980, S. 151.

285 Maria SCHAUMAYER, OHA-WISOG, VIP 2122-4/04, S. 17.

staatlichung zu leben, man wehrte sich gegen Benachteiligungen und Übergriffe, aber man entfaltete keine ideologisch motivierte Hasskampagne.[286]

Gegen die direkte Einmischung der Politik …

Vor allem Präsident Dr. Hans Igler und Dr. Franz C. Fetzer trugen wesentlich zum Zustandekommen einer Holding-Lösung für die Verstaatlichte Industrie (ÖIG, später ÖIAG) ebenso bei, wie zur Frage der Lösung für die österreichischen Siemens-Betriebe.[287] Dabei ging es auch darum, die Verstaatlichten Unternehmen aus dem direkten Einfluss der Parteipolitik herauszuhalten.[288]

Seitens der Industriellenvereinigung akzeptierte man, dass es zu den Koalitionsvereinbarungen gehörte, dass die Verstaatlichten Industrie vom Staat unterstützt wurden, man war aber durchaus bestrebt, hier auf längere Sicht wirtschaftlich bessere Lösungen durchzusetzen.[289]

Fetzer nahm seine Aufsichtsratsfunktionen – beispielsweise auch in der ÖIAG – überaus ernst, er war in den 70er-Jahren im Aufsichtsrat in der Verstaatlichten Industrie sehr kämpferisch und wandte sich gegen die Absicht Ranshofens, eine zweite Elektrolyse zu bauen. Er war damals – in der Phase von Generaldirektor Streicher und dem Stellvertreter Wimmersberger – bemüht, die übrigen Aufsichtsräte von seiner ordnungspolitischen Vorstellung zu überzeugen. Er glaubte die österreichische Volkswirtschaft damals vor einer gewaltigen Fehlinvestition bewahren zu müssen, indem er dazu beitrug, den Bau einer zweiten Elektrolyse in Ranshofen zu verhindern.[290]

---

286 Herbert KREJCI, OHA-WISOG, AL 2121-4/04, S. 8.

287 Theodor FAULHABER, Die Vereinigung Österreichischer Industrieller, Wien 1980, S. 151.

288 Walter WUNDSAM, OHA-WISOG, AL 2136-8/04, S. 12.

289 Erhard BUSEK, OHA-WISOG,VIP 2131-8/04, S. 8.

290 Maria SCHAUMAYER, OHA-WISOG, VIP 2122-4/04, S. 1.

Für Fetzer war die direkte Einmischung der Politik in die Wirtschaft abzulehnen; es sei vielmehr die Aufgabe der Politik, die Rahmenbedingungen für die Wirtschaft zu schaffen.[291]

Die Verstaatlichten Unternehmen waren damals natürlich keine Mitglieder der Industriellenvereinigung.

Doch die meisten der später mehrheitlich reprivatisierten Betriebe wurden ab 1995 Mitglieder der Vereinigung.

Sie waren aber seit jeher auf Grund des Kammergesetzes, welches die Pflichtmitgliedschaft vorsieht, Mitglieder der Bundessektion Industrie. Deren langjähriger Obmann war der Wiener Nahrungsmittelindustrielle Manfred Mautner-Markhof, welchem der Wiener Volksmund auf Grund seines martialischen Bartes den Beinamen „Senf-Tegetthoff" verpasst hatte. Dieser setzte im Rahmen der Sektion Industrie der Bundeswirtschaftskammer einen Vermittlungsausschuss ein, welcher Streitfälle zwischen der Verstaatlichten und der sonstigen Industrie zu schlichten hatte. So war es ein Anliegen der Privatindustrie, dass die Verstaatlichten Unternehmen weitgehend im Sektor der Grundstoffindustrie verbleiben und nicht – mit öffentlichen Geldern unterstützt – zu unliebsamen Konkurrenten in der Finalfertigung werden.[292]

Dr. Mayer-Gunthof, der ab 1960 Präsident der Industriellenvereinigung war, hat wesentlich zur Entkrampfung des Verhältnisses gegenüber der Verstaatlichten Industrie beigetragen.

Im Jahr 1962 legte er bei einer öffentlichen Veranstaltung das Verhältnis zur Verstaatlichten Industrie klar, indem er den legendären Satz sprach: „Es gibt nur <u>eine</u> Industrie."[293]

---

291 Werner TESSMAR-PFOHL, OHA-WISOG, AL 2141-9/04, S. 10.

292 Walter JAKOBLJEVICH, OHA-WISOG, AL 2143-9/04, S. 11.

293 Theodor FAULHABER, Die Vereinigung Österreichischer Industrieller, Wien 1980, S. 152. Das Redemanuskript stammte damals von Prof. Herbert Krejci. Herbert KREJCI, OHA-WISOG, AL 2121-4/04, S. 8.

Die Industriellenvereinigung und die Tagespolitik

Die Vereinigung Österreichischer Industrieller ist ein wichtiger Faktor in der öffentlichen Meinungsbildung und sie thematisiert immer wieder wirtschaftliche und politische Fragestellungen.

Umgekehrt muss sie auch das Naheverhältnis zu den politischen Akteuren suchen, wenn sie die Rahmenbedingungen des Wirtschaftslebens, die von der Politik gestaltet werden, in ihrem Sinne beeinflussen will.

Es liegt natürlich nahe, dass die Vereinigung Österreichischer Industrieller auf Grund der von ihr zu vertretenden Interessenlage weit mehr Berührungspunkte mit den bürgerlichen Parteien, die sich klar zu marktwirtschaftlichen Positionen bekennen, als mit den linken Lagern hat, wenngleich es durch die steigende Bedeutung von Nicht-Eigentümer-Unternehmern auch zu einem leichten Ansteigen der Sympathien in Richtung SPÖ kam.[294]

Schließlich gibt es auch viele Industrielle, die wechselnde politische Präferenzen haben, politisch völlig desinteressiert sind, oder auf eine Äquidistanz zu allen politischen Parteien Wert legen.

Präsident Dr. Hans Igler verschwieg nicht, dass er sich von einer ÖVP-Regierung eher eine Umsetzung einer unternehmerfreundlichen Politik erwartet, als von anderen Parteien. Die Industriellenvereinigung hatte aber meist eine durchaus eigenständige Position und trachtete stets danach, nicht mit einer Vorfeld- oder Teilorganisation der ÖVP verwechselt zu werden.

Umgekehrt gab es auch bei den ÖVP-Bundesparteiobmännern sehr unterschiedliche Beziehungen zum Wiener Schwarzenbergplatz.

So hatte beispielsweise Dr. Josef Klaus ein eher distanziertes Verhältnis zur

---

294 Vgl. Theodor FAULHABER, Die Vereinigung Österreichischer Industrieller, Wien 1980, S. 81.

Industrie, während Dr. Josef Taus oder Dr. Hermann Withalm hier eine sehr positive Beziehung hatten.[295]

Die Beziehung der Industrie zur ÖVP war nicht immer nur von Herzlichkeit getragen.

Dr. Franz C. Fetzer, der selbst Mitglied der ÖVP war,[296] formulierte es so: „Sie lieben uns nicht, aber sie brauchen unser Geld."[297]

Fetzer sah sich in der ÖVP meist mit den Interessen der Klein- und Mittelbetriebe konfrontiert und musste feststellen, dass beispielsweise der Wirtschaftskammerpräsident Rudolf Sallinger, ein gelernter Steinmetzmeister, gegen die Industriellenvereinigung und deren elegant und weltmännisch wirkenden Exponenten durchaus Ressentiments hatte.[298]

Franz C. Fetzer hatte in der Frage, wie das Verhältnis zwischen der Industrie und der Politik zu gestalten sei, eine deutliche Prägung durch die Verhältnisse der Weimarer Republik erhalten. Er hatte erlebt, wie sehr deutsche Industrielle meinten, die Politik steuern zu können und wie sehr in Wirklichkeit sie umgekehrt von Hitler gesteuert wurden.

Nicht Politik machen, sondern dazu beitragen, dass Politiker vernünftig entscheiden ...

Für Fetzer war die Industriellenvereinigung immer ein Faktor für die Stabilität des Landes. Und so lautete sein Credo, dass die Industriellenvereinigung nicht dazu da sei, Politik zu machen, sondern die Aufgabe sei vielmehr einen Beitrag dazu zu leisten, dass die Politiker „vernünftig entscheiden".[299]

---

295 Erhard BUSEK, OHA-WISOG, VIP 2131-8/04, S. 10.

296 Siehe Wolfgang E. OBERLEITNER, Politisches Handbuch Österreichs 1945–1980, Wien 1981, S. 96.

297 Herbert KREJCI, OHA-WISOG, AL 2121-4/04, S. 24 f.

298 Herbert KREJCI, OHA-WISOG, AL 2121-4/04, S. 24 f.

299 Erhard BUSEK, OHA-WISOG, VIP 2131-8/04, S. 5 f.

Obwohl Dr. Franz C. Fetzer der Österreichischen Volkspartei zugerechnet werden konnte, vertrat er eine durchaus bürgerliche Politik, als kritischer und eigenständiger Denker.

Er war zwar ein treuer, aber ein nicht immer gefügiger Mitdenker und Mitarbeiter.[300]

Er stellte sich gerne innerhalb der Industriellenvereinigung der grundsätzlichen Auseinandersetzung, welchen Kurs man einschlagen sollte.

Er setzte sich mit allen Standpunkten sehr gewissenhaft auseinander. Er suchte auch immer wieder die Diskussion mit wissenschaftlichen Experten, und konnte sehr aufmerksam zuhören und er war auch stets bereit, sich mit theoretischen Argumenten und Sacheinwendungen auseinanderzusetzen. Dabei war er keiner, der sich rasch zu einer Entscheidung durchrang, sondern er wog sorgsam alle Für und Wider ab.

Er versuchte auch stets seine Gesprächspartner zu überzeugen und nicht zu überreden.[301]

Dabei wurde er als ein „sehr angenehmer Gesprächspartner" empfunden, „weil man mit ihm reden konnte".[302]

Er konnte aber in der Verfolgung seiner Sicht verblüffend konsequent sein. Er erarbeitete sich seine klare Position, aber die wollte er dann nicht zugunsten anderer Ansichten wieder aufgeben.[303] Er war immer sehr sachlich orientiert, die für die Politik typische Ausrichtung nach Wählerstimmen spielte für ihn keine Rolle.[304]

Ein Pragmatiker ohne ideologische Fesseln …

Er war ein Pragmatiker, der keine ideologischen Fesseln kannte. Er hat auch zu Bundeskanzler Dr. Bruno Kreisky einen guten Kontakt gehabt.

---

300 Maria SCHAUMAYER, OHA-WISOG, VIP 2122-4/04, S. 1.

301 Walter WUNDSAM, OHA-WISOG, AL 2136-8/04, S. 5.

302 Hans SEIDEL, OHA-WISOG, VIP 2133-8/04, S. 3 f.

303 Walter JAKOBLJEVICH, OHA-WISOG, AL 2143-9/04, S. 16.

304 Werner TESSMAR-PFOHL, OHA-WISOG, AL 2141-9/04, S. 5.

Er war einer der ersten, welcher den damals noch sehr jungen Wirtschaftsprüfer Dr. Hannes Androsch privat eingeladen hat. Vice versa war auch er dann bei Androsch eingeladen.

Fetzer hatte auch mit dem starken Mann des Gewerkschaftsbundes, Franz Olah, ein konstruktives Verhältnis, so gab es auch private Begegnungen, wo man Gedanken austauschte.[305] Umgekehrt schätzte auch Franz Olah seinen in der Interessenvertretung auf der gegenüberliegenden Seite sitzenden Dr. Franz C. Fetzer als einen kompetenten und fairen Gesprächspartner.

Diese privaten Kontakte waren aber für Fetzer keineswegs ein Hindernis, sich in Sachfragen sehr deutlich zu Wort zu melden und beispielsweise mit Hannes Androsch so manche Klinge zu kreuzen.

Er hatte keinerlei Scheu, stets auch Leute für voll zu nehmen, die halb so alt waren wie er. Er kannte diesbezüglich kein versteinertes Statusdenken.[306]

Dr. Franz C. Fetzer hatte eigentlich immer zu allen Fraktionen ein sehr gutes Verhältnis gehabt, das er auch bewusst pflegte, indem er immer wieder ganz systematisch Gespräche in diese Richtung suchte.

Er liebte es auch, sich mit Menschen auszutauschen, von denen er wusste, dass sie nicht seinen Standpunkt teilen.

So war er in „seiner sehr stillen und zurückgenommenen Art" ein ausgezeichneter Zuhörer.[307]

Es überraschte manche, welch gutes Vertrauensverhältnis beispielsweise zwischen so unterschiedlichen Persönlichkeiten wie Dr. Fetzer, Kardinal Dr. König und Präsident Olah herrschte, die mehr gemeinsam hatten als den Vornamen Franz.

Für Fetzer war es klar, dass es in Österreich eine Zusammenarbeit zwischen den großen politischen Lagern, der Sozialdemokratie und der Volkspartei, geben müsse, er meinte, dass aber auch mit einem „dritten" Lager gerechnet werden muss.

---

305 Franz OLAH , Gespräch am 18.8.2004.

306 Herbert KREJCI, OHA-WISOG, AL 2121-4/04, S. 22 f.

307 Erhard BUSEK, OHA-WISOG, VIP 2131-8/04, S. 6.

Aber unabhängig davon war es ihm immer wieder ein Anliegen zu betonen, dass die Stabilität und eine vernünftige Zusammenarbeit absoluten Vorrang haben müssen. Jede Radikalisierung sei abzulehnen, man dürfe nie zu den politischen Situationen der 20er- und 30er-Jahre zurückkehren.[308]

Fetzer war stets ein Ratgeber der Politik, aber er hatte nie den Ehrgeiz selbst in die Politik zu gehen. So wurden von ihm auch derartige Angebote abgelehnt, nicht zuletzt auch deshalb, weil er über keine eigene politische Hausmacht verfügte, und deshalb keineswegs sicher sein konnte, ob es ihm gelingen kann, seine Vorstellungen umzusetzen.[309]

308 Herbert KREJCI, Franz C. Fetzer zum 95. Geburtstag, Ein Stück vom Inventar. In: Die Industrie, Nr. 15, 12.4.1995, S. 34.

309 Siehe Christian LENHARDT, Steuerdoyen Fetzer: Hart, aber herzlich. In: Kurier, 1.4.1990, S. 7. In diesem Artikel wird berichtet, dass Fetzer seinerzeit von Raab das Angebot erhalten hätte, das Finanzministerium zu übernehmen.

Fetzer als Berater der Finanzminister ...

Dr. Eugen Margarétha

Dr. Eugen Margarétha (6.7.1885–25.5.1963) war bereits seit dem Ende des Ersten Weltkrieges als Interessenvertreter, zunächst als Sekretär und später als leitender Sekretär des Wiener Industriellen-Verbandes, dessen geschäftsführender Vizepräsident er im Jahr 1933 wurde, tätig. Ab 1934 war er auch Mitglied des Bundeswirtschaftsrates.

1938 wurde Dr. Eugen Margarétha von den NS-Machthabern aus allen Funktionen entlassen und er und seine Familie waren einigen Verfolgungen und Schikanen ausgesetzt.

Er war in der NS-Zeit für verschiedene österreichische und ungarische Industrieunternehmen als Berater tätig.

Dr. Margarétha gilt als ein prominenter Vertreter des österreichischen Widerstandes. Er war für die Kwizda als Berater tätig, diese Firma gehörte auch zu den Klienten von Franz C. Fetzer, der bereits während des Zweiten Weltkrieges mit Dr. Margarétha im ständigen Kontakt stand. Margarétha und Fetzer waren sich in ihrer Ablehnung des NS-Regimes einig und während der Kriegszeit entstand bereits jener enge Kontakt, welcher dazu führte, dass Margarétha nach dem Zusammenbruch Fetzer dazu animierte, in Österreich zu bleiben.

Nach dem Zweiten Weltkrieg wurde Dr. Eugen Margarétha zunächst zum Leiter der Industriesektion der Kammer für Handel, Gewerbe und Industrie, Geld- und Kreditwesen von Wien und Niederösterreich ernannt. Er hat damals sowohl zum Ausbau des Kammerwesens, als auch zur Gründung der Industriellenvereinigung entscheidend beigetragen.

Am 25. November 1945 wurde er als Abgeordneter der ÖVP in den österreichischen Nationalrat gewählt, er war dann besonders in der Kreditlenkungskommission tätig. Ab 2. Jänner 1947 war er Hauptgeschäftsführer der Sektion Industrie der Bundeskammer der gewerblichen Wirtschaft. Am 8. November 1949 wurde er als Finanzminister in das Kabinett Figl berufen. Mit 10. März 1952 wurde er Präsident der „Oesterreichischen Nationalbank".[310]

Dr. Margarétha schätzte Fetzer und zog ihn immer wieder zu seiner Beratung heran. So war Fetzer für ihn vor allem auch in seiner Zeit als Finanzminister als Berater in steuerpolitischen Fragen tätig.[311]

... Dr. Reinhard Kamitz, Initiator des Raab-Kamitz-Kurses

Zu den großen Persönlichkeiten, die in Österreich mit dem Wiederaufbau, dem Wirtschaftswunder und dem Begriff „Austrokeynesianismus" in Zusammenhang gebracht werden, zählt Reinhard Kamitz.

Professor Dr. Reinhard Kamitz (18.6.1907–9.8.1993) wirkte von 1952 bis 1960 als österreichischer Finanzminister und von 1960 bis 1968 als Präsident der „Oesterreichischen Nationalbank".

Er hatte eine leitende Funktion in der Handelskammer und war zunächst als Mitarbeiter von Bundeskanzler Ing. Julius Raab tätig. Dieser holte ihn 1952 als Finanzminister in seine Regierung. Kamitz hatte bereits bei der Umstellung von der Kriegswirtschaft zur Marktwirtschaft mitgewirkt.

Als Finanzwissenschaftler war ihm die Verhinderung der Inflation ein zentrales Anliegen; die sozialpartnerschaftlich ausgehandelten Lohn- und Preisabkommen erschienen ihm dafür als kein ausreichendes Instrument.

Er trat für eine Liberalisierung in der Wirtschaftspolitik ein, dies war eine Grundhaltung, die immer wieder auch von amerikanischen Kommentatoren und

---

310 Alois BRUSATTI (Hg.), Zeuge der Stunde Null. Das Tagebuch Eugen Margaréthas 1945–1947, Linz 1990, S. 13 ff.

311 Geiserich E. TICHY, DDr. Franz C. Fetzer 1900–2000, Kopie eines Nachrufs, o.J., o.O. Archiv Fetzer.

Politikern eingemahnt wurde. Viele Züge der von Kamitz untrennbar mit dem Namen Raab-Kamitz-Kurs verbundenen Politik zeigen Konturen eines amerikanischen Einflusses.[312]

Er sanierte das Bundesbudget, trug durch seine Währungspolitik zur Stabilisierung des Schillings bei und brachte diesen in eine feste Relation zur weltweit anerkannten Leitwährung, dem amerikanischen Dollar.

Er gilt als der Vater des nach ihm benannten legendären „Raab-Kamitz-Kurses".

Als Finanzpolitiker senkte er voll Reformgeist mehrfach die Steuersätze, weil er bereits der damals noch nicht so verbreiteten Überzeugung war, dass sich letzen Endes durch die damit ausgelöste Wirtschaftsbelebung das Steueraufkommen steigern werde.

Als Professor für Finanzwissenschaften war er nicht nur der Theorie verbunden, sondern er setzte seine reichen Kenntnisse auch in der Wirtschaftspolitik praktisch um.

Kamitz hatte als Professor auch durchaus ein gutes Gefühl für die Politik und er verstand es bereits, bewusst die Öffentlichkeitsarbeit zu forcieren, was zu dieser Zeit noch gar nicht so üblich war.

Er war kein Hochschulprofessor im Elfenbeinturm, sondern ein Praktiker – „er war Nationalökonom, aber als Wirtschaftspolitiker noch bedeutender" – und er motivierte die Journalisten, seine wirtschaftspolitischen Anliegen, wie insbesondere die Soziale Marktwirtschaft und wirtschaftlichen Strukturreformen, zu thematisieren.[313]

Seine theoretischen Kenntnisse gaben seiner Politik eine besondere Qualität, die Franz C. Fetzer retrospektiv wie folgt charakterisierte: „Was Kamitz vor anderen auszeichnet ist, dass alle diese Schritte keine ad hoc Gelegenheitsentscheidungen waren, sondern die konsequente Durchführung einer Gesamtschau von notwendigen Entwicklungen, einer großen Linie; insoferne ist er ein Planer, wenn man so

312 Herbert KREJCI, OHA-WISOG, AL 2121-4/04, S. 13 f. Siehe dazu insbesondere Hans SEIDEL, OHA-WISOG, VIP 2133-8/04, S. 1 ff.

313 Herbert KREJCI, OHA-WISOG, AL 2121-4/04, S. 5.

will. Er ist ein überzeugter Vertreter der österreichischen Form der Sozialen Marktwirtschaft ohne einengende Dogmatik, vom Prinzip der Freiheit bestimmt, einer Freiheit zum verantwortungsvollen Denken und Handeln."[314]

Kamitz war ein Pragmatiker, er wusste auch mit dem Koalitionspartner, dessen Wortführer in wirtschaftspolitischen Angelegenheiten der für Verkehr und Verstaatliche Betriebe zuständige Minister Karl Waldbrunner war, gut umzugehen.

Kamitz und Fetzer lagen auf einer Linie ...

Kamitz und Fetzer verband eine gute Partnerschaft; denn auch Fetzer war durch seine politische Beratungstätigkeit in der Weimarer Republik ein „homo politicus", welcher politische Abläufe gut einschätzen konnte und es auch verstand, mit Politikern erfolgreich zu verhandeln.

Fetzers erste Begegnung mit Kamitz war 1947, im Gründungsjahr der Vereinigung Österreichischer Industrieller. Dr. Lauda sagte damals zu Fetzer: „Da ist ein junger Mann in der Kammer, ein gewisser Kamitz, mit steigendem Einfluß auf Wirtschafts- und Finanzfragen, aber er verhindert die so wichtige Freigabe der Preisbildung und hat auch gegen die Verwirklichung Ihres Gedankens von den mindestens kostendeckenden Preisen Bedenken geäußert. Gehen Sie hin und reden Sie mit ihm!"

Aus Sicht der Industrie waren die von Raab und Böhm initiierten Lohn-Preis-Abkommen für den Aufschwung hemmend und auf lange Sicht konnten sie die Inflation nicht wirklich bekämpfen.

Die Antwort von Kamitz war sehr direkt: „Sie haben recht, aber im Augenblick ist es unmöglich, Ihren Wunsch zu verwirklichen, denn wenn wir unvermittelt die Preise freigeben, müssen wir auch die Löhne freigeben, und, was meinen Sie, werden dann auf längere Frist gesehen die Folgen sein? Wir können die Bewirtschaftung nur langsam

314 Franz C. FETZER, Laudatio für Reinhard Kamitz anlässlich dessen 75. Geburtstags. Unveröffentlichtes Manuskript.

abbauen, und auch gegenüber berechtigten Wünschen der Wirtschaft muss Zurückhaltung geübt werden!" Man war sich aber darüber einig, dass es auf mittlere Sicht eine Lockerung der Bewirtschaftungsmaßnahmen geben müsse. So war dies der Beginn einer „soliden gegenseitigen Wertschätzung".[315]

Kamitz sagte oft zu Fetzer: „Schauen Sie, Sie können mir Ihre Wünsche vortragen, und ich sage Ihnen, was politisch möglich ist."[316]

Sicherlich war nicht alles durchsetzbar, doch in der Bewertungsfreiheit und bei den späteren Wachstumsgesetzen, das war schon unter der Regierung Klaus, hat Fetzer sehr deutlich die Konzeption mit beeinflusst.[317]

Dr. Kamitz hatte schon als Beamter der Handelskammer Ende 1951, also noch ehe er Finanzminister wurde, ein so genanntes Kamitz-Konzept verfasst. Dieses Positionspapier wurde in einem kleinen Kreis diskutiert.

Hier war bereits Dr. Fetzer dabei und er brachte zu den Überlegungen von Dr. Reinhard Kamitz seine Standpunkte ein.

Er war bereits jemand, den man stets intensiv in die wirtschaftspolitischen Diskussionen eingeschaltet hat und der sich selbst gerne mit seinen Ideen einbrachte.[318]

Franz C. Fetzer unterstützte Finanzminister Dr. Reinhard Kamitz maßgeblich bei der Entwicklung der österreichischen Steuergesetzgebung.

So hatte er bereits, wie auch der bekannte Handelsrechtler Walther Kastner[319], bei der Gestaltung des 1953 erlassenen Gesetzes über die Schillingeröffnungsbilanzen beratend mitgewirkt, welches von der Wirtschaft sehr begrüßt wurde, weil die damit verquickten steuerfreien Aufwertungen Milliardenabschreibungen, d. h. Gewinnabzugsposten zum Wiederaufbau des Eigenkapitals, ermöglichten.

---

315 Fritz DIWOK – Hildegard KOLLER, Reinhard Kamitz, Wegbereiter des Wohlstands, Wien 1977, S. 39 ff.

316 Herbert KREJCI, OHA-WISOG, AL 2121-4/04, S. 5.

317 Herbert KREJCI, OHA-WISOG, AL 2121-4/04, S. 24.

318 Hans SEIDEL, OHA-WISOG, VIP 2133-8/04, S. 2.

319 Walther KASTNER, Mein Leben kein Traum. Aus dem Leben eines österreichischen Juristen, Wien, o.J.; S. 166.

Fetzer brachte hier seine historischen Erfahrungen ein, da er selbst miterlebt hatte, wie in den 30er-Jahren durch entsprechende Möglichkeiten der Bilanzierungsgestaltung die wirtschaftliche Entwicklung in benachteiligten Gebieten, wie z. B. im Saarland, mit Erfolg gefördert werden konnte.[320]

Fetzer brachte sich aber nicht nur in der Frage der Bewertung der Anlagegüter ein, sondern er plädierte auch für eine unbürokratische Haltung der Finanzbehörden bei der Überprüfung der in der Schillingeröffnungsbilanz vorgenommenen Bewertungsansätze.[321]

Er beriet ihn auch bei den Fragen der Ausgestaltung von Investitionsbegünstigungen und der Bewertungsfreiheit. Es ging dabei um die so genannte mehrfache Afa zwecks Minderung der Scheingewinne, die Investitionsbegünstigung.

Das Instrument der vorzeitigen Abschreibung, welches damals in der politischen Diskussion keineswegs völlig unumstritten war,[322] erschien für Kamitz als ein ganz zentraler Anreiz für Investitionen – und dabei wurde er von Dr. Franz C. Fetzer nachhaltig unterstützt.

Eine wichtige Initiative zur damals notwendig erscheinenden Verbesserung des Eigenkapitals und zur Sicherung der Bilanzwahrheit war die Investitionsbegünstigung, die es damals den Betrieben ermöglichte, 20 % ihres Gewinnes steuerfrei zu reinvestieren.

---

320 Fritz DIWOK – Hildegard KOLLER, Reinhard Kamitz, Wegbereiter des Wohlstands, Wien 1977, S. 39 ff.

321 Preisstabilisierung – aktuelle Aufgabe der Wirtschaft. Bundesminister DDDr. Illig und Dr. Fetzer vor den oberösterreichischen Industriellen. In: Die Industrie, Wien, 19. Februar 1955, S. 3–5.

322 Vgl. dazu Heinrich TREICHL, Fast ein Jahrhundert, Erinnerungen, Wien 2003, S. 225 f. Treichl vertrat damals die Interessen der IBV (Industrie- und Bergbau-Verwaltungsgesellschaft) und meinte, dass durch das Instrument der vorzeitigen Abschreibung die „eine Finanzierung über im Vergleich zum Weltmarkt erhöhte Preise, die im geschützten Inland in der Regel durchsetzbar waren", für die Verstaatlichten Unternehmen der Anreiz genommen wurde, neues Kapital aufzunehmen. Letzteres wäre durch Heranziehung privater Investoren bereits ein Schritt in Richtung Privatisierung gewesen. Treichl war mit der Entscheidung von Kamitz zugunsten der vorzeitigen Abschreibungen nicht einverstanden, denn damit wurde nach seiner Meinung „die Entstehung eines österreichischen Aktienmarktes für Jahrzehnte verhindert" ... und „das Ziel der schrittweisen Privatisierung der Verstaatlichten war in weite Ferne gerückt."

Dabei wurde es möglich gemacht, die mit den Gewinnbeträgen finanzierten Investitionen nochmals abzuschreiben. Das war ein einmaliges steuerliches Entgegenkommen, welches in Österreich den Wiederaufbau wesentlich erleichterte.[323]

Zu Dr. Franz C. Fetzers Verdiensten zählt auch sein Beitrag zur Klärung der Eigentumsrechte der Österreicher in der Nachkriegszeit. Er wirkte auch bei der Gestaltung von Ausfuhrförderungen und der Steuerbegünstigungen zur Förderung des Wirtschaftswachstums von Industrie und Gewerbe mit.[324]

Franz C. Fetzer würdigte an Dr. Reinhard Kamitz besonders dessen Diskussionsbereitschaft und das offene Ansprechen von Problemen; er wollte nie eine „heile Welt" vorgaukeln. Er sei auch kein Mann einsamer Entschlüsse gewesen, sondern hätte seine Ideen und Initiativen stets selbstkritisch abgewogen und dem intellektuellen Diskurs unter Freunden und Beratern ausgesetzt, erst danach habe er sie in die Regierung eingebracht.

Er schätzte an Kamitz dessen große Offenheit; dieser sei nie ein „engstirniger Parteipolitiker" gewesen und hätte stets mutig im Freundeskreis nachhaltig seine Meinung zu vertreten gewusst und er hätte sich aber auch nicht gescheut, in der Öffentlichkeit unorthodoxe Ansichten zu vertreten.[325]

Gleichsam als Dank der Regierung durften Kamitz und Fetzer 1953 auf dem Ozeandampfer „Andrea Doria" nach Amerika fahren, wo sie Washington besuchten.

Franz C. Fetzer war von diesem Aufenthalt in Amerika so begeistert, dass er seiner Frau ständig davon erzählte und sie aufforderte, ihn bei einer der künftigen Fahrten nach Amerika zu begleiten.

Drei Jahre später war es soweit, doch die „Andrea Doria", mit der man eigentlich die Übersee-Passage antreten wollte, war nach einer Kollision mit dem Passa-

---

323 Fritz DIWOK – Hildegard KOLLER, Reinhard Kamitz, Wegbereiter des Wohlstands, Wien 1977, S. 39 ff.

324 Geiserich E. TICHY, DDr. Franz C. Fetzer 1900–2000, Kopie eines Nachrufs, o.J., o.O. Archiv Fetzer.

325 Franz C. FETZER, Laudatio für Reinhard Kamitz anlässlich dessen 75. Geburtstags. Unveröffentlichtes Manuskript.

gierschiff „Stockholm“ am 26. Juli 1956 bei Nantucket an der Küste vor Massachusetts knapp vorher untergegangen.[326]

Fetzer hatte große Bewunderung für Amerika. Er sah Parallelen in der Geschichte des Römischen Reiches mit jener Amerikas. Auch die römische Großmacht hätte nach Fetzers Meinung „Fehler und Blödheiten“ gemacht, als über die Flanken des Reiches die Barbaren hereinströmten. Die Amerikaner könnten mit den Völkern nicht umgehen, aber sie seien die einzige Ordnungsmacht in der Welt.[327]

Fetzer fuhr oft und gerne nach Amerika. Er war immer wieder drüben, auch Charlotte Fetzer schätzte Amerika, wo sie einen Fotokurs absolvierte. Er hatte in den USA viele Freunde gehabt, mit denen er bis zu seinem Lebensabend in Kontakt blieb. Der bekannte Filmschauspieler Spencer Tracy übergab dem Ehepaar Fetzer sein Foto mit einer herzlichen Widmung. Fetzer war auch mit dem Schriftsteller Thornton Wilder in Briefkontakt.

Bis in das hohe Alter blieb Dr. Franz C. Fetzer stets ein Bewunderer und doch kritischer Freund der USA.[328]

326 Schriftliche Mitteilung von Frau Charlotte Fetzer vom 5.8.2004. Familienarchiv Fetzer.

327 Herbert KREJCI, OHA-WISOG, AL 2121–4/04, S. 14.

328 Herbert KREJCI, OHA-WISOG, AL 2121-4/04, S. 14 f.

Der harte österreichische Schilling

Vizekanzler Dr. Busek lobte den Kenntnisreichtum Fetzers in der Steuerpolitik, wo immer wieder der Steuerberater zum Ausdruck gekommen sei: „Ich glaube, dass er lange Zeit nicht nur selbstverständlich die Stellungnahmen der Industrie hier beeinflusst hat, sondern die ganze Steuerpolitik selbst. Das war einfach stärker bei der Industrie als in der Wirtschaftskammer, während die anderen Fragen – Wettbewerbsrecht, Außenhandel – stärker in die Richtung der Kammer gingen. Währungspolitik hat damals eine große Rolle gespielt, wo der Export gefördert oder behindert wurde, je nachdem wie die Paritäten gewesen sind. Hier hat er versucht, sozusagen Interessenpolitik, nicht im Sinne von Interessenvertretungen, sondern von einzelnen Firmen, die sich einen niedrigen Schillingkurs gewünscht haben oder so irgend etwas, doch hintan zu halten. Es hat damals, kann sich heute angesichts des Euro niemand mehr vorstellen, ungeheure Kämpfe gegeben über die Schilling-Paritäten. In die Zeit fällt auch die Anbindung an die Deutsche Mark."[329]

Fetzer war damals als Interessenvertreter der Industrie vehement dagegen und ist sofort zu Bundeskanzler Dr. Klaus geeilt, als die ersten Nachrichten darüber durchsickerten.[330]

Doch nicht nur innerhalb des bürgerlichen Lagers, auch innerhalb der SPÖ gab es in dieser Frage beispielsweise zwischen Bundeskanzler Dr. Kreisky und seinem Finanzminister Dr. Androsch durchaus unterschiedliche Meinungen.

Allerdings war dieser Weg der Hartwährungspolitik, der auch von Finanzminister Dr. Stephan Koren, später in seiner Funktion als Nationalbankpräsident, verfolgt worden war, und mit dem vor allem die exportierenden Industriebetriebe

329 Erhard BUSEK, OHA-WISOG, VIP 2131-8/04, S. 8 f.

330 Herbert KREJCI, OHA-WISOG, AL 2121-4/04, S. 22.

nicht einverstanden waren, in der Folge nicht aufzuhalten.[331] Koren war immer wieder seitens der exportorientierten Industriellen mit dem Vorwurf konfrontiert worden, dass der österreichische Schilling zu hart sei und dass dies die Wettbewerbschancen vermindere.

Koren meinte zu den damaligen Widerständen der verschiedenen Interessenvertretungen: „Am Freitag, eventuell schon am Donnerstag, je nach Saison, ist die Gewerkschaft zu mir demonstrieren gekommen, gegen die Hartwährungspolitik und am Samstag sind die Industriellen aufmarschiert gegen die Hartwährungspolitik."[332]

Retrospektiv betrachtet kann man feststellen, dass sich die Hartwährungspolitik durchaus bewährt hat und die Industrie zu Rationalisierungen und Innovationen stimuliert und damit für die Globalisierung fit gemacht hat.

Fetzer hat sich dieser Sicht, als er bereits im Ruhestand war, durchaus anschließen können und hat retrospektiv diese Sinnhaftigkeit der Hartwährungspolitik durchaus zu würdigen gewusst.[333]

Fetzers Credo in der Steuerpolitik

In einer Vorstandssitzung der Industriellenvereinigung im Dezember 1949 gab Fetzer zu Protokoll: „Direkte Steuern und auch eine gewisse Progression zu Lasten der Leistungsfähigeren sind gerechtfertigt, nicht aber Steuersätze, die geradezu konfiskatorisch wirken und als unmoralische Zumutung von seiten des Staates bezeichnet werden müssen. Kein Wunder, dass unter derartigen Tarifen der Steuerzahler in der

331 Koren, Stephan, * 14.11.1919 Wiener Neustadt (Niederösterreich), † 26.1.1988 Wien, Nationalökonom und Politiker (ÖVP); 1945–65 Mitarbeiter des Wirtschaftsforschungsinstituts, ab 1965 Universitätsprofessor in Innsbruck, ab 1968 an der Wiener Wirtschaftsuniversität. 1967–68 Staatssekretär im Bundeskanzleramt, 1968–70 Bundesminister für Finanzen. 1970–78 Abgeordneter zum Nationalrat und Klubobmann der ÖVP. 1978–88 Präsident der „Oesterreichischen Nationalbank".

332 Maria SCHAUMAYER, OHA-WISOG, VIP 2122-4/04, S. 2.

333 Maria SCHAUMAYER, OHA-WISOG, VIP 2122-4/04, S. 2.

Notwehr seinerseits Um- und Auswege sucht, die grundsätzlich gleichfalls nicht zu begrüßen sind. Wenn aber der Staat von seiten seiner Bürger einen Beitrag zu seinen Aufgaben fordert, der sich verzweifelt der völligen Wegnahme des Einkommens nähert, so ist diese Zumutung geradezu ein Verstoß gegen das Naturrecht und muß notwendigerweise entsprechende Reaktionen hervorrufen."[334]

Als Sprecher der österreichischen Industrie vertrat er beharrlich deren steuerpolitische Interessen.

Er meldete sich kontinuierlich mit profunden Beiträgen zu Wort und konnte viele konkrete Besserstellungen für die Industrie erreichen. Angesicht des inflationären Auftriebes war die Frage der Inflationsgewinne ein brisantes Thema. Hier warnte Fetzer vor der Gefahr eines Substanzverlustes für die österreichische Wirtschaft, welche durch die „Wegsteuerung von Scheingewinnen" auftrete.[335]

Aus der Nachkriegszeit ergab sich eine übermäßige Progression in der Einkommensteuer. Auch deshalb wurden in der Ära von Finanzminister Kamitz mehrmalige Senkungen der Einkommensteuer durchgeführt, wobei durch die erste Steuersenkung besonders die mittleren und höheren Einkommen begünstigt wurden.[336]

Franz C. Fetzer strebte eine Senkung der direkten Steuern an und hatte dabei nicht nur den Einkommensteuertarif im Auge, sondern er forderte auch eine Veränderung des Körperschaftsteuertarifes, welcher bei den Steuerreformen der Nachkriegszeit vernachlässigt worden war. Ein Anliegen war ihm die besondere steuerliche Behandlung der nicht entnommenen Gewinne und eine Senkung der Gewerbesteuer, die unverhältnismäßig hoch angestiegen sei.

Dabei ging es ihm aber auch darum, die bürokratischen Hemmnisse abzubauen und wesentliche Vereinfachungen umzusetzen.

So sollten beispielsweise bei den Gewerbesteuern die so genannten Zuschlags- und Absetzposten abgeschafft werden. Nach Fetzers Meinung gab es auch für die

334 Zitiert in Herbert KREJCI, Laudatio zum 90. Geburtstag von DDr. Franz C. Fetzer vom 4.4.1990, S. 4 f.

335 Franz C. FETZER, Macht ganze Arbeit! Scheingewinne und Abschreibungen. In: Die Industrie, Nr. 23, 1948, S. 2–4.

336 Hans SEIDEL, OHA-WISOG, VIP 2133-8/04, S. 9.

Erhebungsform der Lohnsteuer Vereinfachungsmöglichkeiten, welche die Betriebe vom bürokratischen Mehraufwand entlasten würden.[337]

Die Steuerpolitik soll die Unternehmer ermutigen und stärken …

Die Steuerpolitik hat stets zugleich auch starke gesellschaftspolitische Auswirkungen. Fetzer war sich dessen bewusst und so vertrat er die Meinung, dass es die Aufgabe einer guten Steuerpolitik sein müsse, die selbständigen Unternehmer zu stärken, ganz gleich, ob diese zur Industrie, zu Gewerbe, Handel, Fremdenverkehr oder Landwirtschaft zu rechnen seien.

Die Selbständigkeit sei gleichsam als ein Gegengewicht zur immer mehr bedrohten und beschnittenen Freiheit des Einzelnen zu sehen. Es müsse gleichsam ein Anliegen einer fortschrittlichen Politik sein, die Selbständigen leistungsfähig zu erhalten und für den schärfer werdenden Wettbewerb zu stärken. Dabei ginge es unter anderem darum, den so genannten „Mittelstandsbauch“ in der Einkommen-, bzw. Lohnsteuer zu beseitigen. Er appellierte an die Finanzpolitik, auf die Gruppe der mittleren Einkommensbezieher zu achten – eine Senkung der diese treffenden Belastungen würde die Leistungsfreude heben. Er betonte immer wieder die Bedeutung des Mittelstandes, von dem er meinte, dass dieser gerade im Zeitalter der Massenproduktion besondere Aufgaben zu erfüllen habe.[338]

Fetzer war ein wirtschaftspolitischer Praktiker, der frei von dogmatischen Starrheiten war. Er hat einmal gesagt: „Ich habe gewissermaßen eine nationalökonomische Grundsubstanz im Sinne der Sozialen Marktwirtschaft, aber ich bin als Verbandsvertreter realistisch genug, dass ich weiß, wann ich die Marktwirtschaft am Sonntag beschwöre und am Montag verletze.“ Er war sich der Realität der praktischen Wirtschaftspolitik durchaus bewusst.[339]

337 Preisstabilisierung – aktuelle Aufgabe der Wirtschaft. Bundesminister DDDr. Illig und Dr. Fetzer vor den oberösterreichischen Industriellen. In: Die Industrie, Wien, 19.2.1955, S. 3–5.

338 Franz C. FETZER, Steuerpolitik muß selbständige Existenzen stärken. In: Die Industrie, 3.3.1961, S. 2–3.

339 Herbert KREJCI, OHA-WISOG, AL 2121-4/04, S. 15.

Sein übergeordnetes politisches Ziel war immer die Stärkung der individuellen Freiheit und die Bedeutung der Leistung.

Fetzers Konzept einer „vorausschauenden" Konjunkturpolitik

Franz C. Fetzer hat sich immer intensiv mit den verschiedenen nationalökonomischen Lehrmeinungen auseinandergesetzt. Er konnte einer Konjunktursteuerung, wie sie vom britischen Nationalökonomen John Maynard Keynes gefordert worden war, durchaus etwas abgewinnen. Gemeinsam mit Prof. Dr. Dessauer hatte er bereits in der Zwischenkriegszeit entsprechende Überlegungen, wie man Vollbeschäftigung durch den Einsatz öffentlicher Investitionen erreichen könnte, angestellt.

Deshalb trat er dafür ein, dass der Staat durch seine Budgetpolitik eine „vorausschauende Konjunkturpolitik" betreiben sollte.

Dass der Staat in der Phase des konjunkturellen Abschwunges über seine öffentlichen Ausgaben Impulse zur Konjunkturbelebung und zur Bekämpfung der Arbeitslosigkeit setzen sollte, was dann wiederum auch die Privatwirtschaft zu weiteren Investitionen ermutige, stand für ihn außer Zweifel.

Allerdings sei aber das reine „deficit-spending im bisherigen Sinn keine glückliche Lösung". Der Staat müsse hingegen imstande sein, während der Hochkonjunktur sparsam zu sein und Budgetüberschüsse zu erwirtschaften. Fetzer erkannte deutlich, dass es für den Staat überaus schwierig sei, sich gerade in Aufschwungsphasen gegen die Begehrlichkeiten der Politik und die Ausgabenfreudigkeit der Ressorts zu wehren.[340]

---

340 Franz C. FETZER, Konjunkturstabilisierung durch Krisenreserven. In: Die Industrie, 22.10.1955, S. 2–4.

Legislaturperioden und Konjunkturzyklen sind nicht identisch …

In der Praxis zeigte sich auch immer wieder, dass Legislaturperioden und Konjunkturzyklen keineswegs identisch sind; dies bedeutet, dass auch in Phasen der Hochkonjunktur – wenn also Budgetüberschüsse erzielt werden könnten, oder zumindest eine Konsolidierung des Budgets durch den Abbau vorangegangener Verschuldung herbeigeführt werden könnte – die Ausgabenbereitschaft sprungartig zunimmt, wenn ein Wahltermin unmittelbar bevorsteht und es darum geht, Begehrlichkeiten großer Wählerkreise zu befriedigen.

In Ergänzung der Frage, wie der Staat durch seine Ausgabenpolitik Konjunktursteuerung im keynesianischen Sinn betreiben könnte, präsentierte Fetzer einen interessanten Vorschlag, welcher darauf abstellte, auch die Steuerpolitik in den Dienst dieses Zieles der Glättung von konjunkturellen Schwankungen zu stellen, indem er den Wunsch der Industrie nach einer gesetzlichen Regelung zum Ausdruck brachte, welche es den Unternehmern ermöglichen würde, in den Phasen der Hochkonjunktur auf steuerbegünstigte Art Reserven für Krisenzeiten anzulegen.

Fetzer vertrat die Ansicht, dass es am unwirtschaftlichen Aufbau einzelner Steuergesetze, aber auch am gesamten Steuersystem liege, dass das Sozialprodukt nicht die „den realen Verhältnissen entsprechende optimale Größe erreicht habe".

Dadurch wäre auch das Preisniveau höher, als es unter den gleichen Umständen bei „vernünftiger Besteuerung" wäre.

Es liege an den unerwünschten Auswirkungen des Steuersystems, dass die Wirtschaft an der optimalen Ausnutzung der Produktivkräfte gehemmt werde, was sich wiederum auf das Gesamtsteueraufkommen negativ auswirke.

Und so folgert Fetzer: „Deshalb ist die Steuer selbst wiederum die Ursache für die zur Deckung des Staatsbedarfs heute erforderlichen hohen Steuersätze mit ihren wirtschaftslähmenden Auswirkungen."[341]

341 Franz C. FETZER, Konjunkturstabilisierung durch Krisenreserven. In: Die Industrie, 22.10.1955, S. 2–4.

Er verweist auf die Erhöhung der Steuereinnahmen infolge eines wachsenden Sozialproduktes. Er zieht dazu das deutsche Beispiel heran: So bewirke das Anwachsen des Sozialproduktes um 1 % – unter Berücksichtigung der ceteris-paribus-Klausel – dass sich die Einnahmen aus der Körperschaftsteuer um 6 %, aus der Einkommensteuer um 4,5 % und aus der Umsatzsteuer um 1,7 % erhöhen.

Unter Hinweis auf viele ausländische Beispiele, wie man durch steuerliche Anreize die Produktivität fördern und zugleich auch die internationale Wettbewerbsfähigkeit stärken könnte, forderte er steuerliche Begünstigungen für die Kapitalbildung.

Ein zentraler Punkt ist dabei Fetzers dringlicher Wunsch nach einer gänzlichen Beseitigung oder zumindest nach einer deutlichen Reduzierung der Doppelbesteuerung der Gewinne der Kapitalgesellschaften, welche einerseits durch die Körperschaftsteuer und andererseits durch die Einkommensteuer bei den Dividendenempfängern auftrete.

Damit wird die Finanzierungsform der Aktie benachteiligt und die Unternehmen werden solcherart in eine höhere Finanzierung durch Kredite gedrängt.

Aktienkapital ist auch insofern benachteiligt, als im Gegensatz zu den Zinsen für aufgenommenes Fremdkapital die Dividenden keine Abzugsposten darstellen. Dies stehe aber einer unbedingt erforderlichen Gesundung der österreichischen Finanzstruktur entgegen, denn nur ein entsprechend hoher Anteil von haftendem Eigenkapital sei eine gute Basis für eine gesunde ökonomische Entwicklung des Landes.

Fetzer sieht verschiedene Möglichkeiten, um diese Situation zu verbessern, wie dies schon zahlreiche andere Staaten in verschiedener Form getan hätten.

So empfiehlt er, die Dividenden bei der Berechnung der Körperschaftsteuer als Abzugsposten anzuerkennen oder einen so genannten „gespaltenen Körperschaftsteuersatz“ zu schaffen, welcher beispielsweise eine ausgeschüttete Dividende nur mit der Hälfte des normalen Satzes belegt.

Fetzer zeigte aber auch auf, dass es nicht nur bei Kapitalgesellschaften, sondern auch bei Personenunternehmen, unangemessene Besteuerungen gibt, welche die

Kapitalbildung verhindern und Anreize zur Aufnahme von Fremdkapital bringen, welche aus volkswirtschaftlicher Sicht abzulehnen seien.

So ist er der Meinung, dass nur der vom Unternehmer tatsächlich zum Verbrauch entnommene Gewinn von der vollen Progression der Einkommensteuer getroffen werden sollte. Hingegen sollten die nicht entnommenen Gewinne bis zur tatsächlichen Entnahme oder der Liquidation „einer Art Unternehmenssteuer mit niedrigem proportionalen Steuersatz" unterworfen werden.[342]

Auf dieses Thema kam Franz C. Fetzer auch in den folgenden Jahren immer wieder zurück, denn er sah darin nicht nur ein Anliegen der Industrie, sondern auch des Gewerbes, des Handels und des Fremdenverkehrs.

Verstärkte Investitionsanforderungen gibt es nämlich für alle Zweige der Wirtschaft, welche durch Kostensteigerungen und Arbeitskräftemangel zu laufenden Rationalisierungen gezwungen seien. Gerade für die Stärkung der Selbständigkeit sei es wichtig, dass der Weg der Eigenfinanzierung ganz bewusst gefördert werde.[343]

Betriebliche Kapitalbildung für Krisenzeiten …

Ein besonderes Anliegen war ihm aber die betriebliche Kapitalbildung für Krisenzeiten. Dabei hatte Fetzer das Schweizer Beispiel vor Augen, wonach es den Betrieben seit dem Jahr 1952 ermöglicht wurde, steuerbegünstigte Reserven für die Arbeitsbeschaffung zu bilden.

So forderte Fetzer die österreichischen Politiker auf, in die vorbeugende Konjunkturpolitik auch die Steuerpolitik mit einzubeziehen.

Damit könnten mehrere Ziele zugleich erreicht werden: eine höhere Produktivität, bessere Exportchancen und eine Verbesserung am Arbeitsmarkt.

---

342 Franz C. FETZER, Konjunkturstabilisierung durch Krisenreserven. In: Die Industrie, 22.10.1955, S. 2–4.

343 Franz C. FETZER, Steuerpolitik muß selbständige Existenzen stärken. In: Die Industrie, 3.3.1961, S. 2–3.

Bezüglich der Exporte hatte die Industriellenvereinigung schon früh die Forderung aufgestellt, den Kapitalverkehr mit dem Ausland, welcher nach 1945 überaus restriktiv reguliert wurde, zu liberalisieren.[344]

Es wurden damals auch Exportrückvergütungen eingeführt, dies lag natürlich auch ganz besonders im Interesse des damaligen Präsidenten der Industriellenvereinigung Mayer-Gunthof, welcher an der „Vöslauer Kammgarnfabrik“ beteiligt war.[345]

Es gab die Allphasenumsatzsteuer, dies bedeutete, dass man nicht wusste, wie sehr die kumulative Umsatzsteuer die Exportprodukte belastete. Daher gab es bei diesen Rückvergütungen gewisse Gestaltungsfreiheiten.

Dies wurde von der OECD kritisiert. So wurde dann später die Mehrwertsteuer eingeführt, mit welcher diese Gestaltungsmöglichkeit dann nicht mehr gegeben war.

Fetzer hat sich damals im Interesse der Industrie vehement für Exportförderungen eingesetzt.[346]

Betriebe sollen die Wahlfreiheit haben …

Neben der bereits damals ins Auge gefassten gesetzlichen Verlängerung der Bewertungsfreiheit (vorschnelle 50 %ige Abschreibung), sollte nach Fetzers Forderung den Unternehmen in der guten konjunkturellen Situation ermöglicht werden, „schon jetzt steuerbegünstigte Rückstellungen für solche Anschaffungen, Reparaturen, Verbesserungen der Ausrüstungen etc. vorzunehmen, die im Augenblick nicht unbedingt dringend sind oder zu einem späteren Zeitpunkt sogar größeren Nutzen versprechen bzw. billiger zu stehen kommen werden“.[347]

---

344 Maria SCHAUMAYER, OHA-WISOG, VIP 2122-4/04, S. 5.

345 Franz HELBICH, OHA-WISOG, AL 2134-8/04, S. 7.

346 Hans SEIDEL, OHA-WISOG, VIP 2133-8/04, S. 8.

347 Franz C. FETZER, Konjunkturstabilisierung durch Krisenreserven. In: Die Industrie, 22.10.1955, S. 2–4.

Der Vorteil dieses Vorschlages besteht darin, dass die Betriebe die Wahlfreiheit bekommen, entweder zu investieren und damit die Vorteile einer erhöhten Abschreibung in Anspruch zu nehmen, oder zuzuwarten und somit jene Begünstigungen verbuchen zu können, die mit der Arbeitsbeschaffungsreserve verbunden sind.

Dr. Franz C. Fetzer meinte, dass wenn jene Betriebe, die in der Hochkonjunkturphase ihre Investitionen zurückstellen, um diese dann später in der Krisenzeit zu tätigen, nicht gleichsam steuerlich bestraft werden, dann bringe dies viele Vorteile, die vor allem auf volkswirtschaftlichem und arbeitsmarktpolitischem Gebiet liegen.

Damit würde die Politik des „deficit-spending" seitens der öffentlichen Hand durch die Auflösung der betrieblichen Arbeitsbeschaffungsreserven eine zusätzliche Verstärkung erfahren.

Es sei dies eine willkommene Erleichterung für den Staat, wenn auch die Privatwirtschaft durch ihre Aktivitäten zur produktiven Arbeitslosenfürsorge beitrage.

Außerdem bringe dies auch eine Stabilisierung in der Entwicklung staatlicher Budgets, wenn der Staat in der Hochkonjunktur auf gewisse Steuereinnahmen verzichte und dafür in der Rezessionsphase, wo das Steueraufkommen ohnedies rückläufig sei, darauf vertrauen kann, dass neue Aufträge durch die betrieblichen Arbeitsbeschaffungsreserven zu verzeichnen sind, und sich dies auf die Steuereinnahmen positiv auswirke.[348]

Fetzer war steuerpolitisch überaus interessiert und studierte auch viele ausländische Steuergesetzgebungen, um daraus für Österreich Verwertbares abzuleiten. So weilte er beispielsweise 1956 in Großbritannien, wo er im Einvernehmen mit dem österreichischen Finanzminister die Fragen der doppelten Besteuerung der Erträge der Kapitalgesellschaften einerseits durch die Körperschaftsteuer und andererseits der Dividenden durch die Einkommensteuer studierte, und er merkte kritisch an, dass sich in Österreich wegen der „Uneinigkeit in der Regierungskoalition" noch keine gesetzgeberischen Maßnahmen erreichen ließen. Immerhin habe Fetzer versucht, eine an das britische Modell angelehnte Lösung vorzuschlagen.[349]

---

348 Franz C. FETZER, Konjunkturstabilisierung durch Krisenreserven. In: Die Industrie, 22.10.1955, S. 2–4.

349 Schreiben Dr. FETZERS an Dr. Brüning vom 20.12.1956.

„Exportare necesse est“: Die Europäische Gemeinschaft und die Globalisierung eröffnen neue Risken, aber auch neue Chancen

Fetzer glaubte an eine europäische Einigung, war aber skeptisch, wie rasch es gehen könne. So meinte er im Jahr 1951: „Unser geliebter Kontinent hat eben 2000 Jahre individueller Entwicklung der einzelnen Staaten hinter sich, die er nicht rasch zu einer Einheit führen kann. Da hatten es die jungen unfertigen Kolonialstaaten in den USA seinerzeit leichter. Die Vereinigten Staaten von Europa werden also ganz langsam zueinander wachsen, sozusagen von der politischen Spitze her und müssen allmählich einige Souveränitäten (z. B. Heer und dann Aussenpolitik) langsam aufgeben. Auf dem Gebiet der Wirtschaft werden hoffentlich allmählich die Zölle und andere Schwierigkeiten fallen. Die Steuern dagegen wird man noch lange nicht vereinheitlichen können.“[350]

Fetzers Glaube an eine europäische Einigung sollte sich bewahrheiten; denn schließlich kam es zur Begründung der EWG durch die römischen Protokolle, die am 25. März 1957 unterzeichnet wurden. Als am 1. Jänner 1958 die „Europäische Wirtschaftsgemeinschaft“ (EWG) mit den Gründungsmitgliedern Deutschland, Italien, Frankreich, Belgien, Niederlande, Luxemburg in Kraft trat, brachte dies die übrigen europäischen Staaten – so auch Österreich – unter Zugzwang, um einen Ausgleich für die Verschlechterung ihrer Wettbewerbsposition auf dem EWG-Markt zu finden.

350 Schreiben Franz C. FETZERS an seine geschiedene Frau Pauline vom 4.8.1951.

Die Integration geht zu langsam voran …

Im Dezember 1958 stellte Dr. Fetzer ernüchternd fest: „Die Integration Europas schreitet … nur sehr langsam fort und bietet für unsere Gegner eher das traurige Bild mangelnden guten Willens, mangelnden Weitblicks und mangelnder Energie.“[351]

Zu den Protagonisten einer möglichst schnellen Annäherung Österreichs an die EWG zählten damals unter anderem der damalige Leiter des Wirtschaftsforschungsinstitutes, Prof. Dr. Franz Nemschak, und der steirische Landeshauptmann Josef Krainer sen., von dem das Bonmot stammte, dass Österreich „nicht in der Neutralität verhungern“ solle.[352]

Der angesehene, in Graz als Universitätsprofessor wirkende Dr. Wilhelm Taucher, er war Leiter des Marshallplan-Büros im Bundeskanzleramt, war von der Industriellenvereinigung zu Erkundigungen nach Brüssel geschickt worden. Er hatte einen Bericht über die Perspektiven einer europäischen Einigung verfasst, wo er auf die Bedeutung dieser Vorgänge hinwies und zu zukunftsträchtigen Überlegungen anregte.

Doch noch verhinderte die 1955 im Neutralitätsgesetz neu verankerte Position Österreichs und der sowjetische Widerstand, welcher im Zeichen des Kalten Krieges eine österreichische Annäherung an die EWG kategorisch ablehnte, konkrete Schritte einer österreichischen Annäherung an die EWG.

Doch der Prozess der europäischen Einigung war nicht aufzuhalten. So gründeten Großbritannien, Schweden, Norwegen, Dänemark, Schweiz, Portugal und Österreich im Jahre 1960 mit dem Vertrag von Stockholm die „Europäische Freihandels-Assoziation“ (EFTA), welche das Ziel des vollständigen gegenseitigen Zollabbaus bis zum 1. Jänner 1970 bereits im Jahr 1967 vorzeitig erreichen konnte.

---

351 Schreiben Dr. FETZERS an Dr. Brüning, 20.12.1958.

352 Hanns KOREN – Max MAYR – Kurt WIMMER, Josef Krainer, Ein Leben für die Steiermark, Graz–Wien–Köln 1981, S. 176.

Uneinigkeit in der Industriellenvereinigung

Innerhalb der Industriellenvereinigung gab es damals zwei unterschiedliche Gruppierungen, die in den hausinternen Diskussionen ihre Standpunkte austauschten. Markante Leitfigur der EWG-Befürworter war der berühmte steirische Brauerei-Industrielle Peter von Reininghaus. Sein markanter Gegner als EFTA-Befürworter war Generaldirektor Kamler, welcher in einem EWG-Beitritt Österreichs einen zu engen ökonomischen Anschluss Österreichs an Deutschland befürchtete.

Je nach Industriesparte war die Frage nach Protektionismus oder einem offenen europäischen Markt mit mehr Chancen, aber auch mehr Konkurrenz durchaus unterschiedlich gesehen worden.

Fetzer war stets der Meinung gewesen, dass die Zukunft der österreichischen Wirtschaft eng mit dem großen europäischen Wirtschaftsraum verbunden sein müsse, und er hat diese Aufgeschlossenheit auch gegenüber dem IV-Präsidenten Dr. Mayer-Gunthof vertreten, der aber das Problem hatte, dass seine Textilklientel in dieser Frage überaus gespalten war und bei den berühmten Vorarlberger „Schattenburg-Tagungen" der Textilindustrie in Feldkirch die Wogen stets sehr hoch gegangen sind.

Doch Präsident Mayer-Gunthof bekannte sich zum Motto: „Exportare necesse est".

In diesem Sinne setzte sich innerhalb der österreichischen Industrie die Befürwortung eines größeren Wirtschaftsraumes durch. Das Europabewusstsein nahm innerhalb der Unternehmerschaft immer deutlicher zu und die Industriellenvereinigung war etwa ab Mitte der 80er-Jahre zum Vorreiter einer österreichischen Vollmitgliedschaft in der Europäischen Union geworden.[353]

Fetzer war seit jeher für eine Öffnung der österreichischen Volkswirtschaft und sah deren Zukunft in einer starken Exportorientierung.[354]

---

353 Herbert KREJCI, OHA-WISOG, AL 2121-4/04, S. 10 f.

354 Erhard BUSEK, OHA-WISOG,VIP 2131-8/04, S. 13.

Er spürte aber auch schon den Prozess der Globalisierung und begriff, dass dadurch die Möglichkeiten der nationalen Wirtschaftspolitik, tatsächlich steuernd einzugreifen, immer begrenzter werden. Am Beispiel der nationalen Aluminiumindustrie in Österreich konstatierte er Entwicklungen, die in Richtung Verlagerungen gehen, die man schwer beeinflussen könne.

So war für ihn das Beispiel Ranshofen kennzeichnend, wo es auch angesichts der Energiepreise immer schwieriger wurde, die Produktion aufrecht zu erhalten. Er erkannte, dass hier ein dramatischer Prozess im Gange war.[355]

Fetzer sah die Weltwirtschaftsordnung auch durchaus kritisch. Vor allem im Hinblick auf das Nord-Süd-Problem fand er durchaus unkonventionelle Worte: „Wirtschaftliche und finanzielle Inkompetenz, Kurzsichtigkeit, oft auch nationale Eitelkeit, verführen die Mehrzahl der von Befreiungsfreude wie berauschten Länder zu hemmungsloser Kreditaufnahme. Auf Seiten der nicht ungern Kredit gewährenden „Kapitalisten" glaubte man übermäßig an das „alles ist machbar" und hatte nicht den Mut, frühzeitig zu warnen und als richtig Erkanntes gegenüber den Schuldnern durchzusetzen. Rein bankmäßig liegt praktisch in vielen Fällen Insolvenz vor. Das entwickelte sich schließlich zu einer weltweiten Verschuldung, die bereits mehrfach in den letzten Jahren fast zum Zusammenbruch des gesamten internationalen Finanzsystems zu führen drohte. Schätzungsweise 2.000 Milliarden Dollar Schulden schwappen wie eine lose Ladung in einem bei hoher See schlingenden Tanker drohend hin und her. Wir wissen, was passiert, wenn es nicht gelingt die Ladung zu fixieren. Wir leben – ein anderes Bild – auf einem Vulkan. Sein jederzeit möglicher Ausbruch würde Panik bedeuten mit Folgen, die kaum auszudenken sind … Der Kontrast zwischen Arm und Reich, zwischen „Ausgenutzten" und „Nutznießern" nimmt immer bedenklichere Formen an.[356]

355 Erhard BUSEK, OHA-WISOG,VIP 2131-8/04, S. 16.

356 Auszug aus der Dankesrede Dr. Franz C. Fetzers vom 17.4.1985.

Fetzers Verhältnis zu Glaube und Kirche

> „Der Glaube ist das Festhalten an den Dingen, die wir erhoffen, die feste Überzeugung von denen, die wir nicht schauen. Durch den Glauben erkennen wir, daß das Weltall durch Gottes Wort erschaffen ist, so daß aus Unsichtbarem Sichtbares geworden ist."
>
> *Apostel Paulus in dem Brief an die Hebräer XI, 1–3*[357]

Dr. Franz C. Fetzer kam aus einer Familie, die von dem rheinischen Katholizismus geprägt war. Er war keiner, der seine Religiosität öffentlich machte und plakativ nach außen zur Schau stellte, er war eigentlich recht selten bei Gottesdiensten in der Kirche anzutreffen.

Doch seine feste Verankerung im katholischen Glauben und seine sehr tiefgründige Auseinandersetzung mit den Fragen der Religion und der Kirche seiner Zeit, die ihn bis in das hohe Alter beschäftigten, waren ein wichtiger Aspekt seiner Persönlichkeit.

Fetzer trug auch als Exponent der Industriellenvereinigung dazu bei, dass es ein besseres Verständnis zwischen dem liberalen Unternehmertum und der Amtskirche gibt. So wurden für den österreichischen Katholikentag 1958 Stellungnahmen zur Partnerschaft im Betrieb entwickelt, es wurden auch laufend eigene Informationsschriften für Theologen herausgebracht.

Und es wurde auch Kardinal König zu einer grundsätzlichen Aussprache in die Industriellenvereinigung gebeten. Mayer-Gunthof soll einmal gesagt haben: „Ich bin kein praktizierender, aber ein begeisterter Katholik, mich berührt einfach die barocke Art der Inszenierung."

357 Zitiert im Brief von Dr. Franz C. FETZER an Kardinal König vom 1.8.1989, S. 1. Familienarchiv Fetzer.

Es gelang Dr. Franz C. Fetzer wesentlich dazu beizutragen, die zum Teil vorhandene Kirchenskepsis des liberal-nationalen Unternehmerlagers abzubauen.[358]

Ökumene als besonderes Anliegen ...

Dr. Franz C. Fetzer war auch die Ökumene und das Verständnis für die anderen christlichen Kirchen und den Islam ein ganz besonderes Anliegen.

Seitens der katholischen Amtskirche war mit dem Zweiten Vatikanum durch das so genannte „Ökumenische Dekret" eine bemerkenswerte Öffnung zu den anderen christlichen Konfessionen in Aussicht genommen worden. Dem Wiener Kardinal Dr. Franz König kam dies sehr gelegen, denn es war ihm ein besonderes Anliegen, die Utopie einer wieder geeinten christlichen Welt zu erreichen. Dieses Ziel prägte sein gesamtes Leben.

Kardinal König nutzte die durch das Zweite Vatikanum gebotene Chance. Er gründete als einen konkreten Schritt zur Umsetzung der ökumenischen Bestrebungen, noch während der Dauer des Konzils, am 4. November 1964 den ökumenischen Stiftungsfonds „Pro Oriente." Dabei wurde er vom kunstsinnigen Priester Monsignore Dr. Otto Mauer und dem bekannten katholischen Publizisten Dr. Otto Schulmeister begleitet und unterstützt.

Durch die damalige weltpolitische Situation des Kalten Krieges, die Trennung Europas durch den Eisernen Vorhang und durch die scharfe Unterdrückung der Kirchen seitens der kommunistischen Regimes, kam diesem Projekt weit mehr als nur eine rein religiöse Bedeutung zu.

Dass die Gründung von „Pro Oriente" in Österreichs Hauptstadt erfolgte, kam nicht von ungefähr; denn damit konnte die besondere Stellung Wiens als Hauptstadt eines kleinen neutralen Landes an der Schnittstelle zwischen Ost und West genutzt werden. Von Österreich aus gab es lange zurück reichende historische Beziehungen zum europäischen Osten, zum Balkan, aber auch zum Nahen Osten,

358 Herbert KREJCI, OHA-WISOG, AL 2121-4/04, S. 27.

welcher durch Jahrhunderte zum unmittelbaren Einflussbereich des Osmanischen Reiches gehört hatte.

Erklärtes Ziel von „Pro Oriente“ ist die Förderung der wissenschaftlichen Erforschung und die Publikation von diesbezüglichen Studien, welche zu Kontakten und zum besseren Verständnis zwischen den Christen des Westens und des Ostens bzw. der Orthodoxie beitragen sollen.[359]

In einer neueren Fassung wurde das Stiftungsziel dahingehend erweitert, dass die ökumenischen Beziehungen zwischen der römisch-katholischen Kirche und den orthodoxen, prae-chalzedonischen (damit sind die „altorientalischen Kirchen“ gemeint: koptisch-orthodox, syrisch-orthodox, armenisch-apostolisch, äthiopisch-orthodox, syrisch-orthodoxe Kirche, syrisch-orthodoxe Kirche in Indien) und prae-ephesinischen (= Nestorianer, die sich im Irak und z.T. in den USA „Church of the East“ nennen) Kirchen gefördert werden sollen.[360]

Fetzer unterstützte das Anliegen von „Pro Oriente“

Dr. Franz C. Fetzer gehörte dieser Stiftung bereits seit ihrer Gründung als ein äußerst engagiertes Mitglied an.

Er war einerseits eine für die Stiftung wichtige Persönlichkeit, wenn es darum ging, die erforderlichen Finanzmittel für die verschiedenen Aktivitäten aufzutreiben. Schließlich konnte er als Generalsekretär der Industriellenvereinigung Einfluss auf die Vergabe von deren Mitteln nehmen, die für kulturelle Zwecke ausgegeben wurden, und es gelang ihm auch den Industriellenvereinigungs-Präsidenten Dr. Mayer-Gunthof für die Anliegen der Stiftung zu gewinnen.

359 Kardinal Dr. Franz KÖNIG, Das kirchen- und kulturpolitische Anliegen von PRO ORIENTE. In: Mensch – Staat – Recht, FS Franz Curt FETZER, Wien 1980, S. 25.

360 Kardinal Dr. Franz KÖNIG, Das kirchen- und kulturpolitische Anliegen von PRO ORIENTE. In: Mensch – Staat – Recht, FS Franz Curt FETZER, Wien 1980, S. 27 f.

Er galt aber auch auf Grund seiner umfassenden Bildung als einer, der von der Sache viel verstand und der sich tatsächlich für die Anliegen der Stiftung interessierte und sich mit voller Energie für deren Ziele einsetzte.[361]

Zwischen Fetzer und dem Erzbischof von Wien, Kardinal Dr. Franz König, entwickelte sich im Laufe von mehreren Jahrzehnten ein überaus freundlicher Kontakt, welcher auch zu einem regen Briefverkehr führte. Der am 3. August 1905 im niederösterreichischen Ort Warth geborene Kardinal gehörte der Generation Fetzers an. Dieser stellte sich zu Kardinal Königs Geburtstagen regelmäßig als Gratulant ein. Diesen Anlass nutzte er meist zugleich, um ihm schriftlich seine mitunter recht kritischen Gedanken zu aktuellen Fragen des Glaubens und der Kirche zu übermitteln.

In seinen Briefen erweist sich Fetzer als ein großer Kenner der Bibel, denn er pflegte seine Gedanken stets mit dazu passenden Zitaten aus der Heiligen Schrift zu umrahmen.

Dr. Franz C. Fetzer nahm an den Bemühungen des Kardinals, nicht nur mit den Ostkirchen, sondern auch mit der islamischen Welt in einen Diskussionsprozess einzutreten, stets regen Anteil. Er begleitete als Mitglied der Vorstandsdelegation von „Pro Oriente" neben Dr. Theodor Piffl-Percevic, Dr. Otto Schulmeister, Dr. Walter Kirchschläger und Dkfm. Alfred Stirnemann Kardinal König bei seiner Reise nach Ägypten, wo der Patriarch Shenouda III. besucht wurde.[362]

Immerhin war Kardinal Dr. Franz König der erste hohe katholische Würdenträger des Westens, welcher durch seine persönlichen Begegnungen mit den Oberhäuptern anderer Kirchen ein vollkommen neues Klima der Verständigung schuf.

361 Erhard BUSEK, OHA-WISOG,VIP 2131-8/04, S. 1.

362 Kardinal Dr. Franz KÖNIG, Das kirchen- und kulturpolitische Anliegen von PRO ORIENTE. In: Mensch – Staat – Recht, FS Franz Curt FETZER, Wien 1980, S. 39, FN 28.

Ein Meister der zwischenmenschlichen Beziehungen …

König war ein großer Meister in der Pflege zwischenmenschlicher Beziehungen, er war in der Knüpfung persönlicher Beziehungen, die eine wertvolle Basis für das Streben nach einem „sachlichen Konsens" waren, sehr erfolgreich.[363]

Unter anderem besuchte Kardinal König den rumänischen Patriarchen Justinian, den armenischen Katholikos Vasken, den Metropoliten Meliton von Philadelphia, den nachmaligen koptischen Papst Patriarch Shenouda III., den syrisch-orthodoxen Patriarchen Yacoub III. und Zakka I. und den in seiner Heimat verfolgten Patriarchen Tekle Haimanot.

Dr. Franz C. Fetzer war vom Erfolg dieser Reisen sehr begeistert, weil „hier in aller Bescheidenheit doch etwas für die Versöhnung der Kirchen, zur Verstärkung der Brüderlichkeit zwischen Katholiken und Kopten und zur allmählichen Überbrückung der Kluft, die seit fast eineinhalb Jahrtausende bestand, erreicht wurde".[364]

Fetzer sieht die weltpolitische Bedeutung Kardinal Königs

Dr. Franz C. Fetzer würdigte die ökumenischen Aktivitäten des Kardinals nicht nur als einen Beitrag zur interkonfessionellen Verständigung, welcher gut für die Kirche sei, sondern er erkannte darin auch eine sogar weltpolitische Bedeutung. Fetzer sah viele Gemeinsamkeiten zwischen dem Christentum und dem Islam, immerhin handle es sich dabei um monotheistische Religionen.

Seiner Meinung nach seien die Juden, Araber und Ägypter „Brudervölker", und so folgerte er: „Die Nah-Ost-Lösung muss erreicht werden, wenn es nicht zu einem

---

363 Walter KIRCHSCHLÄGER, schriftliche Fassung des Vortrages „‚Ihr alle seid eins in Christus' (Gal.3, 28) Das Engagement von Kardinal König für Leben, Kirche Ökumene als Auftrag für das 21. Jahrhundert." Festveranstaltung Pro Oriente, Wien, 4.11.2004, S. 12.

364 Brief von Dr. Franz C. FETZER an Kardinal König vom 30.12.1975, S. 1. Familienarchiv Fetzer.

Weltbrand kommen soll. Ein Palästinenserstaat ist unvermeidbar, aber auch Israel muss und kann weiterleben."[365]

Fetzer konstatierte fünf Jahre später sehr besorgt eine Verschärfung in der Entwicklung des Nah-Ost-Konfliktes und das fanatische Auftreten islamischer Gruppen im Iran, er meinte aber: „Der Islam als solcher ist eine verhältnismässig junge Religion sehr temperamentvoller Völker, deren Fanatismus aber, wie die Geschichte gezeigt hat, nach extremen Ausschlägen auch wieder zu einem vernünftigen Realismus zurückkehrt. Grundsätzlich, so glaube ich, sind sie fern von Unglauben und unter Regierungen, die ihrer Eigenart entsprechen, nicht dem Kommunismus zuneigend, wenn soziale Verhältnisse herbeigeführt werden, die erträgliche Lebensbedingungen schaffen."[366]

Dr. Franz C. Fetzer nahm regen Anteil an den zahlreichen unter dem Zeichen der Ökumene stehenden Reisen des Kardinals. Er gratulierte ihm begeistert zum Erfolg seiner Reisen in den Libanon und nach Syrien, wo Kardinal König unter anderem mehrmals mit dem Großmufti der Arabischen Republik Syrien, Sheik Ahmed Keftaru, zusammengetroffen war.[367]

Aber er setzte sich auch damit kritisch auseinander, dass sich der Unglaube nicht nur in den kommunistischen Staaten, sondern „wie eine ansteckende Krankheit zumindest als Gleichgültigkeit" auch in westlichen Industrieländern ausbreite. Fetzer meint deshalb: „Es ist nicht politischer Katholizismus im engeren Parteisinn, wohl aber christlich politisches Denken, wenn ich die Auffassung vertrete, dass unsere Zukunftsaufgabe sein wird, alle Gläubigen, wo immer sie auf der Welt anzutreffen sind, zu sammeln. Keineswegs zum militärischen Kampf gegen die Nichtgläubigen, sondern zunächst zur Festigung der eigenen Gesinnungsgemeinschaft, zum Selbstbewusstsein der eigenen guten Sache und zum Widerstand gegen Aufweichungs-, Zersetzungs- und Auflösungsbemühungen von innen und aussen. Nur dann wird der unerlässlich fortzusetzende Dialog mit den Nichtgläubigen Aussicht

365 Brief von Dr. Franz C. FETZER an Kardinal König vom 30.12.1975, S. 2. Familienarchiv Fetzer.

366 Brief von Dr. Franz C. FETZER an Kardinal König vom 31.7.1980, S. 1 f. Familienarchiv Fetzer.

367 Brief von Dr. Franz C. FETZER an Kardinal König vom 19.4.1978, S. 1. Familienarchiv Fetzer.

auf Erfolg haben. Schwäche in der gesinnungsmässigen Haltung wird von ihnen ebenso wenig geachtet und respektiert werden, wie politische Nachgiebigkeit ohne den Rückhalt der Kraft."[368]

Dr. Franz C. Fetzer kommentierte in seinem Glückwunschschreiben zum 75. Geburtstag von Kardinal König das Wirken von Papst Johannes Paul II. und gab seiner Enttäuschung darüber Ausdruck, „dass nach der grossen Begeisterung zu Beginn des Pontifikates von Johannes Paul II. hier und dort ein kritischer Rückschlag eingetreten ist". Fetzer hielt es für geradezu geschmacklos, dass der Österreichische Rundfunk Sendungen ausstrahle, welche den Papst als „Superstar" titulierten.[369]

In der gegenwärtigen Situation, mit welcher Papst Johannes Paul II. konfrontiert sei, sah Fetzer sogar dramatisch anmutende Parallelen zur Kirchengeschichte: „Historisch wage ich den Vergleich mit jener bedrückenden Zeit, als in der ersten Hälfte des 7. Jh.s n. Chr. der Islam in einer wilden Woge ganz Vorderasien überschwemmte, Nord-Afrika eroberte und bis weit nach Spanien herüberschlug. Das alles waren religionsmässig gesehen entweder Gebiete der Ostkirche oder der römischen Kirche. Dieses Vordringen des Islam war eine tödliche Seuche für den Katholizismus, denn zu dieser Zeit war Gallien zwar christianisiert, wenn auch keineswegs eine Hochburg des Katholizismus, wie es etwa Nord-Afrika und Spanien gewesen waren. Irland, England und Deutschland waren mehr religiöses Kolonialgebiet. Für mich ist es kein Zweifel, dass die damaligen grossen Päpste in echtem Glaubenseifer aber ebenso auch religionspolitisch klug neue Gebiete für ihren Glauben zu erobern trachteten. Es gibt genügend Unterlagen darüber. Es waren gezielte kirchenpolitische Offensiven, die über Frankreich, Irland, England, Deutschland und von dort nach Osten vorgetragen wurden. Für die Ausdehnung des Katholizismus waren das Entscheidungen von weltweiter Bedeutung. Wer weiss, ob, wenn der Islamsturm nicht gekommen wäre, eine solche Entwicklung sich überhaupt oder wenn ja in welchen Zeiträumen durchgesetzt hätte. Es könnte sehr gut sein,

---

368 Brief von Dr. Franz C. FETZER an Kardinal König vom 30.12.1975, S. 2 f. Familienarchiv Fetzer.
369 Brief von Dr. Franz C. FETZER an Kardinal König vom 31.7.1980, S. 2. Familienarchiv Fetzer.

dass Johannes Paul II. eine entsprechend grosse Konzeption für das Ende des 20. und des 21. Jahrhunderts hat und mit seiner ganzen Kraft verfolgt."[370]

Als zum 80. Geburtstag von Dr. Franz C. Fetzer eine Festschrift erschien, war zu dessen besonderen Freude auch Kardinal Dr. Franz König unter jenen Gratulanten, die sich mit einem profunden Beitrag einstellten.[371]

In vielen Schreiben bekundete Fetzer gegen über Kardinal König seine „Verehrung für den Menschen und Priester ... der unbeirrbar in seinem Glauben und Gebet seinen Weg in Güte und Festigkeit geht".[372]

Zwischen Franz C. Fetzer und Kardinal König, die beide nicht als „outspoken" galten, gab es „quasi ein mentales Einverständnis ... mit einem Sensorium, wer der andere ist. Hier war Fetzer ganz sicher der, der gesagt hat, die Kirche hat eine gesellschaftliche Funktion und der hat man zu dienen."[373]

Übergabe der Stafette an jüngere Kräfte ...

Franz Curt Fetzer erhielt sich bis in das hohe Alter seinen analytischen Geist. Dies geht unter anderem auch aus seinem Gratulationsschreiben an Kardinal König zu dessen 81. Geburtstag hervor. Der Kardinal hatte den Vorsitz von „Pro Oriente" aus Altersgründen zurückgelegt. Fetzer machte sich Sorgen um die Zukunft dieser verdienstvollen Stiftung und so konfrontierte er nach den obligaten Glückwünschen in seinem Gratulationsschreiben den Kardinal sehr klar mit dem Problem, dass auch die meisten anderen Mitglieder der „Pro Oriente-Stiftung" bereits in einem so vorgerückten Alter seien, „dass Gedanken an die Übergabe des Stafettenstabes an jüngere Kräfte nahe liegen". Er setzte überaus kritisch fort: „eine strategische Planung – verzeihen Sie dem Wirtschafter seinen Jargon – über unsere weitere

370 Brief von Dr. Franz C. FETZER an Kardinal König vom 31.7.1980, S. 3. Familienarchiv Fetzer.

371 Kardinal Dr. Franz KÖNIG, Das kirchen- und kulturpolitische Anliegen von PRO ORIENTE. In: Mensch – Staat – Recht, FS Franz Curt FETZER, Wien 1980, S. 25–49.

372 Brief von Dr. Franz C. FETZER an Kardinal König vom 23.3.1989, S. 2. Familienarchiv Fetzer.

373 Erhard BUSEK, OHA-WISOG,VIP 2131-8/04, S. 6 f.

Zielsetzung (z. B. Zusammensetzung des Vorstandes, von Ausschüssen, Ausgründung in den Ländern, wie z. B. Salzburg u.s.w., Heranziehung von geistlichen Herren angesichts des bisher zu geringen Interesses für ‚Pro Oriente' im Klerus und von Wissenschaftlern auf dem Gebiete der Ökumene, eine Aufgabe, deren Lösung bisher nicht gelungen ist), ferner die Sorge für eine wesentlich stärkere Breitenwirkung von ‚Pro Oriente' im Kreise der Gläubigen (auf die hinzuweisen ich mir mehrmals erlaubte), liegt nicht vor. Wir leben und arbeiten sozusagen vertrauensvoll und fleißig, aber doch in den Tag hinein."[374]

Fetzer schloss seine Ausführungen mit einem Appell an Kardinal Dr. Franz König, die erforderlichen Reformschritte in die Wege zu leiten, damit die positive Weiterentwicklung der Stiftung „Pro Oriente" gesichert werde.

Kardinal Dr. Franz König hat dann tatsächlich durch seinen Einfluss für eine Verjüngung in den Leitungsgremien von „Pro Oriente" gesorgt.

Die Dialogbereitschaft des Kardinals hatte viele segensreiche Auswirkungen: So verstand er es, in der Zweiten Republik die Gräben zwischen der Katholischen Kirche Österreichs und der Sozialdemokratie zu überwinden, welche zur Zeit des Kanzlers und Prälaten Dr. Ignaz Seipel in der Ersten Republik entstanden waren. Zeitlebens war ihm aber der Brückenbau zu den Ostkirchen und den anderen Religionen ein ganz besonders Anliegen. Gerade auf diesem Gebiet erwarb er sich geradezu historische Verdienste und er wurde dafür mit vielen Ehrungen bedacht. So erhielt er insgesamt 13 Ehrendoktorate. Die letzte dieser akademischen Würden wurde ihm von der Babes-Bolonayi-Universität von Cluj-Napoca/Klausenburg (Rumänien) zuteil, welche ihn wegen der „Förderung des ökumenischen Dialogs in Europa" auszeichnete. Wegen seines angegriffenen Gesundheitszustandes wurde die feierliche Überreichung der Ehrendoktorurkunde an der Wiener Universität vorgenommen. Etwa drei Wochen später, am 13. März 2004, ist Kardinal Dr. Franz König in Wien, knapp vor der Erreichung des 100. Lebensjahres, friedlich entschlafen.

---

374 Brief von Dr. Franz C. FETZER an Kardinal König vom 31.7.1986, S. 1 f. Familienarchiv Fetzer.

Kardinal König wusste die Ratschläge Franz Curt Fetzers immer sehr zu würdigen und er versicherte ihn immer wieder seiner „persönlichen Wertschätzung“ für sein Lebenswerk und sein „Beispiel als Christ“.[375]

Als Kardinal König Dr. Franz C. Fetzer mitteilte, dass er einen päpstlichen Orden bekommt, antwortete dieser: „Entschuldigen Sie, Eminenz, ich muss Ihnen sagen, ich bin in zweiter Ehe verheiratet.“

Kardinal König sagte darauf: „Herr Doktor, das lassen Sie meine Sorge sein, das mache ich mit dem Himmel aus, da brauchen Sie sich nicht darum zu kümmern.“

Daraus kann man die Liberalität des Kardinals ersehen.

Nach Fetzers Tod hielt er auch für ihn die Seelenmesse in der Deutschen Ordenskirche, wo er in seiner Predigt das Wirken Fetzers würdigte.[376]

Es ist vielleicht überraschend, dass Franz C. Fetzer jegliche Bigotterie verabscheute und selbst keineswegs ein regelmäßiger Besucher von Gottesdiensten war.

Er tat dies nur zu besonderen Anlässen, beispielsweise als sein eigener Sohn Franz-Paul die Primiz feierte und als dieser als Pfarrer am Rennbahnweg in Floridsdorf und später in Ober St.Veit installiert wurde.[377]

---

375 Brief von Kardinal Dr. Franz KÖNIG an Dr. Franz C. Fetzer vom 17.9.1995, S. 1, Familienarchiv Fetzer.

376 Herbert KREJCI, OHA-WISOG, AL 2121-4/04, S. 26 f.

377 Franz-Paul FETZER, OHA-WISOG, AL 2182-2/05, S. 18 f.

Fetzers Tätigkeit als Steuerberater und Wirtschaftstreuhänder

Bereits während des Zweiten Weltkrieges hatte Franz C. Fetzer im Jahr 1942 den „Mantel" einer 1931 begründeten Gesellschaft erworben, welcher er die Bezeichnung „Süd-Ost-Treuhand" (SOT) gab. Diese Firma stand vor dem Konkurs und wurde von Fetzer zu einem niedrigen Preis erworben.[378]

Er scheute sich auch nicht, einen rassisch Verfolgten in die Firma einzustellen, was ihm in der Folge einige Probleme einbrachte.[379]

Nach 1945 war der Wiederaufstieg der Kanzlei dadurch ermöglicht, dass sich sehr bald wieder viele Kunden einstellten, die bereits in der Kriegszeit zu ihrer Zufriedenheit betreut worden waren.

Fetzer wurde in der Führung der Kanzlei von seiner Frau Charlotte unterstützt, die für die Verwaltungsabläufe innerhalb des Unternehmens zuständig war, während Fetzer selbst für das Geschäftliche sorgte. Er konnte mit Geld sehr gut umgehen, war in der Verwaltung äußerst sparsam und seine Mitarbeiter mussten sich ihre Gehälter tatsächlich verdienen.[380]

Die Kanzlei war lange Zeit in zentraler Lage, in der Nibelungengasse, untergebracht. Später übersiedelte man in die Prinz-Eugen-Straße, dieser Standort brachte für Fetzer den Vorteil, dass man damit in unmittelbarer Nähe zum Schwarzenbergplatz war, und es für Fetzer leichter wurde, von einem Büro in das andere zu eilen, er pflegte auch in der SOT, wo für ihn gekocht wurde, mittags zu essen.[381]

Er hat sich zwar seit seiner Ernennung zum Generalsekretär auf seine Tätigkeit in der Industriellenvereinigung konzentriert, aber in den strategischen Fragen der

378 Hugo WINKLER, OHA-WISOG, AL 2181-1/05, S. 5.

379 Walter WUNDSAM, OHA-WISOG, AL 2136-8/04, S. 11.

380 Walter WUNDSAM, OHA-WISOG, AL 2136-8/04, S. 10.

381 Walter WUNDSAM, OHA-WISOG, AL 2136-8/04, S. 4.

Unternehmensentwicklung war er in der „Süd-Ost-Treuhand" derjenige, der die grundsätzlichen Entscheidungen fällte.[382]

Im Jahr 1960 nahm er zu seinem 60. Geburtstag „nach amerikanischem Vorbild" vier jüngere Partner in seine Firma. Damit wollte er für eine gute Zukunftsentwicklung der Firma vorsorgen, wenn er einmal nicht mehr selbst aktiv voll mitarbeiten sollte. Die Firma war für ihn ein wichtiger Rückhalt. Fetzer war sich dessen bewusst, dass man bei seiner politischen bzw. „halbpolitischen Tätigkeit" ja nie voraussagen kann, ob diese nicht plötzlich endet. So war ihm die Gewissheit, jederzeit auch in der Firma arbeiten zu können eine Beruhigung, denn er war keineswegs bereit, Dinge mitzumachen, die gegen seine „Überzeugung gehen würden".[383]

Nach der Übergabe an jüngere Partner wurde die Süd-Ost-Treuhand Gesellschaft m.b.H. im Jahre 1971 in die Süd-Ost-Treuhand Aktiengesellschaft umgegründet, Franz C. Fetzer wurde dann deren Aufsichtsratsvorsitzender.

Nachdem Fetzer seine Funktion als Generalsekretär der Industriellenvereinigung zurückgelegt hatte, hatte er wieder mehr Zeit für die SOT. Er war damals schon 70 Jahre alt, aber er war täglich in der Firma, und er war der erste, der morgens das Büro betrat, und er war meist einer der letzten, der es am Abend verließ.[384]

Er nahm auch noch im hohen Alter diese Funktion wahr und verfolgte stets mit größtem Interesse die Entwicklung der Gesellschaft. Es lag ihm aber auch insgesamt die Entwicklung seines Berufsstandes am Herzen. Er war Wegbereiter von Partnerschaften bzw. Treuhandgesellschaften, wobei er die persönliche Verantwortung und das persönliche Engagement als Berater der Klienten voll aufrecht hielt.

Er war auch immer der Überzeugung, dass ein guter Berater seiner Klienten stets über den Tellerrand des eigenen betriebswirtschaftlichen Fachgebietes hinaus denken müsste, um auch die gesellschaftlichen und wirtschaftlichen Entwicklungen entsprechend in der Beratung mitberücksichtigen zu können.[385]

---

382 Walter WUNDSAM, OHA-WISOG, AL 2136-8/04, S. 2.

383 Schreiben Dr. FETZERS an Dr. Brüning, 6.12.1965.

384 Walter WUNDSAM, OHA-WISOG, AL 2136-8/04, S. 4.

385 Geiserich E. TICHY, DDr. Franz C. Fetzer 1900–2000, Kopie eines Nachrufs, o.J., o.O. Archiv Fetzer.

Konsulent Dr. Walter Jakobljevich, der seit 1. April 1955 als Mitarbeiter Dr. Fetzers in der „Süd-Ost-Treuhand" tätig war, die damals nur rund 15 Personen umfasste, erinnert sich, dass mit Dr. Fetzer auch immer am Samstag gearbeitet wurde. Da ist er in der Regel nach dem Essen um 14 Uhr von der Industriellenvereinigung gekommen und es wurde dann in etwa zwei Stunden gemeinsam beraten. Bei Kaffee und Mehlspeise wurden allgemeine Richtlinien, Fragen der Steuerpolitik und aktuelle Probleme besprochen. Sonst war Dr. Fetzer meist von 8.00 bis 9.00 Uhr und in der Regel von 14.00 bis 15.00 Uhr in der „Süd-Ost-Treuhand", die übrige Arbeitszeit verbrachte er immer am Schwarzenbergplatz.[386] Er war aber sehr genau in der Verfolgung der täglichen Abläufe und ließ sich auch täglich die Kopien der Korrespondenz, welche mit den Klienten der Steuerberatungskanzlei geführt wurde, vorlegen – und er sparte mitunter nicht an kritischen Kommentaren, wenn er es für nötig hielt.[387]

Die „Süd-Ost-Treuhand" hat dann auch schnell die wirtschaftlichen Bedürfnisse der Zeit erkannt. Damals gab es bei der inneren Organisation in den Unternehmen großen Nachholbedarf, von elektronischer Datenverarbeitung war noch keine Spur. Man hat dann noch lange mit der „Rufbuchhaltung" gearbeitet, sowohl die Buchhaltung als auch das Lagerbuch wurden händisch geführt. So wurde dann unter der Treuhandgesellschaft eine eigene Unternehmensberatung gegründet, so entstand damals die „Ratio Betriebsorganisationsgesellschaft", die sich mit dem damals völlig neuen Feld der Anwendung der Datenverarbeitung in den betriebswirtschaftlichen Abläufen beschäftigte.[388]

Allerdings gab es an Fetzers Doppelfunktion als hoher Exponent der Industriellenvereinigung und zugleich als Inhaber einer privaten Wirtschaftsprüferkanzlei verhaltene Kritik, die aber kaum offen geäußert wurde. So wurde kritisch vermerkt, als Fetzer die „Süd-Ost-Treuhand" als Wirtschaftsprüferkanzlei ausgebaut hat, dass

386 Walter JAKOBLJEVICH, OHA-WISOG, AL 2143-9/04, S. 2 f.
387 Walter JAKOBLJEVICH, OHA-WISOG, AL 2143-9/04, S. 3 f.
388 Walter JAKOBLJEVICH, OHA-WISOG, AL 2143-9/04, S. 3.

er „sozusagen mit Insiderwissen … Mitglieder der Industriellenvereinigung beraten hat, also es wurde das von manchen als nicht ganz kompatibel angesehen".[389]

Dass es Neider gab, wurde dadurch sichtbar, dass über die gesetzliche Interessenvertretung, die Kammer der Wirtschaftstreuhänder, ein Disziplinarverfahren angestrengt wurde. Anlass dafür war, dass die vier Geschäftsführer der „Süd-Ost-Treuhand", die damals noch eine GesmbH war, auch gleichzeitig als Geschäftsführer der „Ratio" fungierten. Es gab aber einen glimpflichen Ausgang des Verfahrens; denn das Ergebnis bestand darin, dass dann die Wirtschaftstreuhänderordnung geändert wurde.[390]

Natürlich war es für die „Süd-Ost-Treuhand" und für die „Ratio" von Vorteil, dass Dr. Fetzer in seiner Doppelfunktion tätig war, denn so wurden nicht wenige Unternehmer, die sich mit Fragen zur Modernisierung ihrer Organisationsstruktur an den Generalsekretär der Industriellenvereinigung wandten, von diesem an die „Ratio" weitergeleitet, die somit zu Aufträgen kam.[391]

Es gab für die „Süd-Ost-Treuhand" auch interessante Tätigkeiten im Ausland und viele internationale Kontakte. So besuchten Dr. Franz C. Fetzer und Dr. Walter Jakobljevich im Jahr 1959 gemeinsam mit den Inhabern der Grazer Baufirma „AST" die arabischen Golfstaaten.[392]

Er schätzte die Internationalität sehr hoch, dies führte letztlich auch zu einer Annäherung an amerikanische Kanzleien seiner Branche.

Die Kanzlei der „Süd-Ost-Treuhand" ist im Laufe der Zeit sehr groß geworden und wurde schließlich in deren Rechtsnachfolgerin, die „Europa Treuhand Ernst & Young" übergeführt, eines der größten Treuhandunternehmen Österreichs.

---

389 Werner TESSMAR-PFOHL, OHA-WISOG, AL 2141-9/04, S. 1 f.
390 Walter JAKOBLJEVICH, OHA-WISOG, AL 2143-9/04, S. 6.
391 Walter JAKOBLJEVICH, OHA-WISOG, AL 2143-9/04, S. 6.
392 Walter JAKOBLJEVICH, OHA-WISOG, AL 2143-9/04, S. 8 f.

Wichtiger Ratgeber für die Industrie

Franz C. Fetzer war auf Grund seiner großen wirtschaftlichen Erfahrungen, seiner exzellenten Fachkenntnisse als beeideter Buchprüfer und Steuerberater und nicht zuletzt auch wegen seiner erfolgreichen Tätigkeit als Interessenvertreter ein wichtiger Ratgeber für die österreichische Industrie.

Er galt auch in Diskussionen bei jenen, die nicht immer inhaltlich seinen Standpunkt teilten, als – wie es Heinrich Treichl formulierte – „Wirtschaftsprüfer und Steuerexperte ersten Ranges".[393]

So wurde er mit vielen zusätzlichen Funktionen betraut und er war mit vielen Unternehmen sehr eng verbunden. Zu den für ihn persönlich besonders wichtigen Tätigkeiten zählte sicherlich sein Engagement für die „Vereinigten Seidenwarenfabriken Gebrüder Schiel Aktiengesellschaft".[394]

Dieses traditionsreiche Unternehmen war bereits im Jahr 1890 in der österreichisch-ungarischen Monarchie durch die Brüder Adolf und Emil Schiel in Römerstadt (Rýmařov) in Mähren begründet worden. Seit 1906 hatte die Firma ein Gebäude am Wiener Loquaiplatz Nr. 12. Das Unternehmen errichtete 1915/16 eine der modernsten Seidenwebereien von ganz Europa in Mährisch-Schönberg (Šumperk). Nach dem Ersten Weltkrieg wurde in Römerstadt (Rýmařov) in der Tschechoslowakei eine völlig neue Weberei gebaut.

Die aufstrebende Firma, die auch in Alt-Dietmanns nahe Groß-Siegharts im niederösterreichischen Waldviertel eine Produktionsstätte hatte, kam durch die Weltwirtschaftskrise von 1929 in ernste wirtschaftliche Turbulenzen und war auf Fremdfinanzierung angewiesen. Siegfried Trzebin wurde seitens der „Böhmischen Escompte-Bank" damit beauftragt, das Krisenmanagement zu übernehmen und die Firma zu konsolidieren. Ihm gelang dies in der Folge und er steuerte die Firmengruppe auch durch die schwierigen Kriegsjahre. In Dr. Franz C. Fetzer fand Siegfried Trzebin einen ausgezeichneten Berater, mit dem ihn bald auch eine enge

393 Heinrich TREICHL, Fast ein Jahrhundert, Erinnerungen, Wien 2003, S. 226.
394 PERSONEN-COMPASS, Österreich 1957, 86. Jg., Wien 1957, S. 104.

Freundschaft verband. Als es im Firmeninteresse notwendig wurde, selbst Aktienpakete an der Firma zu übernehmen, wurde dies von Siegfried Trzebin und Dr. Franz C. Fetzer gemeinsam getätigt. 1941 wurde schließlich der Sitz der Prager Firmenzentrale nach Wien verlegt und mit der Gebrüder Schiel AG, Wien vereinigt. Zunächst hatte Fetzer neben seiner Beratungstätigkeit für das Unternehmen noch keine Funktion in der Gesellschaft. Ab 1946 trat er in den Aufsichtsrat ein und er trug wesentlich zum Wiederaufstieg des Unternehmens bei, das viele kriegsbedingte Probleme zu bewältigen hatte. So war es ein schwerer Schlag, dass die außerhalb Österreich liegenden Produktionsstätten des Unternehmens in der Tschechoslowakei und in Ungarn (Kispest) enteignet worden waren. Man musste sogar tschechische Forderungen abgelten, da die „Böhmische Escompte-Bank" Anteile am Unternehmen hatte.

Zwischen den Aktionärsfamilien Schiel, Trzebin und Fetzer gab es eine gute Zusammenarbeit und es gelang, das Unternehmen in eine neue Blüte zu führen. So wurde 1950 auch die Seidenweberei „Silz AG" begründet, die in Tirol einen modernen Textilbetrieb aufbaute. 1950 wurde auch die „Holtex-Beteiligungs-KG" geschaffen. 1967 bis 1969 griff Fetzer auch direkt in das operative Geschäft ein und modernisierte das Unternehmen durch neue Leitungsstrukturen. Schließlich wurde im Jahr 1986 die „Holtex Seiden AG" als Holding für die „Schielseide AG" und die „Silz Textil AG" gegründet, in die dann 1987 auch die „Holtex-Beteiligungs-KG" eingebracht wurde.

Mit dieser Holding, die auf Anraten Dr. Fetzers geschaffen wurde, hoffte man, die Konjunkturschwankungen besser ausgleichen zu können.

1987 wurde auch der Firmensitz vom Loquaiplatz in ein neu errichtetes großzügiges Zentralgebäude in Atzgersdorf verlagert. Anlässlich der 100-Jahr-Feier des Unternehmens wurde 1990 Dr. Franz C. Fetzer, welcher sich unermüdlich für die Firma eingesetzt hatte als Präsident des Aufsichtrates eine Firmenfestschrift gewidmet.[395]

395 SCHIELSEIDE AG. (Hg.), 100 Jahre Schiel-Seide Vienna 1890–1990, Wien 1990.

Doch die gesamte europäische Textilbranche bekam zunehmende Probleme durch die immer spürbarer werdende Konkurrenz aus den Billiglohnländern. Viele Betriebe aus dem Textilsektor wanderten nach Osteuropa oder überhaupt in den Fernen Osten ab.

Dr. Fetzer erkannte die Zeichen der Zeit und die besonders für die heimische Textilindustrie negativen Folgen der Globalisierung. Er hatte auch durchaus Konzeptionen, wie man den schwierigen Herausforderungen begegnen könnte. Doch der damalige Vorstand der Firma war seinen Ratschlägen nicht zugänglich. Dies war für ihn der Grund, seine Konsequenz zu ziehen und sich aus dem Unternehmen zurück zu ziehen. So legte er im Jahr 1992 den jahrelang innegehabten Vorsitz im Aufsichtsrat nieder.[396]

Es war für ihn sicherlich schmerzlich mitzuerleben, wie 1996 das traditionsreiche Unternehmen seine Tätigkeit einstellen musste.

Seine jahrzehntelange erfolgreiche Tätigkeit für die Seidenindustrie hatte für Dr. Fetzer einen ganz besonderen Stellenwert; denn hier war er nicht nur als Berater, sondern auch als Eigentümer aktiv gewesen. So war er in der Industriellenvereinigung nicht nur als Ratgeber und Generalsekretär tätig, sondern er war auch als Industrieller selbst ein Mitglied der Vereinigung.

Dr. Franz C. Fetzer war aber auch noch mit vielen anderen Unternehmen in leitenden Funktionen verbunden. So war er durch einige Jahre Vorsitzender des Aufsichtsrates der „Alfa-Laval-Aktiengesellschaft“, Wien[397] und der „Ganahl Aktiengesellschaft“, Feldkirch.[398]

Er war Stellvertreter des Aufsichtsratsvorsitzenden der „Ebreichsdorfer Filzhutfabrik Aktiengesellschaft“[399] und der „Oberglas Glashütten Aktiengesellschaft“, Oberndorf.[400]

---

396 Walter WUNDSAM, OHA-WISOG, AL 2136-8/04, S. 6 f. Siehe dazu auch Peter MUZIK, „Der Doyen und das Drama“, in Trend 3/93.

397 PERSONEN-COMPASS, Österreich 1965, 94. Jg., Wien 1965, S. 140.

398 PERSONEN-COMPASS, Österreich 1977, 106. Jg., Wien 1977, S. 103.

399 PERSONEN-COMPASS, Österreich 1959, 86. Jg., Wien 1959, S. 114.

400 PERSONEN-COMPASS, Österreich 1972, 100. Jg., Wien 1972, S. 230.

Ferner war er Mitglied des Aufsichtsrates der „Österreichischen Industrieverwaltungs-Aktiengesellschaft“, der „Vereinigte Metallwerke Ranshofen-Berndorf Aktiengesellschaft“, der „Bernhard Altmann Aktiengesellschaft“, Wien[401] , der „Österreichischen Philips Industrie Ges.m.b.H.“ und der „Kurier Beteiligungs-AG“, Wien[402].

Er übte einige Jahre hindurch auch die Funktion eines Geschäftsführers der „Ratio Betriebsorganisationsgesellschaft“, Wien, der „Vöslauer Finanzberatungs-Ges.m.b.H.“, Wien[403] und der „GAAB Gesellschaft für die Anbahnung Arabischer Beteiligungen Ges.m.b.H.“, Wien[404], aus. Dieses Unternehmen produzierte vor allem Kristallluster und vergoldete Ampeln, um diese in die arabischen Länder zu verkaufen. Ursprünglich gab es hier sehr umfangreiche Geschäftsideen und Planungen, doch Dr. Fetzer war für diese Gesellschaft nur sehr kurz tätig.[405]

Er war auch Mitglied des Kuratoriums des Österreichischen Institutes für Wirtschaftsforschung.[406]

Die meisten dieser Funktionen übte er bis in das hohe Alter aus, einige Aufgaben hatte er erst in einem sehr vorgerückten Alter übernommen, wie beispielsweise die Geschäftsführung der Gesellschaft zur Anbahnung Arabischer Beteiligungen – hier war er bereits 86 Jahre alt. Genau in diesem Jahr übernahm er auch die Funktion eines Aufsichtsrates in der „Kurier Beteiligungs-AG“.

---

401 PERSONEN-COMPASS, Österreich 1972, 100. Jg., Wien 1972, S. 230.

402 PERSONEN-COMPASS, Österreich 1986/87, 115. Jg., Wien 1986 S. 114.

403 PERSONEN-COMPASS, Österreich 1959, 86. Jg., Wien 1959, S. 114.

404 PERSONEN-COMPASS, Österreich 1986/87, 115. Jg., Wien 1986 S. 114.

405 Walter WUNDSAM, OHA-WISOG, AL 2136-8/04, S. 7.

406 PERSONEN-COMPASS, Österreich 1972, 100. Jg., Wien 1972, S. 230.

Fetzer und seine Mitarbeiter

Dr. Fetzer gab seinen Mitarbeitern stets viel Freiheit. In diesem Sinne war er ein durchaus liberal eingestellter Chef, der seinen Mitarbeitern gleichsam an der langen Leine die Entfaltung ihrer eigenständigen Talente ermöglichte. So war er „eher der anregende, Energien freisetzende Ratgeber, denn der autoritäre Chef".[407]

Er gab gerne die große Linie vor, hat sich aber kaum in die Details eingemischt.[408]

Er war zugleich aber auch ein Mann der Präzision und Pünktlichkeit, der morgens stets der erste im Haus der Industrie war.

Für jüngere Mitarbeiter wirkte er als eine „ausgesprochene Vaterfigur", zu dem man vertrauensvoll mit allen Problemen kommen konnte. Er konnte auch durchaus autoritär sein, aber „er hat es so geschickt verpackt, dass man es nicht gemerkt hat".[409]

Er galt auch stets als ein Vorbild an Pflichtbewusstsein, der auch mit 40 Grad Fieber ins Büro ging und oft an Bronchitis litt, doch trotzdem alle Termine wahrnahm. Er hatte Humor und er konnte auch selbst zugeben, dass er nicht immer völlig objektiv war, und dass es auch Leute gab, die er einfach nicht mochte; so war er auch im Haus der Industrie nicht zu allen gleich freundlich.[410]

Er konnte sich sehr ärgern, wenn jemand nicht schnell genug reagierte. Er galt mitunter als ein Einzelgänger, von dem man zur Kenntnis nehmen musste, dass er oft in Ruhe arbeiten wollte und sich jede Störung verbat. So berichtet auch sein Sohn,

---

407 N. N., Zähe Arbeit con sordino, Zum 70. Geburtstag von Dr. Franz Curt Fetzer. In: Die Industrie, Nr. 16, Wien, 17.4.1970, S. 5.

408 Walter WUNDSAM, OHA-WISOG, AL 2136-8/04, S. 3.

409 Walter WUNDSAM, OHA-WISOG, AL 2136-8/04, S. 1.

410 Herbert KREJCI, OHA-WISOG, AL 2121-4/04, S. 13–19. Vgl. auch Walter JAKOBLJEVICH, OHA-WISOG, AL 2143-9/04, S. 13.

dass ihm unerwartete Störungen keineswegs willkommen waren. Er hat sicherlich einen sehr eigenwilligen Stil gehabt.

Aber er war stets sehr serviceorientiert und hat immer betont, dass die Industriellenvereinigung ein Dienstleistungsunternehmen sei, für das die Mitglieder bezahlen.

Es gab in der Industriellenvereinigung eine überaus engagierte kleine Gruppe von Mitarbeitern, die zu ihm aufgeschaut, viel gelernt und einen guten Einblick in die politische Realität gewonnen hat.

Er vertraute dem ehemaligen Reichskanzler Professor Dr. Brüning an, dass ihm die „berufliche Arbeit viel Freude" bereite, wenngleich „sie auch außerordentlich anstrengt. Gerade diese Anspannung ist aber das einzige Heilmittel gegen die Gefahr, vor lauter Sorgen um die Zukunft zum Schwarzseher zu werden und es zu versäumen, wenigsten einige kleine Freuden zu genießen."[411]

Er beeindruckte durch seinen ungeheuren Schatz an Erfahrungen und seinem Fundus an Bildung. Es gab kaum ein Thema, zu dem er nicht in profunder Weise beitragen konnte.

Und nicht selten sagte er: „Kinder, das habe ich alles schon einmal erlebt, weil es gibt keine neue Situation in der Weltgeschichte, es gibt andere Rahmenbedingungen, aber die Grundsituationen, so wie im großen Drama, sind immer dieselben."[412]

Dr. Franz Helbich und Prof. Herbert Krejci gehörten zu jenen viel jüngeren Zeitgenossen Dr. Franz C. Fetzers, welcher dieser als enge Mitarbeiter in der Vereinigung Österreichischer Industrieller förderte.

Zum ersten Kontakt zu Dr. Franz Helbich kam es, nachdem dieser durch einen von ihm verfassten Artikel in der Zeitung „Die Furche" die Aufmerksamkeit von Dr. Franz C. Fetzer erweckt hatte.

Der junge Rechtsanwaltanwärter Helbich hatte sein Gehalt dadurch aufgebessert, dass er immer wieder zu interessanten steuerpolitischen Fragen publizierte.

---

411 Schreiben Dr. FETZERS an Dr. Brüning, 20.12.1958.

412 Herbert KREJCI, OHA-WISOG, AL 2121-4/04, S. 13–19.

Dabei setzte er sich auch mit dem Phänomen der Scheingewinne auseinander. Er hatte sich dabei besonders mit der Frage der Entstehung von Scheingewinnen und deren steuerlichen Behandlung befasst.

Als überraschende Reaktion darauf lud Fetzer damals – Mitte 1951 – Dr. Helbich zu einem Gespräch in der Industriellenvereinigung ein und im Zuge der Unterredung lud er ihn zur laufenden Mitarbeit ein.[413]

Dr. Franz Helbich akzeptierte dieses Angebot. Da er kurz vor der Anwaltsprüfung stand, die er in der Folge auch erfolgreich ablegte, trat er erst mit 1. Dezember 1951 seine Tätigkeit in der Industriellenvereinigung an.[414]

Herbert Krejci, am 13. September 1922 in Wien geboren, war nach dem Zweiten Weltkrieg zunächst als Übersetzer für die amerikanische Nachrichtenagentur tätig, dann arbeitete er als Journalist für den „Kurier" in der Nachrichten- und Außenpolitik-Redaktion, wo er 1952 Ressortchef wurde. Ab 1. April 1956 wurde er vom damaligen Leiter der Presseabteilung der Industriellenvereinigung, Helmut Lenhardt, zu dessen Unterstützung und zur Betreuung der Zeitschrift „Die Industrie" in die Industriellenvereinigung berufen.

Als Herbert Krejci damals als junger Mitarbeiter erstmals Dr. Franz C. Fetzer vorgestellt wurde, war dieser zunächst recht kurz angebunden.

Auf Krejci vermittelte er den „Eindruck einer respektgebietenden Persönlichkeit, die einem eine spontane Achtung eingeflößt hat".[415]

Fetzer war anfangs oft etwas kritisch und abwartend jungen Leuten gegenüber, und es dauerte meist einige Zeit, bis man sein Vertrauen erreichen konnte. Wenn dies aber einmal gelungen war, konnte aus dieser Beziehung eine tiefe Freundschaft werden.

So bekennt Prof. Krejci, dass ihm neben Dr. Mayer-Gunthof vor allem Dr. Franz C. Fetzer viel beigebracht habe, dieser habe seine Fähigkeit politisch zu denken gestärkt und ihm eine intensive Beziehung zur Geschichte vermittelt.

---

413 Franz HELBICH, Gedanken und Hinweise des Jubilars. Über den Weg zu den Steuern, über den Inhalt der Tätigkeit, Überlegungen für die Zukunft. In: Österreichische Steuerzeitung, Nr. 17, Art. Nr. 767 vom 1.9.2004, S. 401.

414 Franz HELBICH, OHA-WISOG, AL 2134-8/04, S. 2.

415 Herbert KREJCI, OHA-WISOG, AL 2121-4/04, S. 4.

Fetzer wurde für Krejci im Laufe der Zeit „ein mehr als väterlicher Freund“, mit dem er auch über sehr viel Privates gesprochen habe.

So lange Fetzer Generalsekretär war, hat Krejci mit ihm jeweils den wöchentlichen Leitartikel für die Zeitschrift „Die Industrie“ besprochen: „Dieses Gespräch, das hat oft eine Stunde gedauert, und es war eigentlich ein Privatissimum, wie ein großer Hochschulprofessor mit einem Studenten oder fortgeschrittenen Assistenten spricht. Man hat dabei viel gelernt und man hat aus Fetzers Bildungsfundus und dem politischen Erfahrungsschatz unheimlich viel profitiert.“

Loyal zu den Mitarbeitern …

Fetzer war ein Vorgesetzter, der zu seinen Mitarbeitern stand. Als es nach der Wahl im Jahr 1959 darum ging, wer Finanzminister werden soll, kam plötzlich die Nachricht, dass Raab angeblich Kamitz opfern wolle, um das Finanzressort den Sozialisten anzubieten.

Die Industriellenvereinigung hatte damals im Rundfunk eine turnusmäßige Belangsendung, doch Krejci, der diese Sendung zu gestalten hatte, konnte vor der Ausstrahlung weder Dr. Fetzer noch einen sonstigen Vorgesetzten erreichen, und so entschloss er sich ohne Rückendeckung, dazu in der Sendung Stellung zu nehmen, wobei er sich sehr auf die Persönlichkeit Kamitz konzentrierte und formulierte: „Wenn der Finanzminister nicht mehr Kamitz heißt, darf der Bundeskanzler nicht mehr Raab heißen.“

Am selben Abend wurden Dr. Lauda, Dr. Mayer-Gunthof und Dr. Fetzer zum erzürnten Kanzler Raab zitiert und mit der Frage konfrontiert, wer dies geschrieben hätte.

Raab war der apodiktischen Meinung, dass der Autor dieser Passage sofort zu entlassen sei.

Die Spitzenfunktionäre waren hingegen der Meinung, dass Krejci im Grunde recht gehabt hatte.

So wurde Krejci von Fetzer gedeckt, sein Name wurde nie an Raab verraten.

Zwei Tage später wurde Krejci von Fetzer angerufen und er sagte: „Junger Freund, das war eine Culpa felix, Sie haben vollkommen Recht, wir haben nicht Ihren Namen genannt, Sie waren im Recht, wir werden Sie nie fallen lassen."

Krejci wurde nicht einmal getadelt. Fetzer hatte einen guten Stil, welcher von einem Ehrencodex, welcher noch an die Monarchie erinnerte, erfüllt war.[416]

Ab 1961 wurde Herbert Krejci zum Leiter der Presseabteilung und zum Chefredakteur der Zeitschrift „Die Industrie" ernannt. Ab 1977 wurde er stellvertretender Generalsekretär der Vereinigung Österreichischer Industrieller und nach dem Tod von Botschafter Dr. Arno Halusa wurde er mit der Leitung der Geschäfte des Generalsekretärs betraut und schließlich erfolgte 1980 die Ernennung Herbert Krejcis zum Generalsekretär der Vereinigung Österreichischer Industrieller durch den Präsidenten Ing. Fritz Mayer.

Krejci war bis 1992, also bis knapp vor seinem 70. Geburtstag, als Generalsekretär der Industriellenvereinigung im Amt.[417]

Prof. Krejci war auch durch zehn Jahre Universitätslektor für Public Relations am Lehrgang für Werbung und Verkauf an der Wiener Wirtschaftsuniversität. Ab 1988 wirkte er als Vorsitzender des Aufsichtsrats der „Verbundgesellschaft" und Ende 1992 berief ihn Bundskanzler Dr. Viktor Klima als letzten Vorsitzenden des Aufsichtsrates für die „Austrian Industries", das war damals ein Teil der Verstaatlichten Industrie, der ÖIAG, wo Dr. Sekyra als Generaldirektor fungierte.

Prof. Herbert Krejci wurde dann auch der erste Vorsitzende des Aufsichtsrats der im Zug der Privatisierung Ende 1993 herausgelösten „VA-Technology".

Bis zum Jahr 2000 war Krejci Präsident des Aufsichtsrats der „Verbund-Gesellschaft" und auch der „VA Technology" und wurde dann zum Ehrenvorsitzenden des Aufsichtsrates der „VA Technology" gewählt.

416 Herbert KREJCI, OHA-WISOG, AL 2121-4/04, S. 32 f.

417 Herbert KREJCI, OHA-WISOG, AL 2121-4/04, S. 2 f.

Fetzer und die Medien: Er war kein Mann, der gerne im Rampenlicht stand

Franz C. Fetzer war stets ein diskreter Ratgeber, er selbst drängte sich nicht in das Rampenlicht. Er war eher ein Mann des Hintergrundes, der sich nicht darin gefiel, große öffentliche Reden zu halten. Er war ein Meister der stillen Kontakte.

Er hat nicht viel über seine Pläne gesprochen, weil dies auch für eine erfolgreiche Interessenvertretung nicht zielführend gewesen wäre. Es zählte auch nicht zu seinem Stil, sich mit irgendwelchen Erfolgen lautstark zu brüsten.[418]

Er bereitete Sitzungen umsichtig vor, diese wurden aber meist von den Spitzenfunktionären der Industriellenvereinigung geleitet.

Nationalbankpräsidentin Dr. Schaumayer brachte dafür folgenden Vergleich: „So wie heute im Vorfeld bei den europäischen G7-Gipfeln die Sherpas vorher das Feld bereiten, so ähnlich war die Funktion von Dr. Fetzer, dessen Rolle wichtiger war als jene des Präsidenten, der dann die Unterschrift leistet."[419]

Er war ein ausgezeichneter Lobbyist, welcher Persönlichkeiten sehr gut einzuschätzen wusste und es auch verstand, diese im persönlichen Gespräch von seinem Standpunkt zu überzeugen. Dazu Vizekanzler a.D. Dr. Erhard Busek: „Mein Eindruck war, seine Stärke war immer das bilaterale persönliche Gespräch und nicht die Massenveranstaltungen. Ich kann mich an ganz wenige öffentlich Auftritte erinnern."[420]

Fetzer selbst war der Meinung, dass sein rheinländischer Dialekt in Österreich nicht gut ankomme, so sagte er: „Ich rede ja nicht wie ein Österreicher, das akzeptieren die Leute nicht!" Er hat dann immer betont, dass er eigentlich mehr Österreicher sei, als eine Menge Österreicher.

418 Walter WUNDSAM, OHA-WISOG, AL 2136-8/04, S. 5.

419 Maria SCHAUMAYER, OHA-WISOG, VIP 2122-4/04, S 4.

420 Erhard BUSEK, OHA-WISOG,VIP 2131-8/04, S. 11.

„Medien beeinflusst man, man tritt nicht dort auf"

Fetzer sah die Rolle der Industriellenvereinigung und deren Verhältnis zur Öffentlichkeit ganz anders als etwa sein späterer Nachfolger Prof. Herbert Krejci, welcher großen Wert auf die Öffentlichkeitsarbeit legte und durch Präsident Dr. Mayer-Gunthof durchaus bestärkt wurde, eine moderne Pressearbeit aufzubauen, die aber damals noch gar nicht im Zeitgeist lag, weil selbst die größeren Aktiengesellschaften mit ihren Mitteilungen an die Öffentlichkeit sehr zurückhaltend waren.[421]

Noch galt es in vielen Kreisen aus Wirtschaft und Gesellschaft als eher unfein, in den Medien präsent zu sein. Fetzer liebte seit jeher die Arbeit und die Kommunikation im Hintergrund und so meinte er: „Der öffentliche Auftritt ist nicht unsere Sache."[422]

Er wollte nie in den Vordergrund treten, so hätte er sich auch nie für die Funktion eines Präsidenten der Industriellenvereinigung aufstellen lassen und widerstand diesbezüglichen Versuchungen.[423]

Zu Prof. Herbert Krejci meinte er einmal: „Weißt du, an dir sehe ich, ich hätte nie in einer Zeit, in der es auf die Massenmedien ankommt, erfolgreich tätig sein können. Ich bin kein Mensch für Rundfunk, keiner für das Fernsehen, ich liebe eher mediale Kontakte, persönliche Kontakte mit vertrauenswürdigen Journalisten. Aber mich zum Fraß vorwerfen der Mediokratie, das kann ich nicht. Das ist eine Welt, die ich nicht mehr mitmache."[424]

Fetzer war keiner „der Sehnsucht hatte in der Öffentlichkeit genannt zu werden, geschweige denn in Klatschspalten". Ihm lag eher das Prinzip „Medien beeinflusst man, man tritt nicht dort auf".[425]

---

421 Herbert KREJCI, OHA-WISOG, AL 2121-4/04, S. 13 f.

422 Erhard BUSEK, OHA-WISOG,VIP 2131-8/04, S. 11.

423 Walter JAKOBLJEVICH, OHA-WISOG, AL 2143-9/04, S. 18 f.

424 Herbert KREJCI, OHA-WISOG, AL 2121-4/04, S. 13 f.

425 Erhard BUSEK, OHA-WISOG,VIP 2131-8/04, S.12 f.

Die „Elefantenhochzeit" wurde vorerst verhindert

Ein Problem am österreichischen Medienmarkt stellte sich im Jahr 1972, als Dr. Ludwig Polsterer die Tageszeitung „Kurier" verkaufen wollte.

Seitens der Eigentümer und Herausgeber der „Kronenzeitung", Hans Dichand und Kurt Falk, gab es damals intensives Interesse, den „Kurier" aufzukaufen. Da die „Kronenzeitung" ohnedies als auflagenstärkste österreichische Tageszeitung am Markt ausgezeichnet positioniert war, hätte die Vereinigung von „Kronenzeitung" und „Kurier" in einer Hand eine demokratiepolitisch überaus bedenkliche Konzentration am österreichischen Markt der Printmedien ergeben, die fast schon einem Monopol geglichen hätte.[426]

Aus diesem Grund begann sich damals gegen diesen geplanten Vorgang so mancher Widerstand zu regen.

Letztlich meinten Dr. Igler, der damalige Präsident der Industriellenvereinigung, und Dr. Fetzer in dieser Situation einhellig, dass man die sich abzeichnende Medienkonzentration – nicht zuletzt auch wegen der Gewerkschaftsnähe der „Kronenzeitung" – mit allen Mitteln verhindern sollte.

Die von der Industriellenvereinigung eingeschlagene Gegenstrategie war klar: es ging darum, den „Kurier" zu erwerben.

So spielte Fetzer auch bei den Verhandlungen um den „Kurier" eine wesentliche Rolle.

Dr. Franz C. Fetzer war schon in Pension, als er es übernahm, ein Industriesyndikat zusammenzustellen. Dabei wurde er vom Nationalratsabgeordneten Ing. Leopold Helbich und Herbert Krejci als einem seiner engsten Mitstreiter unterstützt und es gelang innerhalb von sechs Wochen einen dreistelligen Millionenbetrag aufzustellen.[427]

Nach der Unterschrift des Kaufvertrages fungierte Dr. Jakobljevich bis zum Jänner 1976 als Geschäftsführer des „Kurier", er übte diese Funktion nicht als Ange-

---

426 Theodor FAULHABER, Die Vereinigung Österreichischer Industrieller, Wien 1980, S. 106.

427 Herbert KREJCI, OHA-WISOG, AL 2121-4/04, S. 30.

stellter, sondern als Mitarbeiter der „Süd-Ost-Treuhand" aus. Dabei hatte er große Unterstützung durch Prof. Krejci und Dr. Fetzer.[428]

Fetzer hat bei dieser Übernahme vor allem die steuerrechtliche und die gesellschaftsrechtliche Abwicklung beeinflusst. Er hielt sich dabei aber im Hintergrund, „... aber andere haben sich da in den Vordergrund gedrängt, weil sie geglaubt haben, sie kommen dann in der Zeitung vor".[429]

Doch in der Folge kam es 1988 doch noch zur „Elefantenhochzeit" und die beiden damals größten Zeitungen Österreichs, die „Kronenzeitung" und der „Kurier", gründeten unter Beteiligung des deutschen Unternehmens „WAZ" das Unternehmen „Mediaprint", welches den Druck, die Anzeigenabwicklung und den Vertrieb der beiden Zeitungen übernahm.

Dr. Franz C. Fetzer war für Schlüsselfiguren in der damaligen österreichischen Journalistik, etwa vom Zuschnitt eines Dr. Hugo Portisch oder Dr. Otto Schulmeister[430], ein ganz wichtiger Gesprächspartner, der auch sehr respektiert wurde. Er förderte auch viele junge Journalisten.

Sein Lebenswerk bestand darin, dass er das aus dem Hintergrund heraus gemacht hat, also nicht auf Sichtbarkeit Wert gelegt hat, sondern auf Ergebnis.[431]

Vizekanzler a.D. Dr. Erhard Busek lehnt es aber ab, in Dr. Franz C. Fetzer eine „graue Eminenz" zu sehen; denn das „hat immer so einen gewissen Beigeschmack, ich glaube, dass er einfach seine geistige Kapazität, seine Erfahrung und seine Möglichkeiten richtig eingesetzt hat, der versucht hat einen positiven Beitrag zu leisten, weil ‚graue Eminenz' ist immer einer, der gerne die Entscheidungen beeinflusst durch Macht, aber nicht zur Verantwortung steht. Für Fetzer war der Begriff der

---

428 Walter JAKOBLJEVICH, OHA-WISOG, AL 2143-9/04, S. 4.

429 Erhard BUSEK, OHA-WISOG,VIP 2131-8/04, S. 13.

430 Mit Dr. Otto Schulmeister war Dr. Fetzer auch über einen intensiven Briefverkehr verbunden, in dem kulturelle, aber auch innen- und weltpolitische Fragen erörtert wurden. Fetzer nahm sich für seine Ausführungen Zeit: Allein sein Brief vom 31.3.1976 an Dr. Schulmeister umfasst 15 eng beschriebene Seiten, die mit Zitaten dicht gespickt waren. Familienarchiv Fetzer.

431 Erhard BUSEK, OHA-WISOG,VIP 2131-8/04, S. 5 f.

Verantwortung, da kommt der Kadett zum Ausdruck und der ganze geistige Hintergrund, sehr groß geschrieben“.[432]

Die ehemalige Nationalbankpräsidentin Dr. Maria Schaumayer sieht dies ähnlich: „Als ‚graue Eminenz‘ würde ich ihn nicht bezeichnen, weil ‚grauen Eminenzen‘ mute ich immer Eigeninteressen zu. Er hat sich sehr auf die Sachinteressen konzentriert, und er war eine jener raren Persönlichkeiten, die eigentlich frei von Eitelkeiten waren. Das ist nicht häufig.“[433]

Der steirische Industrielle Dr. Werner Tessmar-Pfohl meint dazu: „Er hat über das, was er gemacht hat, überhaupt nie irgend etwas ausgesagt, erstens weil er ein sehr diskreter Mensch war und zweitens weil es auch nicht gut gewesen wäre, wahrscheinlich jetzt im Sinne, wie vertrete ich meine Interessen nach vorne hin, wenn man das immer hinausposaunt, wäre das hinderlich gewesen“.[434]

Fetzer war stets wissbegierig und gegenüber Neuem aufgeschlossen, diese Eigenschaft behielt er bis in das hohe Alter.

432 Erhard BUSEK, OHA-WISOG,VIP 2131-8/04, S. 12.

433 Maria SCHAUMAYER, OHA-WISOG, VIP 2122-4/04, S. 4. Im Gegensatz dazu sieht Dr. Walter JAKOBLJEVICH in Fetzer – vor allem seit seiner Pensionierung – sehr wohl die „graue Eminenz vom Schwarzenbergplatz“. Walter JAKOBLJEVICH, OHA-WISOG, AL 2143-9/04, S. 19.

434 Werner TESSMAR-PFOHL, OHA-WISOG, AL 2141-9/04, S. 2. Siehe dazu auch Walter JAKOBLJEVICH, OHA-WISOG, AL 2143-9/04, S. 21.

Fetzers Familie

Aus der ersten Ehe mit Pauline Fetzer gingen drei Kinder, nämlich der Sohn Franz-Paul und die Töchter Christine und Anna-Maria hervor.

Da diese Ehe sehr früh geschieden wurde, hatten die Kinder in ihren Kinderjahren den Vater zunächst in der Familie gar nicht bewusst erlebt. Einzig der Sohn Franz-Paul war bereits in einem Alter, im dem er das Auseinanderleben der Eltern registrierte und darunter litt.

Das Sorgerecht wurde der Mutter Pauline zugesprochen, bei ihr lebten die Kinder und es gab sonntägliche Besuche beim Vater am Wannsee.

Dr. Franz C. Fetzer versuchte, zu seinen Kindern ein gutes Verhältnis aufzubauen. Nach der Scheidung im Jahr 1940 war dies aber schwer möglich, denn Fetzer lebte seit 1938 in Österreich, die Kinder aber bei ihrer Mutter in Deutschland.

Nach dem Krieg bemühte sich Dr. Fetzer darum, dass die Kinder ihre Ferien in Österreich verbringen. Selbst in einer Zeit, als in Österreich das Reisen über die Zonengrenzen noch ohne viersprachige Identifikationskarte unmöglich war, gelang es ihm dieses Problem zu lösen und seine in Deutschland lebenden Kinder mit diesen Ausweisen zu versorgen. Für den ersten Urlaub in Österreich wurden die Kinder regelrecht „eingeschmuggelt". 1949 wurden sie über die grüne Grenze in der Umgebung von Berchtesgaden nach Hallein gebracht. Sie waren mit österreichischem Geld versorgt worden, damit sie mit dem Postomnibus nach Salzburg fahren konnten, wo sie der Vater mit seinem neuen Auto, einem „Fiat 1100" erwartete, um mit ihnen in Österreich den Urlaub zu verbringen. Jedes Jahr gab es dann von Fetzer die Einladung zu einem Urlaub in Österreich. So war auch der Wörthersee ein von ihm gerne gewähltes Urlaubsziel.[435]

Mit Fetzers zweiter Frau Charlotte kamen die Kinder erst relativ spät in Kontakt.

435 Franz-Paul FETZER, OHA-WISOG, AL 2182-2/05, S. 6.

Sohn Franz-Paul: Als Spätberufener zum Priester geweiht …

Dr. Franz C. Fetzer war zwar ein gläubiger Mensch, aber er stand mit beiden Beinen im Leben, war der Wirtschaft zugetan und erwartete ursprünglich, dass auch sein Sohn eine ähnliche Karriere einschlagen wird.

So sollte der Sohn Franz-Paul nach den Vorstellungen seines Vaters eigentlich seinem Vorbild folgend eine Karriere in der Wirtschaft anstreben.

In diesem Sinne versuchte er auch seine geschiedene Frau Pauline, die die Erziehung der drei Kinder übernommen hatte, zu beeinflussen.

Im Jahr 1951 schrieb Dr. Fetzer seiner Frau, dass er für den Sohn eine Studiumsmöglichkeit in Österreich organisieren und finanzieren würde. Man einigte auf den Studienort Graz.

Dr. Franz C. Fetzer, der in Graz zu vielen Industriellen gute Kontakte hatte, führte seinen Sohn in die Grazer Gesellschaft ein und brachte ihn auch mit der Vereinigung Österreichischer Industrieller in Graz in Kontakt.

Franz-Paul Fetzer war von sich aus auch mit der Katholischen Hochschulgemeinde und dem Hochschulseelsorger Dr. Ludwig Reichenpfader in guter Verbindung.

Zunächst sollte Franz-Paul für rund zwei Jahre bei der Firma „Ast & Co“ arbeiten, um dort erste berufliche Erfahrungen zu gewinnen. Nebenbei sollte er sich an der Grazer Universität umsehen, um die entsprechende Studienwahl zu treffen.

Bei der Baufirma „Ast & Co“ wurde Franz-Paul zunächst in der Buchhaltung als Lohnverrechner eingeschult. In der Nachkriegszeit gab es in Österreich einen ungeheuren Baubedarf, es war damals die Zeit großer Bauprojekte, die mit ERP-Mitteln finanziert wurden: der Bogen reicht von Staudämmen und Straßen bis zu Fabriken. Es gab viele Projekte, die an unterschiedlichen Baustellen über Arbeitsgemeinschaften abgewickelt wurden. Das brachte viele Herausforderungen für die Verrechnung, weil entsprechend der verschiedenen Arge-Baustellen jeweils geklärt werden musste, welche Firma und welche Mitarbeiter wie viele Arbeitsleistungen erbracht haben und welchen Maschineneinsatz es gegeben hat. Es gab eine eigene

Buchhaltung für jeden Bauplatz und Franz-Paul Fetzer musste sich auch oft an Ort und Stelle begeben. Er verdiente in dieser Zeit relativ gut, die Arbeitsbelastung war aber auch hoch, sodass in dieser Phase die Lust zur intensiven Aufnahme des Studiums nicht allzu groß war.[436]

Dr. Franz C. Fetzer empfahl seinem Sohn, das Jusstudium, „stark durchsetzt mit Volkswirtschaft und Betriebswirtschaftslehre" aufzunehmen.[437] Er riet ihm, sich auf das internationale Steuerrecht zu spezialisieren und auch die in Europa wichtigen Fremdsprachen zu erlernen, und so bot er auch an, ihm einige Semester im Ausland zu finanzieren. In der Folge würde er ihn in seine „Süd-Ost-Treuhand-Gesellschaft" einführen und er stellte auch in Aussicht, ihm Anteile an dieser Firma, aber auch Beteiligungen an industriellen Betrieben im Laufe der Zeit zu übergeben.

Dabei fügte er humorvoll hinzu, dass er nur über Minderheitsbeteiligungen verfüge, denn er sei ja kein „Kapitalist".[438]

Dr. Franz C. Fetzer war eine sehr starke Persönlichkeit und er konnte sehr überzeugend sein, wenn er von einem Standpunkt eingenommen war.

So drängte er seinen Sohn, der sich für das Studium der Staatswissenschaften entscheiden wollte, dazu, von diesem vermeintlichen „Schmalspurstudium" abzusehen und Jura zu inskribieren. Fetzer junior hatte hingegen großes Interesse an der Politik, das bereits in seiner Schulzeit geweckt worden war.

Fetzer junior wehrte sich zunächst gegen die Idee Jus zu studieren, weil er meinte, mit dieser auf das österreichische Recht zentrierten Ausbildung mit den beruflichen Chancen rein auf Österreich eingeschränkt zu sein. Schließlich hatte er vor, nach dem Studium wieder nach Deutschland zurück zu gehen.

Dennoch ließ er sich letztlich überreden, Jus zu studieren, aber er tat dies nicht mit voller Begeisterung und er ließ sich Zeit.[439]

---

436 Franz-Paul FETZER, OHA-WISOG, AL 2182-2/05, S. 10.

437 Schreiben Franz C. FETZERS an seine geschiedene Frau Pauline vom 4.8.1951.

438 Schreiben Franz C. FETZERS an seine geschiedene Frau Pauline vom 4.8.1951.

439 Franz-Paul FETZER, OHA-WISOG, AL 2182-2/05, S. 11 f.

Nach dem Abschluss des Studiums entschloss er sich, in Österreich zu bleiben und in die Firma seines Vaters einzutreten, vorher war er noch in der „Allgemeinen Kontroll- und Treuhand Gesellschaft“ tätig, das war eine andere Wirtschaftsprüfungsgesellschaft, die mit Dr. Franz C. Fetzer in gutem Kontakt stand.

1961 kam Franz-Paul Fetzer nach Wien und war ab 1963 in der Firma des Vaters beschäftigt. Danach war er auch ein Jahr in den USA in Philadelphia bei einem Partnerunternehmen, der „Arthur Young & Company“, eine der Vorläuferinnen von „Ernst & Young“, die damals schon über 50 Filialen hatte, tätig.[440]

Franz-Paul Fetzer war in der Folge tatsächlich wie sein Vater als Wirtschaftsprüfer und Steuerberater durchaus erfolgreich. Er war dann in Fetzers Unternehmen, der „Süd-Ost-Treuhand Ges.m.b.H.“ angestellt und war für die Firma in der Linzer Filiale durch etwa sieben Jahre tätig. Er wurde auch in kürzester Zeit mit der Funktion eines Vorstandsmitgliedes betraut und erhielt auch Anteile an der Gesellschaft.[441]

Er war auch kurz Geschäftsführer der „Manus Landmaschinen Vertriebges. m. b. H., Wien“.[442]

Franz-Paul Fetzer hatte immer schon eine starke religiöse Orientierung. Er war bereits in der Katholischen Jugend aktiv gewesen, er teilte auch die Begeisterung der Katholischen Hochschulgemeinde, die damals als überaus modern empfunden wurde. In Wien hatte er Kontakt mit den fortschrittlichen Theologen Otto Mauer und Karl Strobl.

Der eigentliche Entschluss, die eingeschlagene Karriere zugunsten einer Berufung zum Priester aufzugeben, kam verhältnismäßig spät. Er näherte sich bereits seinem 50. Lebensjahr, als er in seiner beruflichen Tätigkeit eine Leere zu empfinden begann. Da spielte er erstmals ernsthaft mit dem Gedanken, Priester zu werden.

---

440 Franz-Paul FETZER, OHA-WISOG, AL 2182-2/05, S. 14 f.

441 PERSONEN-COMPASS, Österreich 1972, 100. Jg., Wien 1972, S. 230.

442 PERSONEN-COMPASS, Österreich 1965, 94. Jg., Wien 1965, S. 140.

Er fuhr zum seinerzeitigen Grazer Hochschulseelsorger und späteren Bischof Egon Kapellari, um sich dessen Rat einzuholen. Dieser, aber auch einige seiner Freunde, bestärkten ihn in seinem Entschluss. Er teilte seine Absicht auch sofort der Firma mit, damit diese sich rechtzeitig um einen Ersatz umsehen könnte. Dann ging er an das Priesterseminar in Wien und nahm das Studium der Theologie auf. Nach dessen Abschluss überlegte er auch, ob er zurück nach Deutschland gehen sollte, aber da inzwischen auch seine Schwestern nach Wien gezogen waren, bestärkte ihn dies, in Österreich zu bleiben.[443]

Die Entscheidung Franz-Paul Fetzers, sich für den Priesterberuf zu entscheiden, war für den Vater vielleicht eine überraschende Wendung, weil er in seinem Sohn den logischen Nachfolger für seine Firma sah.

Dr. Franz C. Fetzer kam von einer Skandinavienreise zurück und besuchte seinen Sohn in Linz, als dieser ihn über seine Absicht informierte. Er nahm die Entscheidung seines Sohnes offenbar gelassen hin und hat seine allfällige Enttäuschung gegenüber seinem Sohn nie zum Ausdruck gebracht.

Er hat diese Entwicklung offenbar besser getragen, als seine erste Frau Pauline, die immer noch auf Enkelkinder durch ihren Sohn gehofft hatte.[444]

Das Vater-Sohn-Verhältnis war an sich immer sehr gut. Beide waren politisch interessiert, sie waren aber auch in ihrem kulturellen Interesse auf einer Linie.

Die Töchter Anna-Maria und Christine

Die Tochter Anna-Maria lebte in München, wo sie sich mit amerikanischen Familien anfreundete und sie wanderte 1956 in die Vereinigten Staaten aus. Sie hat eine Tochter und einen Enkel und ist mit Dr. Hein Klopping verheiratet.

Fetzer besuchte sie, wenn er in den USA weilte. So nahm er beispielsweise im Mai 1967 an Tagungen in Ottawa und Montreal teil und hatte auch eine Bespre-

443 Franz-Paul FETZER, OHA-WISOG, AL 2182-2/05, S. 16.
444 Franz-Paul FETZER, OHA-WISOG, AL 2182-2/05, S. 18.

chung bei der National Association of Manufacturers in New York und er nutzte diesen Aufenthalt, um auch seiner in Wilmington/Delaware lebenden Tochter einen Besuch abzustatten.[445]

Die Tochter Christine war zunächst in Deutschland berufstätig, unter anderem im Kaufhof Speyr, in Darmstadt, wo sie die Funktion einer Abteilungsleiterin bekleidete. Sie weilte bis 1963 oft in Boppard. In den Jahren 1963 bis 1967 zog sie in die Vereinigten Staaten zu ihrer Schwester Anna-Maria.

Ursprünglich sollte sie nur zu einer kurzen Ausbildungszeit in den USA bleiben, doch daraus wurde schließlich ein dreieinhalbjähriger Aufenthalt. Christine Fetzer hielt immer engen Kontakt mit ihrem Vater.

Bei einem Amerikabesuch redete ihr Franz Fetzer zu nach Wien zu kommen.

1967 übersiedelte Christine Fetzer dann tatsächlich nach Wien, wo sie dann im Unternehmen Schiel-Seide tätig war.

Christine Fetzer wurde Prokuristin der „Vereinigten Seidenwarenfabriken Gebrüder Schiel AG“, Wien[446] , der „Seidenweberei Silz Aktiengesellschaft“ in der Tiroler Ortschaft Silz[447] und der „Holtex Seiden Aktiengesellschaft“, Wien[448]. An diesen Unternehmungen war Dr. Franz C. Fetzer beteiligt und er wirkte hier lange Jahre als Aufsichtsratspräsident.

Wenn Christine in Wien von ihrer Mutter aus Deutschland Besuch erhielt, kam auch immer wieder Franz C. Fetzer vorbei, es gab beispielsweise auch einen gemeinsamen Heurigen-Besuch.

Die beiden Frauen Fetzers, Pauline und Charlotte, sahen sich erstmals bei der Feier zum 90. Geburtstag von Dr. Franz C. Fetzer.

Christine Fetzer wurde ab ihrem ständigen Aufenthalt in Wien auch regelmäßig von Charlotte Fetzer eingeladen. Es gab einen korrekten, sogar freundschaftlichen Umgang miteinander.

---

445 Schreiben Dr. FETZERS an Dr. Brüning, 16.3.1967.

446 PERSONEN-COMPASS, Österreich 1977, 106. Jg., Wien 1977, S. 103.

447 PERSONEN-COMPASS, Österreich 1986/87, 115. Jg., Wien 1986, S. 114.

448 PERSONEN-COMPASS, Österreich 1989/90, 118. Jg., Wien 1989, S. 135.

Christine Fetzer bestätigt, dass Franz C. Fetzer stets ein besorgter und bemühter Vater war, der auch die Familie stets großzügig unterstützte.[449]

Pauline Fetzer zog Anfang 1994 von Deutschland nach Wien zu ihrer Tochter Christine, sie starb 1996 in Wien.

Charlotte Fetzer: Die Mutter des Unternehmens

Charlotte Fetzer arbeitete anfangs durch viele Jahre in der Firma ihres Mannes mit und war vor allem für die Lohnbuchhaltung, aber auch für die private Buchführung ihres Mannes zuständig.

Sie hatte auch die Prokura in der „Süd-Ost-Treuhand Ges.m.b.H.", Wien[450].

Sie brachte auch eine sehr menschliche Atmosphäre in die Firma und fühlte sich gleichsam als „Mutter des Unternehmens".[451] So organisierte sie auch immer die Weihnachtsfeiern, die stets ein großes Fest waren.

Es gab aber auch im Hause Fetzer von ihr organisierte Einladungen und Sommerfeste, welche für die persönlichen Beziehungen sehr wichtig waren.[452]

Charlotte Fetzer war eine überaus elegante Erscheinung, hat sich in der Öffentlichkeit persönlich eher zurückgenommen und sich selbst nie in den Vordergrund gestellt.[453]

Sie unterstützte aber ihren Mann bei den mit seiner Funktion verbundenen gesellschaftlichen Verpflichtungen und war stets eine eloquente und umsichtige Gastgeberin.

Im Jahr 1962 konvertierte Charlotte Fetzer, von Monsignore Otto Mauer vorbereitet, zum katholischen Glauben.[454]

---

449 Interview mit Christine FETZER, Wien, 27.1.05.

450 PERSONEN-COMPASS, Österreich 1961, 90. Jg., Wien 1961, S. 123.

451 Walter WUNDSAM, OHA-WISOG, AL 2136-8/04, S. 3.

452 Walter JAKOBLJEVICH, OHA-WISOG, AL 2143-9/04, S. 7.

453 Oskar WINKLER, OHA-WISOG, AL 2181-1/05, S. 13.

454 Charlotte FETZER, OHA-WISOG, AL 2120-3/04, S. 3 f.

Dr. Franz C. Fetzer hatte viel Humor, er war gesellig und in der Wiener Gesellschaft anerkannt und gut verankert, aber er war nie ein Mann der Seitenblicke. Er legte jedoch auf gutes Auftreten Wert und liebte es auch, wenn seine Frau immer perfekt angezogen war. So wurde beispielsweise die Garderobe für den Wiener Opernball, den er seit der Wiedereröffnung der Wiener Staatsoper im Jahr 1955 durch 20 Jahre regelmäßig besuchte, im damals sehr bekannten „Modehaus Fred Adlmüller“ in der Wiener Kärntnerstraße besorgt.

Auch Charlotte Fetzer war überaus gesellig, sie liebte auch das Tanzen und perfektionierte ihren Samba in einem Privatkurs bei Elmayer.

Bei einem der Philharmoniker-Bälle trug sie eines der ersten von Adlmüller entworfenen Strapless-Abendkleider. Man saß gemeinsam mit Dr. Reinhard Kamitz und Dr. Winkler in einer Loge. Da man auf Grund der Logenverkleidung nur den Kopf samt den trägerlosen nackten Schultern von Frau Fetzer sah, aber das übrige Kleid verdeckt war, war es für Vorbeigehende nicht gleich sichtbar, ob und wie sie sonst bekleidet war. So sagte die bekannte Schauspielerin Anni Rosar, als sie sich der Loge näherte, scherzhaft zu Frau Fetzer: „Stehen Sie doch einmal auf, Sie sehen aus, als ob Sie in der Badewanne säßen.“[455]

Frau Fetzer hatte Wortwitz, war schlagfertig, wusste sich in jeder Gesellschaft zu behaupten und sie verstand es zu repräsentieren.

Dies passte auch in das Selbstverständnis ihres Gatten, kein Angestellter der Industriellen, sondern „einer von ihnen“ zu sein.[456]

Charlotte Fetzer machte mit ihrem Mann alljährlich ungewöhnliche große Reisen, die sie sehr sorgfältig vorbereitete; es gab zahlreiche Abenteuer, die im Laufe der Jahre gemeinsam erlebt wurden. Sie schätzte an ihrem Mann, dass er stets faszinierend und unberechenbar war. So meinte sie einmal als Kompliment für ihren Gatten, dass sie in ihrem Leben zwanzigmal verheiratet gewesen sei, aber alle ihre Männer seien Franz C. Fetzer gewesen.

---

455 Charlotte FETZER, OHA-WISOG, AL 2120-3/04, S. 14.

456 Herbert KREJCI, OHA-WISOG, AL 2121-4/04, S. 20.

Die harmonische Ehe währte über 60 Jahre, sie war ihm stets eine lebenskluge und verständnisvolle Gefährtin.

Charlotte Fetzer starb unerwartet nach einem Schweizer Kuraufenthalt am 24.10.2004 und wurde am 9. November 2004 an der Seite ihres vorausgegangenen Gatten am Pötzleinsdorfer Friedhof in Wien beigesetzt.

Zum Privatleben und zum Freundeskreis

Fetzer war recht zurückhaltend und eigentlich ein sehr ruhiger und stiller Mensch, der sich in seinem privaten Bereich nicht sofort jedem öffnete. So meint Vizekanzler a.D. Dr. Erhard Busek: „Kann sein, dass es auch die sprachliche Schwierigkeit war, weil er doch ein sehr markantes, deutsches Idiom gehabt hat, an das man sich zweifellos gewöhnen musste. Dann war er auch einer, der sich sehr still ausdrückte. Ich muss sagen, dass sich durch die Jahre dann auch infolge meiner Funktionen in der Politik, insbesondere im Wirtschaftsbund zum Generalsekretär der Industriellenvereinigung Fetzer ein sehr persönliches und freundschaftliches Verhältnis entwickelt hat.“[457]

Dinge, die ihn persönlich betroffen haben und „wo er mit Sicherheit gelitten hat“, hat er nicht allzu sehr hervorgekehrt. Er hat „ein preußisches Pflichtbewusstseinsverhältnis gehabt, dass man davon keinen Wind macht … es war ihm eigentlich mit Mühe zu entlocken“.[458]

Er galt als ein überaus zurückhaltender und nobler Mensch.

Vizekanzler Dr. Erhard Busek erinnert sich an die „Gespräche in der Prinz-Eugen-Straße, wo er sein Büro hatte in der Treuhandfirma, es war ein relativ kleiner Raum mit beachtlichen Kunstwerken. Ich habe das sehr genossen diese Optik, mit ihm diese Dialoge eigentlich nicht vergessen. Es war so eine Mischung von stillem Kämmerlein, ein bisschen für einen Jüngeren auch eine Art Beichtstuhlfunktion, weil er verschiedene Dinge abgefragt hat, sich selbst sehr zurückgenommen hat, immer erklärt, er wisse eigentlich davon nichts, er verstünde nichts. Natürlich war er doch in Wirklichkeit ein sehr kundiger Mann.“[459]

457 Erhard BUSEK, OHA-WISOG,VIP 2131-8/04, S. 1.
458 Erhard BUSEK, OHA-WISOG,VIP 2131-8/04, S. 3.
459 Erhard BUSEK, OHA-WISOG,VIP 2131-8/04, S. 3.

In Fetzers geschmackvoll eingerichteter Villa in der Zuckerkandlgasse Nr. 2, unweit der Heurigengegend von Neustift am Walde, eingeladen zu werden, galt als eine ganz besondere Ehre, die nicht jedem zuteil wurde. Er gab hier keine großen Feste, sondern es waren eher Abendessen in kleinem Kreis, bei denen nicht selten interessante Leute aus Politik und Wirtschaft eingeladen wurden. Dabei war dann alles perfekt, es wurde nichts übertrieben ...[460]

Den Haushalt führte Charlotte Fetzer mit Hilfe von Luise Klement, die rund vier Jahrzehnte für die Familie als Haushälterin tätig war. Sie wurde im Alter von erst 14 Jahren aus der kleinen Ortschaft Obergiem im oststeirischen Bezirk Feldbach 1962 über Vermittlung ihrer Volksschuldirektorin, einer Tante des mit Fetzer bekannten Wirtschaftsprüfers Dr. Wundsam, nach Wien geholt. Als unbedarftes Kind aus einer Bauernfamilie war ihr alles fremd und Charlotte Fetzer musste ihr zunächst alles für die Haushaltsführung Erforderliche beibringen.[461] Luise Klement nahm alles bestens auf, wurde allmählich in der Führung des Haushaltes und im Umgang mit den Gästen perfekt und wurde im Laufe der Jahre zu einem festen Bestandteil der Familie. Sie begleitete die Fetzers mitunter auf deren abenteuerlichen Reisen und sie war dem Ehepaar bis zu dessen Ableben eine unersetzliche Hilfe.

Dezent, aber selbstbewusst ...

„Fetzer war ein Mann mit Kultur und einer abgerundeten Bildung, er konnte auch stets mit tiefen historischen Kenntnissen aufwarten. Im Alltagsgeschehen war er stets unaufgeregt und hatte immer die größere historische Dimension im Auge. Mit oberflächlichen und vordergründigen Managertypen wusste er nicht viel anzufangen. Gegen das Vordergründige hat er überhaupt was gehabt."[462]

---

460 Herbert KREJCI, OHA-WISOG, AL 2121-4/04, S. 20.

461 Luise KLEMENT, OHA-WISOG, AL 227-8/06, S. 1 ff.

462 Erhard BUSEK, OHA-WISOG,VIP 2131-8/04, S. 14.

Er war auf die Wahrung seiner Privatsphäre bedacht und gehörte nicht zu jenen, die sich überall voller Kameraderie anbiederten.

Trotz seiner Wohlhabenheit pflegte er persönlich einen durchaus bescheidenen Lebensstil, jegliches neureiche Protzen war ihm zuwider.[463]

Er war „ein drahtiger, eher kleiner Herr, mit einer sehr preußischen Aussprache, sehr klare Augen, sehr entschlossen in seiner Ausdrucksweise".[464] Er war kein weit schweifender Redner, sondern er konnte sich überaus präzise fassen, er war aber auch ein Mann der vorsichtigen Formulierung. Jedes Schwadronieren war ihm fremd und er machte nie Versprechungen, die er nicht halten konnte.[465]

Er hatte auch trotz aller Dezenz seines Auftretens ein durchaus gesundes Selbstbewusstsein:

Er hat den Industriellen gerne zu verstehen gegeben, dass er mit Ihnen auf gleicher Stufe steht. Da gab es ein kennzeichnendes Ereignis, das in der Industriellenvereinigung oft kolportiert wurde: Präsident Dr. Lauda war ein ungemeiner Pünktlichkeitsfanatiker und vor einer Sitzung wurde Fetzer von Dr. Oskar Winkler beiseite genommen, um am Gang etwas zu besprechen. So ergab es sich, dass die beiden Herren um zwei Minuten später in das Sitzungszimmer herein gekommen sind, und da kommentierte Lauda: „Jetzt kommen unsere Sekretäre auch schon, wann sie wollen."

Da hat ihm Fetzer einen Blick zugeworfen, der offenbar tödlich war. Darauf meinte Dr. Lauda: „Jetzt, Herr Doktor, würden Sie mir am liebsten das Götz-Zitat zurufen." Da hat Fetzer schlagfertig geantwortet: „Herr Präsident, ich hätte es nicht gesagt, aber ich habe es mir in diesem Augenblick gedacht." Da hat ihn Lauda spontan umarmt und den versöhnlichen Satz gesagt: „Entschuldigen Sie, so war es nicht gemeint."[466]

---

463 Herbert KREJCI, Laudatio zum 90. Geburtstag von DDr. Franz C. Fetzer vom 4. 4. 1990, S. 5 f.

464 Werner TESSMAR-PFOHL, OHA-WISOG, AL 2141-9/04, S. 1.

465 Hans SEIDEL, OHA-WISOG, VIP 2133-8/04, S. 1 ff.

466 Herbert KREJCI, OHA-WISOG, AL 2121-4/04, S. 19.

Zu diesem gesunden Selbstverständnis von Dr. Franz C. Fetzer passte es auch, dass er sich gegen Ende des Jahres 1970 bei seinem Abschied von der Funktion eines Generalsekretärs in der Industriellenvereinigung nicht als ein Angestellter, sondern als ein gleichberechtigter Partner empfahl und dabei die Worte gebrauchte: „Ich bin und war einer von Ihnen, meine Herren!"[467]

Fetzer erweckte in seiner Umgebung einen sehr disziplinierten und militärischen Eindruck.

Diesen Eindruck der Zackigkeit, Pünktlichkeit, Härte und Disziplin erweckte er durch seinen persönlichen Lebensstil, auch im Essen und Trinken war stets Zurückhaltung und Selbstdisziplin sichtbar.[468] So meinte er einmal: „Ich fühle mich als Soldat. Soldat heißt nicht Uniform tragen und zackig sein, sondern Soldat sein heißt, gegen sich selbst hart und diszipliniert sein."[469]

Fetzer hatte einen großen persönlichen Charme und verstand es, in Gesprächen auf Menschen einzugehen und ihnen das Gefühl zu geben „etwas ganz Besonderes zu sein" und sie „gefangen zu nehmen".[470]

Am 31. Dezember 1970 hatte Dr. Fetzer seinen letzten Arbeitstag. Als Krejci ihn um 11.45 Uhr in seinem Büro besuchte, war der Schreibtisch bereits leer geräumt, doch Fetzer saß davor, mit gepackter Tasche und meinte, der Dienst ende erst um 12.00 Uhr.

Pünktlich um 12.00 Uhr hat er das Haus verlassen. Er liebte die Präzision, war auch stets hart zu sich selbst und war nie geneigt, irgendwelchen Schwächen oder Schmerzen nachzugeben. Dazu passt es, dass er sich erst in das Spital begab, als er bereits in Pension war, um die bereits längst anstehenden Operationen durchführen zu lassen.

Mit einer ungeheuren Selbstdisziplin hat er während seiner Dienstzeit keinen Krankheiten nachgegeben.[471]

---

467 Herbert KREJCI, Laudatio zum 90. Geburtstag von DDr. Franz C. Fetzer vom 4.4.1990, S. 5.

468 Walter JAKOBLJEVICH, OHA-WISOG, AL 2143-9/04, S. 14.

469 Herbert KREJCI, OHA-WISOG, AL 2121-4/04, S. 33.

470 Luise KLEMENT, OHA-WISOG, AL 227-8/06, S. 24.

471 Herbert KREJCI, OHA-WISOG, AL 2121-4/04, S. 33.

Er war in seiner Jugend ein großer Sportler, segelte gerne und hat auch noch sehr lange Tennis gespielt. Auch noch im vorgerückten Alter ging er – meist von seinen großen aus Anatolien mitgebrachten Hunden begleitet – viel zu Fuß.

Von seiner Villa aus war er rasch im Grünen und er legte bis in das hohe Alter großen Wert darauf, ständig in Bewegung zu bleiben.

Besondere Freude bereitete ihm sein Zweitwohnsitz im südsteirischen Weinland. Obwohl er bereits 80 Jahr alt war, kaufte er hier in Kitzeck ein altes Winzerhaus. Als Aufsichtratsmitglied der „Oberglas Glashütten Aktiengesellschaft" war er mit der Glas-Industriellenfamilie Abel bekannt, die im südsteirischen Ottersbach ein Schloss besitzt. Bei einem gemeinsamen Ausflug nach Kitzeck verliebte sich Fetzer in diese Gegend und es dauerte einige Jahre, bis das von ihm ins Auge gefasste Anwesen zu haben war.

In Kitzeck wanderte er fast täglich mit seinem türkischen Hirtenhund etwa zehn Kilometer über Berg und Tal. Obwohl er an sich ein eher zurückhaltender Mensch war, kam er hier mit den Einheimischen ständig ins Gespräch und bald war er hier überall bestens bekannt und geschätzt. Durch das Haus in Kitzeck veränderte sich der Lebensrhythmus: Etwa ab Ostern übersiedelte das Ehepaar samt Haushälterin von der Wiener Villa nach Kitzeck und blieb dort meist bis November. Dazwischen fuhr Dr. Fetzer immer wieder nach Wien, wenn wichtige Termine wahrzunehmen waren, aber er arbeitete und lebte sonst in dieser Zeit in der Steiermark. Er genoss das Landleben, nutzte aber meist die Zeit zur Arbeit und bereitete sich hier in aller Ruhe auf Aufsichtsratssitzungen vor.[472]

Gentleman und Vorbild …

Der ehemalige Nationalratspräsident Dr. Alfred Maleta bescheinigte, dass Fetzer „in jeder Auseinandersetzung seinen Degen in einer fairen ritterlichen Weise führte". Er sei ein echter Gentleman, welcher der Jugend als Vorbild dient.[473]

472 Luise KLEMENT, OHA-WISOG, AL 227-8/06, S. 16 f.

473 Alfred MALETA, Zum 80. Geburtstag Dr. Fetzers. In: Walter ALBESEDER – Walter DEICHSTET-

Dr. Franz C. Fetzer war stets korrekt gekleidet und in Wort und Geste sehr auf Formen bedacht. Er beeindruckte durch seine Bildung im umfassenden Sinn des Wortes und hatte viel Humor.

Fetzer legte Wert auf sein Auftreten und fuhr am liebsten selbst, obwohl er dienstlich einen Chauffeur hatte.

Er hatte ein sehr starkes Bewusstsein gehabt für persönliche Würde und es konnte ihm niemand zu nahe treten. Da war immer irgendwo eine leichte Mauer, die konnte man nicht überschreiten. Er legte bei aller Freundschaft auch immer wieder Wert auf eine gewisse Distanz.[474]

Prof. Herbert Krejci war zu seinem 85. Geburtstag von ihm eingeladen und da sagte ihm Fetzers Frau Charlotte bei seinem Eintreffen: „Heute kommt etwas, bereiten Sie sich darauf vor, er wird Ihnen das Du-Wort anbieten, ich weiß nicht wie das funktioniert, weil er hat selbst Angst." Wir sind also dort gesessen und sie hat immer gegrinst.

Fetzer war auch für seine gute Menschenkenntnis bekannt, er konnte sehr gut unterscheiden, ob jemand über Qualitäten und Tiefgang verfügte, oder lediglich ein Blender war.[475]

Fetzer war auch ein Mann, der über viel Humor verfügte. Prof. Herbert Krejci berichtet von einem Vorfall, welcher das Missfallen des Präsidenten der Industriellenvereinigung Dr. Mayer-Gunthof erregte, welcher gegen jegliche Kritik an der Monarchie allergisch war. In der von Monsignore Mauer geleiteten „Galerie nächst St. Stephan" war einmal das Bild des mit einer karierten Sportmütze dekorierten Kaisers Franz Joseph ausgestellt. Fetzer zitierte Krejci zu sich und teilte ihm mit: „Wir haben eine geheime Mission. Mayer-Gunthof hat uns mit einer Mission beauftragt." Sie fuhren gemeinsam zur besagten Galerie und inspizierten das Bild des Kaisers. Dabei musste Fetzer in ein helles Lachen ausbrechen und er meinte:

TER – Geiserich E. TICHY – Walter WUNDSAM (Hg.), Mensch – Staat – Recht, Festschrift Dr. Franz Curt FETZER zum 80. Geburtstag – Wien 1980, S. 11 f.

474 Walter WUNDSAM, OHA-WISOG, AL 2136-8/04, S. 13.

475 Walter JAKOBLJEVICH, OHA-WISOG, AL 2143-9/04, S. 14.

„Wenn sonst nichts passiert! Aber wir werden dem alten Herrn sagen, dass wir hier waren.“[476]

Kunstkenner und Sammler

Schon während seiner Studienzeit interessierte sich Franz C. Fetzer für Kunst und Antiquitäten. Zeitlebens hatte er einen guten Blick für erlesene Kunstwerke, die er mit einer großen Leidenschaft zu sammeln verstand.

Er hat jede Woche im Wiener Dorotheum Aufträge gegeben, ihm interessant erscheinende Objekte zu ersteigern. Als in seiner Villa in der Zuckerkandlgasse nicht mehr der Platz für all die Antiquitäten reichte, umgab er sich auch in seinem Büro mit erlesenen Stücken aus den verschiedensten Epochen.[477]

Hier gab es einen römischen Legionärshelm, unzählige Plastiken aus verschiedenen Epochen. Ganz besonders freute er sich über Autographen von Johann Wolfgang von Goethe[478], den er ganz besonders verehrte und den er auch immer wieder gerne in seinen Reden zitierte. Er liebte es auch, seine Briefe mit Zitaten zu versehen – dabei war ihm Goethe eine unversiegbare Quelle.

Er hatte auch unzählige Gemälde und andere Kunstwerke in seinem Besitz.

Vizekanzler a.D. Dr. Erhard Busek, der mit Fetzer auch noch bis in dessen hohes Alter Kontakt hielt,[479] erinnert sich: „Ich bin in der ‚Galerie nächst St. Stephan‘ tätig gewesen noch zu Lebzeiten des Otto Mauer, ich war der Vizevorsitzende und habe dann als Vorsitzender den Galerieverein übernommen. Fetzer war ein Kunstsammler und war vor allem mit der Gruppe, die rund um St. Stephan durch die Jahrzehnte war, sehr verbunden. Er hat auf dem Gebiet sehr sehr viel gesammelt“[480] und Fetzer

---

476 Herbert KREJCI, Laudatio zum 90. Geburtstag von DDr. Franz C. Fetzer vom 4.4.1990, S. 6 f.

477 Walter WUNDSAM, OHA-WISOG, AL 2136-8/04, S. 9.

478 Herbert KREJCI, Laudatio zum 90. Geburtstag von DDr. Franz C. Fetzer vom 4.4.1990, S. 2.

479 Erhard BUSEK, OHA-WISOG,VIP 2131-8/04, S. 2.

480 Erhard BUSEK, OHA-WISOG,VIP 2131-8/04, S. 1 f.

sei „immer auf der Suche nach Kunst gewesen" und zeigte hier tiefes Verständnis, welches sich bis zur Antike zurück erstreckte.[481]

Fetzer unterhielt sich stets gerne über die Entwicklung von Künstlern, er zeigte sich für alle Fragen des künstlerischen Geschehens ungeheuer interessiert und wenn er beispielsweise jemandem ein paar besondere Stücke aus seiner Sammlung zeigte, so tat er dies „in einer ganz stillen Art und sozusagen mit verschämter Freude".[482]

Fetzer hatte auch immer wieder Kunstkenner, wie Otto Mauer, und bekannte Künstler, wie Fritz Wotruba, Joannis Avramidis, Oswald Oberhuber und viele andere, in seiner Villa in der Zuckerkandlgasse zu Gast. Er war auch mit Anton Lehmden in Kontakt, welcher im St. Georgs-College in Istanbul unterrichtet hatte.

Charlotte Fetzer teilte mit ihrem Gatten die Freude am Kunstsammeln, sie war ihm in dieser Leidenschaft eine ausgezeichnete Partnerin. Sie war selbst eine hervorragende Fotografin und hatte so ein gutes Verständnis für Kunst und Künstler. Sie fotografierte die Werke von Avramidis für einige seiner Kataloge. Sie hatte auch den Ehrgeiz sich im Fotografieren stets weiter zu vervollkommnen. So finden sich in ihren Reisetagebüchern exakte Fotolisten, was sie alles aufnehmen wollte. Dazu vermerkte Sie auch, wann für die einzelnen Baudenkmäler auf Grund des Lichteinfalles jeweils die beste Zeit für die Aufnahmen sei. Sie hielt aber auch nach den Reisen selbstkritisch fest, welche Fehler ihr bei den Fotos unterlaufen seien. Dies analysierte sie genau und schrieb auf Handlungsanleitungen nieder, wie sie dies künftig vermeiden könnte.

Fetzer war auch ein Förderer der zeitgenössischen Künstler, indem er viele Werke zu einem Zeitpunkt ankaufte, als diese noch völlig unbekannt waren. So erwarb er vieles, von dem er selbst gar nicht annahm, dass es jemals im Wert steigen werde, weil es ihm einfach Freude bereitete, jungen Leuten zu helfen.[483]

Er bewies aber auch oft eine sehr gute Hand, so kaufte er beispielsweise Bilder des Malers Ernst Fuchs aus seiner ganz frühen Periode. Er erfreute sich aber auch

481 Erhard BUSEK, OHA-WISOG,VIP 2131-8/04, S. 4.

482 Erhard BUSEK, OHA-WISOG,VIP 2131-8/04, S. 14.

483 Luise KLEMENT, OHA-WISOG, AL 227-8/06, S. 4 ff.

einiger Plastiken der Bildhauer Avramidis und Wotruba. Er besaß unter anderem auch Bilder von Lehmden und Nolde, in seiner Grafiksammlung fanden sich auch Werke von Boeckl und Thöny.

Auch auf seinen Reisen interessierte sich Fetzer eingehend für die Kunstwerke und die Kunstgeschichte des jeweiligen Landes. Er erwarb auch auf seinen Reisen zahlreiche Kunstgegenstände, der Bogen reichte von japanischen Masken, über präkolumbianische Kleinplastiken und kunstvoll geschnitzte Madonnen bis zu arabischen Fayencen. Er interessierte sich für alle Kulturen und alle Epochen und er verstand es auch, seine Kunstbegeisterung weiterzugeben.

So berichtete er beispielsweise an Kanzler Dr. Heinrich Brüning von der „geradezu erschütternden Schönheit" der Höhlenmalereien von Altamira in Nordspanien, welche ihn so faszinierten, dass er „seitdem ein neues Hobby-Studiengebiet" begonnen hätte.[484]

Fetzer als Reisender

Fetzer war voller Leidenschaft für das Reisen und hatte den Ehrgeiz, auch die entfernt gelegenen Winkel der Welt auszukundschaften. Er erwähnte mitunter, dass Hitlers Regime ihn in seinen aktivsten Jahren um die Möglichkeit gebracht habe, die Welt kennen zu lernen. So versuchte er nach 1945 vieles nachzuholen.

Sobald man nach dem Zweiten Weltkrieg wieder reisen konnte, führte ihn die erste Auslandsfahrt mit dem eigenen „Fiat 1100", von seinen Kindern begleitet, in die Schweiz.

Im Jahr 1950 ging es mit Frau Charlotte nach Frankreich. Fetzer sprach perfekt französisch, er schätze die französische Kultur, er war aber nach dem eher kargen Versorgungsmöglichkeiten der Kriegs- und unmittelbaren Nachkriegsjahre für die in Frankreich angebotenen kulinarischen Genüsse besonders empfänglich. 1951 führte eine Reise über Frankreich bis zur afrikanischen Hafenstadt Tanger. Nach

484 Brief Dr. Fetzers an Dr. Brüning, 20.12.1958.

weiteren Reisen in die meisten europäischen Länder, wurden die Reiseziele dann immer exotischer, so fuhr er mit seinem „BMW 502" fast unglaubliche Strecken.

Für Privatreisende war die Sowjetunion zunächst eher schwierig zu erschließen, hier war es der russisch sprechende IV-Präsident Dr. Mayer-Gunthof, der über seine sowjetischen Bekannten die Wege ebnete. Dabei wurden die einzelnen Hotels und Campingplätze von den Behörden zugewiesen und man musste sich ganz genau an die vorgeschriebenen Reiserouten halten. Mit dem Flugzeug ging es dann weiter nach Turkmenistan und Armenien. Fetzer war überaus sprachbegabt und schaffte es meist, sich nach einem längeren Aufenthalt auch in Russisch einigermaßen verständlich zu machen.[485]

Als ein kulturell äußerst Interessierter pflegte Fetzer sich auch auf alle seine Reisen mit großer Gewissenhaftigkeit, ja geradezu penibel, vorzubereiten.[486] So begann er seine sommerlichen Reisen meist schon ab Weihnachten voraus zu planen. Es setzte sich jeweils mit österreichischen Botschaften und Handelsdelegationen in Kontakt, um die entsprechenden Informationen einzuholen, wo man sich in entlegenen Gebieten mit Benzin eindecken könne, wo es entsprechende Übernachtungsmöglichkeiten gibt, wie es mit Fährverbindungen beschaffen sei etc. Für die Reisen in exotische Länder deckte man sich mit genügend Lebensmitteln und Medikamenten ein und die einzelnen Tagesrouten wurden genau voraus berechnet. Dabei liebte man die Abwechslung, nach Nächtigungen im eigenen VW-Bus oder in primitiven Quartieren schätzte man dann durchaus wieder den Luxus von Grand-Hotels.

Charlotte Fetzer machte mit militärisch anmutender Präzision Aufstellungen über die Inhalte der einzelnen Gepäckstücke, plante bereits genau voraus, welche Kleidung zu welchem Anlass getragen werden wird. Sie verfasste auch jeweils eine exakte Foto-Liste über jene Objekte, die sie im Laufe der Reise aufzunehmen vorhatte.[487] Sie war eine hervorragende Fotografin und sie dokumentierte sämtliche Reisen mit einer großen Zahl von Aufnahmen.

---

485 Luise KLEMENT, OHA-WISOG, AL 227-8/06, S. 8.

486 Herbert KREJCI, OHA-WISOG, AL 2121-4/04, S. 19.

487 Siehe Reisetagebücher des Ehepaares Dr. Fetzer.

Sie freute sich besonders, wenn ihre Aufnahmen das Flair der exotischen Länder zu vermitteln vermochten; sie war überaus traurig, wenn die Filme durch die extremen Klimabedingungen zerstört worden waren.

Dr. Fetzer war durch seine berufliche Tätigkeit voll in Anspruch genommen. Die großen Fahrten waren für ihn so wichtig, dass er meist auf sonstige Urlaube verzichtete, um dafür genügend Zeit aufwenden zu können. Oft waren knapp vor der Abreise noch wichtige Termine wahrzunehmen und es gab laufend Angelegenheiten, die ihn nur mit schlechtem Gewissen Wien verlassen ließen.[488]

Für die längeren Reisen, die mit dem eigenen PKW absolviert werden sollten, fand Fetzer einen eigenen Modus, um seine Urlaubstage bestens nützen zu können. So fuhr bei manchen Reisen Charlotte Fetzer mit dem VW-Bus bereits voraus. Damit sie nicht als Frau allein reisen musste, wurde sie dabei von der Haushälterin Luise Klement begleitet. So fuhren beispielsweise die beiden Frauen mit dem VW-Bus nach Neapel, dort begann eine Seereise durch das Mittelmeer, die bis zu marokkanischen Hafenstadt Casablanca führte. Frau Klement flog von dort zurück nach Wien, Charlotte Fetzer fuhr mit einem Ozeandampfer samt VW-Bus nach New York, wo sie dann bereits der per Flugzeug angereiste Gatte empfing. Bei einem anderen Amerika-Aufenhalt fuhren Charlotte Fetzer und Luise Klement mit dem Bus nach Calais, von dort schiffte man sich nach New York ein. Dann fuhren die beiden Damen mit dem VW-Bus nach Toronto. Von hier flog Frau Klement zurück nach Wien. Inzwischen war auch Dr. Fetzer per Flugzeug in Toronto eingetroffen und das Ehepaar begann von dort eine dreimonatige Fahrt quer durch Amerika. Nach dem gleichen Muster erfolgte die Rückreise: Während Dr. Fetzer mit dem Flugzeug voraus nach Wien flog, fuhr Charlotte Fetzer per Schiff nach Southhampton und von dort mit dem VW-Bus allein nach Wien.

Zweimal begleitete Luise Klement Frau Fetzer im VW-Bus auf abenteuerlichen Fahrten über den Balkan, quer durch die Türkei bis zur persischen Hauptstadt Teheran, wohin Dr. Fetzer mit dem Flugzeug nachkam. 1962 fuhr das Ehepaar Fetzer von Teheran nach einem Flugzeugtrip nach Isfahan, Shiraz und Persepolis mit

488 Vgl. Reisetagebuch Persien 1962, Eintrag zu Abflug von Wien am 27.7.1962.

dem eigenen Auto über den Irak, Syrien, Libanon und Israel nach Ägypten, wo man sich dann nach Venedig einschiffte. Dabei waren unzählige lästige Grenzkontrollen zu absolvieren, welche mit Gleichmut bewältigt wurden. Bei einigen dieser Reisen, beispielsweise nach Israel, war auch der Sohn Franz-Paul dabei.

Da sich Fetzer nach dem Korsett seiner Urlaubstage richten musste, konnte man für die Fernreisen keineswegs immer die günstigste Reisezeit wählen. So fuhr man auch in der Regenzeit nach Indien. Einmal waren die indischen Straßen durch Hochwasser unpassierbar geworden, sodass man den VW-Bus bei der österreichischen Botschaft in Pakistan einstellte und notgedrungen die Reise nach Indien mit dem Flugzeug fortsetzte.

Es gab auch auf den Reisen mitunter dramatische Erlebnisse. So ereigneten sich auf den schlecht befestigten Straßen einige Verkehrsunfälle, die glücklicherweise glimpflich verliefen und wo es den einheimischen Mechanikern mit viel Improvisationsgeschick gelang, den Wagen wieder fahrtüchtig zu machen. Dabei erwies es sich meistens als segensreich, dass Dr. Fetzer sogar vorsorglich einige wichtige Ersatzteile, wie Stoßdämpfer etc. in seinem Reisegepäck mitgenommen hatte.

In der Türkei versuchte in der Nacht ein kurdischer Einbrecher in den am Waldrand abgestellten VW-Bus einzudringen, in dem das Ehepaar Fetzer schlief. Dr. Fetzer war durch das Geräusch wach geworden und erfasste die Hand des Einbrechers und hinderte ihn so an der Flucht. Dabei kam es zu einem Handgemenge und Dr. Fetzer erhielt einen tiefen Stich in die Schulter, der glücklicherweise weder Herz noch Lunge verletzte. Der Einbrech+er kam in Polizeigewahrsam und Dr. Fetzer wurde in der nächst gelegenen Ortschaft verarztet. Er wurde dort wegen seines unerschrockenen Handelns wie ein Held angesehen und es entwickelte sich in der Folge eine freundliche Bekanntschaft zu einigen türkischen Familien, die durch Jahrzehnte andauerte.

Bei einer Reise auf die Philippinen wurde Dr. Fetzer schwer krank, das Ehepaar flog nach Singapur weiter, wo Dr. Fetzer bewusstlos wurde und zusammenbrach. Glücklicherweise erkannte ein Arzt, dass durch eine Verätzung der Luftröhre ein schwerer Blutverlust eingetreten war. Er wurde dann im Krankenhaus behandelt und erhielt einige lebensrettende Blutkonserven. Man trat dann den Rückflug nach Wien an, wo Dr. Fetzer so geschwächt war, dass er mit dem Rollstuhl geführt werden musste.[489]

Dr. Franz C. Fetzer war ein Mensch, der sich voll Wissensdurst mit anderen Kulturen und fremden Völkern auseinandersetzte. Als aktives Mitglied der Stiftung „Pro Oriente“ war er gerne auf jenen Reisen dabei, die unter der fachkundigen Leitung von Kardinal Dr. Franz König in den Nahen Osten führten.

Es mag für ihn, der stets überaus korrekt gekleidet war, eine ganz besondere Gegenwelt gewesen sein, wenn er sich im legeren Outfit gemeinsam mit seiner Frau Charlotte mit einem VW-Bus auf mitunter sehr abenteuerliche Reisen in exotische Länder begab.

Da er im Dienst stets auf sein Aussehen größten Wert legte, erzählte man sich in seinem Bekannten- und Freundeskreis, dass er angeblich auch in den heißesten Monaten in der Wüste mit Anzug und Weste gegangen sei.[490]

Er weilte auch in Japan, doch dabei interessierte er sich nicht nur für die landschaftlichen und kulturellen Sehenswürdigkeiten. Er verstand es auch stets, nicht an der Oberfläche zu bleiben, sondern tiefer in die Kultur und die Geschichte fremder Völker einzudringen.

So wandte er sich bei dieser Reise an den österreichischen Handelsdelegierten, damit ihn dieser in Tokio mit Universitätsprofessoren für Kunstgeschichte in Kontakt bringe, die er dann intensiv zu speziellen Epochen der japanischen Kunst befragte, womit er sein ohnedies schon recht profundes Wissen prüfen und erweitern wollte.[491]

Selbst noch im hohen Alter war er für manches Abenteuer zu gewinnen, und so reiste er in ferne Länder, wie dies zu seiner Zeit noch keineswegs so verbreitet war, wie heutzutage.

---

489 Luise KLEMENT, OHA-WISOG, AL 227-8/06, S. 12 f.

490 Walter WUNDSAM, OHA-WISOG, AL 2136-8/04, S. 4.

491 Herbert KREJCI, Franz C. Fetzer zum 95. Geburtstag, Ein Stück vom Inventar. In: Die Industrie, Nr. 15, 12. 4. 1995, S. 34.

Das Ehepaar Fetzer besuchte Südafrika und machte auch zwei Weltreisen mit dem Schiff, die Dr. Fetzer überaus genossen hat. So führte ihn seine letzte Weltreise mit einem Ozeandampfer nach Amerika, wo er auch den Panamakanal kreuzte und Nord- und Südamerika bereiste.[492]

Dabei hatte er Adressen von ehemaligen Kollegen aus der Kadettenzeit mit, von denen er wusste, dass sich diese in Argentinien niedergelassen hatten. Doch diese Treffen verliefen für Fetzer sehr enttäuschend, weil er feststellen musste, dass sich seine ehemaligen Kadettenkameraden als Freunde des NS-Regimes erwiesen und Ansichten vertraten, die er keineswegs teilen mochte.[493]

492 Franz-Paul FETZER, OHA-WISOG, AL 2182-2/05, S. 29.

493 Franz-Paul FETZER, OHA-WISOG, AL 2182-2/05, S. 29.

„Le mélange du vrai et du faux est plus faux que le faux"
(Paul Valéry)

Die Mischung von wahr und falsch ist schlimmer als das Falsche.

Fetzers Ansichten zur politischen Entwicklung

Fetzer war zwar ein Freund der Marktwirtschaft und des Liberalismus, aber er betonte auch die Forderung nach Ausgewogenheit und sozialer Verantwortung.[494]

Es war ihm auch bewusst, dass die Ausschaltung des Wettbewerbes durch Kartelle und Monopole, also die Ausschaltung des Wettbewerbes, die Selbstregulierung im liberalen Wirtschaftssystem verhindere.[495]

Er war keineswegs ein Vertreter eines hemmungslosen Kapitalismus, sondern sah auch eine ordnende Funktion des Staates und tendierte in Richtung der Sozialen Marktwirtschaft, wobei ihm hier Ludwig Erhard als ein großes Vorbild erschien.[496]

Fetzer trat bereits 1932 in seinem gemeinsam mit Prof. Dessauer verfassten Kapitel „Gedanken zur Problematik des Kapitalismus" dafür ein, dass es zu einem Wandel von einer „rein-liberalistischen" zu einer „kooperativen" Ordnung kommen müsse.[497] Er war stets ein vehementer Befürworter der Sozialpartnerschaft, an dieser Grundposition hat er zeitlebens festgehalten.

Er konnte mit seinem Standpunkt auch die Haltung der Industriellenvereinigung wesentlich mitprägen. Die Positionierung für eine reine neoliberale Politik in der Industriellenvereinigung wäre zur Zeit Fetzers fast „undenkbar" gewesen.[498]

---

494 Oskar WINKLER, OHA-WISOG, AL 2181-1/05, S. 12.

495 Friedrich DESSAUER – Franz C. FETZER, Krisenwende? Frankfurt/Main 1932, S. 116.

496 Walter JAKOBLJEVICH, OHA-WISOG, AL 2143-9/04, S. 17.

497 Friedrich DESSAUER – Franz C. FETZER, Krisenwende? Frankfurt/Main 1932, S. 179.

498 Hans SEIDEL, OHA-WISOG, VIP 2133-8/04, S. 10.

Fetzer befasste sich mit der Frage: „Stehen wir wieder am Ende einer Ära, ist Politik wie Torkeln eines Radfahrers, leben wir in einem Zustand der Ratlosigkeit, Angst, Egozentrik in Österreich?" Und er meinte: „Genügend Anlaß zu schwerer Sorge liegt in der Tat vor. Realisten, auch solche ohne Katastrophenstimmung quälen sich ab auf der Suche nach Mitteln und Wegen, die uns vor dem Abrutschen auf der schiefen Ebene retten könnten. Leider begegnet man bei dieser Suche meist nur lustvoller Rundumkritik, Häufung von Vorwürfen aller gegen alle, grundsätzliche Ablehnung von Ideen Andersdenkender oder so genannten positiven Vorschlägen fern von der Verantwortung für ihre praktische bzw. finanzielle Durchführbarkeit, Dialogen, die zu Wahlpropaganda herabsinken, Kooperation nur hie und da, aber als politisches Tagesgeschäft statt als Gesinnung. Es wäre eine Utopie zu glauben, man könne die vielen Schwächen der Demokratie, die trotz aller ihrer Mängel für Völker gehobener Kultur und Zivilisation noch immer die erträglichste Gesellschaftsform ist, von heute auf morgen beheben ... Man unterschätze die Wähler nicht, sie haben einen Instinkt für Anstand und Mögliches und lernen nach bitteren Erfahrungen wohl zu unterscheiden zwischen Phrasen, leeren Versprechungen und Verwirklichbarem. Sie sind imstande von Männern ihres Vertrauens auch harte Wahrheiten hinzunehmen, wenn sie die Empfindung haben, dass sie ehrlich gemeint sind, ihnen fasslich und glaubhaft vorgetragen werden. Das zu erreichen müsste man zunächst den Mut finden, eines der schlimmsten Übel zu bekämpfen unter denen die Öffentlichkeit leidet, nämlich die Verbreitung von Halbwahrheiten."[499]

Dabei war es Fetzer durchaus klar, dass in der Politik das Ringen um Wahrheit und Geradlinigkeit oft gar nicht so einfach ist.

Fetzer sorgte sich auf Grund der Veränderung des politischen Klimas, die seiner Beobachtung nach seit dem Ende des Zweiten Weltkriegs eingetreten sei, um die Entwicklung der „deutschen Innen-, aber noch mehr der Aussenpolitik ... Hier, wie in Österreich ... scheint man vor lauter materiellem Wohlbefinden das Gefühl

499 Franz C. FETZER, Laudatio für Reinhard Kamitz anlässlich dessen 75. Geburtstags. Unveröffentlichtes Manuskript.

für grundsätzlich Wichtiges und Notwendiges sowie für Realistik in der Politik verloren zu haben. Egoismus und Erfolgssucht drängen, was die Persönlichkeiten angeht, unter rücksichtsloser Ellenbogenarbeit nach vorne."[500]

In der Beurteilung des Ost-West-Verhältnisses verwundert sich Fetzer in einem Brief, welchen er an den in den USA lebenden ehemaligen deutschen Reichskanzler Dr. Brüning richtete, darüber, „wie viele Menschen noch immer gegenüber der Bedrohung aus dem Osten und seinen ewigen Versuchen die einheitliche Willensbildung des Westens zu stören, bei jedem scheinheiligen Wort des Entgegenkommens gleich weich werden und am liebsten jede Vorsicht über Bord werfen würden.

Wer so denkt, wohnt entweder zu wenig nahe dem Eisernen Vorhang oder hat ein schlechtes Gedächtnis … Wer sich mit dem Teufel in Grundsätzlichem einlässt, wird von ihm ins Verderben gerissen und es wird kein Gretchen geben, das den Politiker Faust rettet. Am meisten fürchte ich im Augenblick den russischen Einfluss auf die arabische Welt. Nur Festigkeit und Widerstand kann helfen. Hoffentlich gelingt es den Amerikanern, den Vorsprung, den die Russen in Bezug auf die gesteuerten Geschosse haben, noch einzuholen. Leider lassen sich unsere Freunde noch immer schwere Unterlassungssünden zu Schulden kommen und es ist nur ein geringer, aber eben doch ein Trost, dass auch bei den Russen nicht alles Gold ist, was glänzt. Weder innenpolitisch, noch in der Wirtschaft, noch im Verhältnis zu den Satelliten scheint mir dort alles so in Ordnung zu sein, dass außenpolitische Verwicklungen im Sinne eines allgemeinen Krieges augenblicklich gewagt werden dürfen. Bleibt immer noch die Sorge, dass dies nicht zu einer Flucht nach vorne führen möge."[501]

Bezüglich der Innenpolitik appelliert Fetzer an die hohe Verantwortung in der Politik: „Selbstverständlich sollen und müssen Politiker wie eh und je für ihre Überzeugung kämpfen. Die letzten Entscheidungen haben im demokratischen Staat im Parlament zu fallen. Worauf es ankommt ist, dass in besonders schwierigen und umkämpften Situationen nicht durch Vernebelung der Argumente es zur Ver-

500 Schreiben Dr. FETZERS an Dr. Brüning, 6.12.1965.

501 Schreiben Dr. FETZERS an Dr. Brüning, 20.12.1958.

schärfung des politischen Klimas bis zu groben Missbrauch der Macht kommt, sondern zur Bewährung weit blickender demokratischer Gesinnung, die das ‚respice finem' = ‚bedenke die Folgen' der Römer im Auge behält."[502]

In diesem Sinne pflegte Dr. Franz C. Fetzer in verschiedenen Gesprächen immer wieder zu vermitteln, dass man bei allen Handlungen und Entscheidungen stets auch daran denken sollte, dass es irgendeinmal eine allerletzte Instanz gebe, vor der man sich zu verantworten hätte.

502 Franz C. FETZER, Laudatio für Reinhard Kamitz anlässlich dessen 75. Geburtstags. Unveröffentlichtes Manuskript.

Fetzer als Pensionist im „Unruhestand“

Fetzer, dem es vergönnt war, ein wahrhaft biblisches Alter zu erreichen, hatte zum Prozess des Älterwerdens ein unbekümmertes Verhältnis.

Bei einer Feier zu Ehren eines hohen runden Geburtstages eines Kollegen meinte dieser zu Fetzer in überaus verbindlichem Ton: „Wir werden alle älter.“ Daraufhin unterbrach ihn Fetzer sehr unwirsch und meinte: „Sie vielleicht, ich nicht!“[503]

Er war auch noch im hohen Alter von „ungebrochenem Temperament und nie versiegender Neugier“, was der Präsident der Industriellenvereinigung Mayer-Gunthof mit der lateinischen Wendung „rerum novarum cupidus“ umschrieb.[504]

In der „Süd-Ost-Treuhand“ in der Prinz-Eugen-Straße hatte Dr. Franz C. Fetzer ein Büro, das mit wertvollen Kunstwerken ausgestattet war. Er wollte als Pensionist nicht den ganzen Tag zu Hause verbringen, so gehörte es zu seinem Tagesablauf, dass er täglich meist mit der U-Bahn in das Büro fuhr, wo er immer wieder Besuche empfing.[505] Nicht selten waren Persönlichkeiten aus Wirtschaft und Politik dabei, die seinen Rat einholten.

Bis zu seinem 97. Lebensjahr war er noch regelmäßig in der Firma anzutreffen.

Franz C. Fetzer nahm auch noch im hohen Alter großen Anteil am öffentlichen Geschehen und durch seine vielseitigen Interessen blieb er geistig jung.

Er war auch sehr stolz darauf, dass sich die „Süd-Ost-Treuhand“ so erfolgreich entwickeln konnte, dass sie das Palais Wenkheim in der Wiener Praterstraße 23 gekauft hat. Das Verhältnis zu den Mitgesellschaftern und zu seinen Nachfolgern

503 Herbert KREJCI, Laudatio zum 90. Geburtstag von DDr. Franz C. Fetzer vom 4.4.1990, S. 1.

504 Herbert KREJCI, Laudatio zum 90. Geburtstag von DDr. Franz C. Fetzer vom 4.4.1990, S. 2.

505 Herbert KREJCI, OHA-WISOG, AL 2121-4/04, S. 28.

im Unternehmen war dann in der Folge allerdings nicht mehr ganz friktionsfrei und er musste manche Enttäuschung hinnehmen.[506]

Dr. Fetzer las neben seiner täglich mit großer Akribie studierten „Neuen Zürcher Zeitung" alles, was es an interessanter aktueller Literatur gab. Er hatte beim Lesen stets einen Bleistift dabei, mit welchem er alles kommentierte, und er eignete sich durch seine Exzerpte einen ungeheuren Zitatenschatz an.

Er pflegte auch die Korrespondenz mit Freunden und guten Bekannten und nahm sich Zeit für meist mehrseitige Briefe. So korrespondierte er auch mit einigen sehr bedeutenden Persönlichkeiten aus Politik, Wirtschaft, aber auch aus der Bildenden Kunst und der Literatur. Dazu gehörte beispielsweise der bekannte amerikanische Schriftsteller Thornton Wilder, dem er zu dessen Geburtstag ein zitatengespicktes Schreiben sandte.[507] Wilder bedankte sich für Fetzers Briefe mit der Versicherung, dass er wirklich selten so „verständnisvolle Worte" empfing. Fetzers Plan, Thornton Wilder in den USA zu besuchen, konnte auf Grund von Wilders gesundheitlichen Problemen nicht realisiert werden.[508]

Er war eine unheimlich facettenreiche Persönlichkeit. So stellt der steirische Industrielle Tessmar-Pfohl fest: „Ich habe zuletzt mit ihm, da war er 92 oder 93, ein sehr interessantes Gespräch in Wien geführt und es ist nicht so häufig, dass über 90-Jährige mit dem Täglichen noch voll vertraut und dem kritisch gegenüber stehend sind und die grundsätzlichen zukünftigen Entwicklungen der US-Wirtschaft oder der europäischen Wirtschaft analysieren, wie er das getan hat. Er ist sicher jemand, der eine ganz außergewöhnliche Prägung als Persönlichkeit hatte."[509]

Er nahm auch noch im hohen Alter seine Funktionen in verschiedenen Vorständen wahr, solange er dazu fähig war. Und wenn er sich zu Wort meldete, dann herrschte immer „sprachlose Stille", und seine Beiträge waren durchaus substanziell.[510]

---

506 Walter JAKOBLJEVICH, OHA-WISOG, AL 2143-9/04, S. 9 f.

507 Als ein Beispiel für Fetzers „Briefkultur" ist im Anhang sein Brief an Thornton Wilder vom April 1975 zu finden.

508 Siehe Brief von Thornton Wilder, 3. 11.1975. Familienarchiv Fetzer.

509 Werner TESSMAR-PFOHL, OHA-WISOG, AL 2141-9/04, S. 2

510 Herbert KREJCI, OHA-WISOG, AL 2121-4/04, S. 30.

So hatte Dr. Wolfgang Schüssel, als er Wirtschaftsminister wurde, eine Gesprächsrunde zu wirtschaftspolitischen Frage eingerichtet, in welcher Dr. Franz C. Fetzer zu den Fragen der Verstaatlichten Unternehmen meist sehr pointiert und inhaltsreich Stellung nahm.[511]

Fetzer übte auch noch im Alter eine faszinierende Wirkung aus, so charakterisierte ihn ein Journalist anlässlich seines 90. Geburtstages: „Der kleine, zierliche Mann, drahtig fast wie einst, dessen Blick das Gegenüber taxiert, insistent wie flexibel, Freund wie Feind nicht scheuend, ist selbst mit Neunzig jener Typ, dem viele ihre Zukunft anvertraut wissen möchten. Denn Ehrgeiz und Ausdauer, ja elitärer Selbstvorbehalt verbinden sich mit geistiger Neugierde und Lebenskultur."[512]

Innerhalb der Industriellenvereinigung leitete er weiterhin über Jahrzehnte den wichtigen Ausschuss für Steuer- und Finanzpolitik, bis in seine hohen 80er. Hier war er sehr erfolgreich, da er ein exzellenter Kenner der Materie war.

Mit zunehmendem Alter stellte sich bei ihm eine gewisse Schwerhörigkeit ein. Trotz Hörgerät hatte er Probleme bei Diskussionen allen Beiträgen zu folgen; dies veranlasste ihn dazu, sukzessive Funktionen abzugeben, die mit der Leitung von Versammlungen verbunden waren.[513]

Fetzer hatte durchaus auch noch als Pensionist einen gewissen Einfluss, einerseits, weil seine „Nachfolger gerne auf ihn gehört haben" und andererseits holte er sich immer wieder Leute „zu Gesprächen und man ist auch gerne hin gegangen".[514]

Als Polyhistor verfügte er über ein ungeheures Wissen, so verstand er es, seine Gesprächspartner mit seinen Ausführungen zu fesseln. Es gab kaum ein Thema, in dem er nicht blendend beschlagen war.

---

511 Gesprächsmitteilung von Bundeskanzler Dr. Wolfgang Schüssel vom 18.7.2006.

512 N. N., F. C. Fetzer – mit Neunzig noch in der Pflicht, Die Presse, 6.4.1990, S. 27.

513 Franz-Paul FETZER, OHA-WISOG, AL 2182-2/05, S. 22.

514 Erhard BUSEK, OHA-WISOG,VIP 2131-8/04, S. 11 f.

Manche seiner damaligen Besucher erinnern sich heute noch daran, dass er eine ganz besondere Aura hatte, und dass man die gesamte Umgebung fast völlig vergaß, wenn er mit leiser Stimme aus seinem großen Erfahrungsschatz schöpfte.

Mit 79 Jahren hatte er einen schweren Autounfall, als er von Wien zur Vertragsunterfertigung für seinen Zweitwohnsitz in Kitzeck in die Steiermark fuhr.[515] Dr. Fetzer erlitt einen Kniescheibenbruch, Schnittverletzungen im Gesicht und zahlreiche Prellungen, Charlotte Fetzer hatte es mit schmerzhaften Serienrippenbrüchen noch schlimmer getroffen, die im Fonds mitfahrende Luise Klement kam relativ unversehrt davon. Glücklicherweise war Dr. Fetzer mit einem sehr robusten Rover unterwegs, die Unfallfolgen hätten, gemessen an der hohen Aufprallgeschwindigkeit, sonst noch weit schlimmer ausfallen können. Nach einem einwöchigen Aufenthalt im Spital konnte das Ehepaar Fetzer wieder in häusliche Pflege entlassen werden.[516]

Dr. Franz C. Fetzer blieb bis in das hohe Alter körperlich erstaunlich fit. Er tat aber auch etwas dafür und machte jeden Tag seinen Frühsport mit Liegestützen und absolvierte Gelenkigkeitsübungen. Er ist mitunter den fahrenden Straßenbahnen nachgelaufen. Als er einmal einen Friedhof besuchte und er es übersah, dass dieser bei einbrechender Dunkelheit abgeschlossen wurde, kletterte er trotz seines vorgerückten Alters – er war bereits über 90 Jahre alt – einfach über den Eisenzaun.[517] Er war aber auch geistig bis in das hohe Alter sehr rege, er las viel und hatte es sich zur Gewohnheit gemacht, sich laufend über ihm interessant erscheinende Dinge Notizen zu machen.

---

515 Der „Kurier“ berichtete in der Morgenausgabe vom 20. November 1979 unter dem Titel „Unfall eines Industriellen“: „Bei einem Auffahrunfall in der Oststeiermark erlitten … der ehemalige Generalsekretär der Vereinigung österreichischer Industrieller, Dr. Franz Curt Fetzer, 79, und dessen Gattin Charlotte, 62, schwere Verletzungen. Das Wiener Ehepaar war auf der Wechselbundesstraße bei Pinggau im Bezirk Hartberg in Richtung Graz unterwegs. Als Dr. Fetzer einen Lkw-Zug überholen wollte und zwei weitere Autos ebenfalls zum Überholen ansetzten, geschah das Unglück: Bei der Vollbremsung kam Fetzers Auto ins Schleudern und prallte auf den Lkw. Dr. Fetzer erlitt einen Kniescheibenbruch sowie Schädel- und Brustbeinprellungen, seine Gattin Serienrippenbrüche.“

516 Luise KLEMENT, OHA-WISOG, AL 227-8/06, S. 15 f.

517 Herbert KREJCI, OHA-WISOG, AL 2121-4/04, S. 28.

Bei seinem 90. Geburtstag „wirkte er wie ein gut erhaltener Sechziger, der sofort wieder am Schwarzenbergplatz als Generalsekretär die Zügel fest in die Hand nehmen könnte".[518]

Bis zu seinem 94. Lebensjahr war er fast täglich in der „Süd-Ost-Treuhand", die inzwischen zur „Europa-Treuhand Ernst & Young" mutiert war und er verbrachte viel Zeit mit Gesprächen.[519]

Die Ernte eines reichen Lebens: unzählige Auszeichnungen und Anerkennungen

Am 12. August 1966 wurde Franz C. Fetzer vom deutschen Bundespräsidenten Heinrich Lübke das Große Verdienstkreuz des Verdienstordens der Bundesrepublik Deutschland verliehen. Dabei nahm der deutsche Bundespräsident nicht nur auf die persönliche Begegnung und den Gedankenaustausch mit Fetzer Bezug, sondern er würdigte neben dessen Tätigkeit für die Industriellenvereinigung und als Vertreter der österreichischen Regierung im Industriekomitee der OECD, vor allem dessen „tapfere Haltung in der Zeit des Nationalsozialismus".[520]

Heinrich Lübke war ja selbst als Abgeordneter der Zentrumspartei im Preußischen Landtag nach der nationalsozialistischen Machtergreifung im Jahr 1933 aus allen Ämtern entlassen und in der Folge zweimal aus politischen Gründen verhaftet worden.[521] So mag es für Fetzer besonders bedeutungsvoll gewesen sein, dass ihm Lübke den Dank dafür aussprach, dass er trotz des Unrechts, das ihm angetan wurde, „den Glauben an das deutsche Volk nicht verloren" habe.[522]

Es gab nach Fetzers Pensionierung immer wieder anlässlich runder Geburtstage große Feiern, in denen sein Wirken ausführlich gewürdigt wurde.

---

518 Kurt VORHOFER, Ein Fest für Fetzer. In: Kleine Zeitung, 6.4.1990, S. 26.

519 Walter WUNDSAM, OHA-WISOG, AL 2136-8/04, S. 5.

520 Schreiben des deutschen Bundespräsidenten Dr. LÜBKE, Bonn am 12.8.1966. Familienarchiv Fetzer.

521 http://www.heinrichluebke.de/bio.htlm, 23.1.2006.

522 Schreiben des deutschen Bundespräsidenten Dr. LÜBKE, Bonn am 12. August 1966. Familienarchiv Fetzer.

Zu Fetzers 80. Geburtstag erschien im Jahr 1980 eine von den beeideten Wirtschaftsprüfern und Steuerberatern der „Süd-Ost-Treuhand A.G." herausgegebene Festschrift unter dem Motto „Mensch – Staat – Recht", für die zahlreiche prominente Autoren gewonnen werden konnten, wie beispielsweise der Nationalratspräsident Dr. Alfred Maleta, Kardinal Dr. Franz König, Finanzminister Prof. Dr. Stephan Koren, Georg J. E. Mautner-Markhof, Dr. Helmut H. Haschek, Dr. Hans Igler und Dr. Josef Taus. Als führende Funktionäre aus Industrie und Wirtschaft verfassten Wirtschaftskammerpräsident Rudolf Sallinger, Dr. Arthur Mussil und Herbert Krejci wertvolle Sachbeiträge. Die Universitätsprofessoren Dr. Karl Lechner und Dr. Walther Kastner waren als Vertreter sehr praxisnaher Wissenschaftsdisziplinen als Autoren vertreten, und zahlreiche Kollegen Fetzers steuerten Beiträge bei, welche ihre erfolgreiche Tätigkeit als Steuerberater und Wirtschaftstreuhänder in ihren Artikeln über steuer-, handels- und gesellschaftsrechtliche Fragen reflektierten.[523]

Fetzer stand aber auch noch bis in das hohe Greisenalter immer wieder im Mittelpunkt von zahlreichen Ehrungen. Der italienische Staat ehrte ihn mit der Verleihung des Titels „Commendatore".

Auf Grund seiner großen Verdienste für das österreichische Wirtschaftsleben wurde die Feier zu seinem 90. Geburtstag geradezu zum Staatsakt, an dem Bundespräsident Dr. Kurt Waldheim, und zahlreiche Persönlichkeiten des öffentlichen Lebens teilnahmen. Präsident Dr. Heinz Kessler und Prof. Herbert Krejci würdigten in ihren Ansprachen Fetzers Beitrag zur guten wirtschaftlichen und sozialen Entwicklung der Zweiten Republik. Als musikalische Umrahmung hatte man sich etwas ganz Besonderes einfallen lassen: Zur allgemeinen Überraschung marschierte die österreichische Gardemusik unter Kapellmeister Oberstleutnant Schadenbauer in den Großen Festsaal der Industriellenvereinigung ein und erfüllte den Wunsch des Jubilars, den Unterschied zwischen der österreichischen und der preußischen

523 Walter ALBESEDER – Walter DEICHSTETTER – Geiserich E. TICHY – Walter WUNDSAM (Hg.), Mensch – Staat – Recht, Festschrift Dr. Franz Curt FETZER zum 80. Geburtstag, Wien 1980.

Militärmusik anhand von Beispielen sichtbar zu machen.[524] Nachdem ein Teil der Kapelle mit dem „Preußischen Präsentiermarsch“ von Friedrich Wilhelm III. den Festsaal zum Vibrieren gebracht hatte, spielte dann die auf der anderen Seite einmarschierende Kapelle Karl Michael Ziehrers „Schönfeldmarsch“. Zur allgemeinen Erheiterung trug bei, dass dann „Happy Birthday to You“ intoniert wurde. Den Schluss bildete der „Radetzkymarsch“ von Johann Strauß Vater.

Fetzer dankte mit einer humorgewürzten Rede: „Ich bin eitel und freue mich natürlich kindisch über das Lob.“[525]

Der Zweite Präsident des Österreichischen Nationalrates, Dr. Neisser, der selbst einmal in der Vereinigung Österreichischer Industrieller tätig war, würdigte Fetzer anlässlich seines 95. Geburtstages mit den Worten: Sie waren „immer einer, der mit Erfahrung und großer Weisheit ermuntert und aufgerichtet hat. Sie waren für mich immer ein Repräsentant großer menschlicher Weisheit, eines außergewöhnlichen ökonomischen Wissens und einer kulturellen Faszination.“[526]

Der niederösterreichische Landeshauptmann Dr. Erwin Pröll würdigte, dass Fetzer „jahrelang als Industrieller im Waldviertel tätig“ war und diese Region „gerade in schwerster Zeit belebt“ habe.[527]

„Ich bin ein Stück vom Inventar des Schwarzenbergplatzes“

Mit diesen Worten hatte sich Fetzer in seiner Ansprache bei der von der Industriellenvereinigung veranstalteten Feier zu seinem 90. Geburtstag bedankt. Diese Worte standen aber auch als Motto über den Bericht über die Feier anlässlich seines 95. Geburtstages.[528]

---

524 N. N., 90 Jahre und kein bisschen alt! Die Republik ehrte Dr. Fetzer zum 90. Geburtstag. In: Die Industrie, 11.4.1990, S. 6 f.

525 Kurt VORHOFER, Ein Fest für Fetzer. In: Kleine Zeitung, 6.4.1990, S. 26.

526 Schreiben von 2. Nationalratspräsidenten Dr. NEISSER vom 11.5.1995. Familienarchiv Fetzer.

527 Grußbotschaft von Landeshauptmann Dr. Erwin PRÖLL vom 20.4.1995.

528 Herbert KREJCI, Franz C. Fetzer zum 95. Geburtstag, Ein Stück vom Inventar. In: Die Industrie, Nr. 15,

Dieses Bekenntnis zeigt einerseits, dass sein Leben durch die Arbeit für die Industriellenvereinigung geprägt war, andererseits hat er durch seine Persönlichkeit, sein Wirken und seinen Stil auch der Industriellenvereinigung durch Jahrzehnte als nachdenklicher Mahner und visionärer Vorausdenker eine eigene Prägung gegeben.

Am 3. Jänner 2000 ist Dr. Franz C. Fetzer knapp vor der Erreichung seines 100. Geburtstages friedlich entschlafen. Der „Zeuge des Jahrhunderts“[529] wurde am Pötzleinsdorfer Friedhof in Wien beigesetzt.

12.4.1995, S. 34. Siehe auch P. BREITSCHOPF, Curt Fetzer – Kerzengerade. In: Wochenpresse, 6.4.1990, S. 28.

529 Ernst-Werner NUSSBAUM, Zeuge des Jahrhunderts, Presse, 12.1.2000.

Schlusswort

Dr. Franz Curt Fetzer ist aus dem Rheinland zugewandert und nach 1945 zum begeisterten Österreicher geworden, der für dieses Land sehr viel geleistet hat. Er ist selbst ein Stück dieses Landes geworden, das er in seiner wirtschaftlichen und sozialen Entwicklung mitgestaltet hat.

Es gibt viele historische Beispiele dafür, dass gerade Persönlichkeiten, deren Wiege im Ausland stand, einen ganz besonderen österreichischen Patriotismus entfalten.

Dr. Fetzer hatte ein erfülltes Leben, das von 1900 bis 2000 genau das 20. Jahrhundert ausfüllte. Er war sich dessen bewusst, dass das Erreichen eines so hohen Alters keine Selbstverständlichkeit ist, und so pflegte er zu sagen: „Gott hat mir einen schönen Sonnenuntergang geschenkt."

Fetzer hat es geschafft, durch seinen Charakter, durch Disziplin und Arbeitsfreude bis in das hohe Alter ein Vorbild zu sein. Auch noch bei seinem Eintritt in das zehnte Dezenniums seines Lebens war er ein aktiver Mitarbeiter der Industriellenvereinigung und verblüffte seine Umgebung mit seiner Vitalität und seinem klaren und durch historische Erfahrung abgesicherten Urteilsvermögen und er verstand es auch, stets ohne Rücksichtnahme auf irgendwelche Empfindlichkeiten seine ungeschminkte Meinung zu sagen.

Seine Stimme ist inzwischen verstummt, doch das Andenken an diesen großen Österreicher lebt weiter.

Er gehört zu jenen großen Persönlichkeiten der österreichischen Sozialpartnerschaft, die in den 50er- und 60er-Jahren zur Basis für Österreichs Weg zu Wohlstand und sozialer Sicherheit entscheidend beigetragen haben.[530]

---

530 Kurt VORHOFER, Ein Fest für Fetzer. In: Kleine Zeitung, 6.4.1990, S. 26.

Er war ein Anhänger der Sozialen Marktwirtschaft und er trat für ein Gesellschaftsbild ein, in welchem der selbst bestimmte Mensch und das freie Unternehmertum eine zentrale Rolle spielen. Er hat durch seine Beratungstätigkeit viel Positives bewirkt und er leistete seinen Beitrag dazu, dass die Steuerpolitik und der wirtschaftspolitische Kurs, wie er beispielsweise durch den Raab-Kamitz-Kurs symbolisiert wird, den Aufstieg Österreichs zu einem der reichsten Länder der Welt ermöglichten.

Es ist nicht übertrieben, Dr. Fetzer als einen der Baumeister der Zweiten Republik zu bezeichnen.[531]

Sein Vermächtnis entspringt seinem Lebensweg, welcher durch die Erfahrungen aus den dramatischen 20er- und 30er-Jahren geprägt war. Er hatte miterlebt, welche negativen Auswirkungen der Nationalsozialismus gehabt hatte. Dies prägte ihn in seiner entschiedenen Ablehnung gegenüber dem allfälligen Aufkeimen rechtsextremer Tendenzen.

Er appellierte immer wieder an die Politik, sich ihrer großen Verantwortung bewusst zu sein, um dem Populismus, den schlagwortartigen Vereinfachungen und dem Ansprechen von niedrigsten Instinkten zu entsagen. Das brutale Heruntermachen all jener, die einem nicht passen, war ihm zuwider.[532]

Es war ihm immer wieder ein Anliegen, Jüngeren, die diese Zeit nicht erlebt hatten, zu vermitteln, dass nur ein vernünftiges Miteinander und der Geist zur Zusammenarbeit uns davor bewahren kann, jene Fehler zu wiederholen, die bereits einmal gemacht wurden. Es war ihm, der umfangreiche Geschichtskenntnisse hatte, aber seinen Blick stets in die Zukunft richtete, ein zentrales Anliegen, dass aus der Geschichte gelernt wird.

---

531 Hans RAUSCHER, Baumeister der Republik: Franz Curt Fetzer, 95. In: Kurier, 18.5.1995, S. 25.

532 Hans RAUSCHER, Ein konservativer Zeitzeuge warnt. In: Kurier, 24.2.1993. S. 2. In diesem Kommentar skizzierte der Verfasser die überaus kritische Haltung von Dr. Franz C. Fetzer zum Aufstieg des Politikers Dr. Jörg Haider.

Anhang

Präsidenten und Hauptgeschäftsführer bzw. Generalsekretäre der Vereinigung Österreichischer Industrieller ab der Neugründung in der Zweiten Republik

Präsidenten:

Dr. Hans LAUDA (Veitscher Magnesitwerke AG, Wien)
Ab Gründung 1946 – April 1960

Dr. Dr. h.c. Franz Josef MAYER-GUNTHOF (Vöslauer Kammgarnfabrik AG, Vöslau)
April 1960 – Juni 1972

Dr. Hans IGLER (Schoeller & Co, Wien)
Juni 1972 – Juni 1980

Ing. Fritz MAYER (ITT- Austria GmbH, Wien)
Mai 1980 – November 1980

Dr. Christian BEURLE (Österreichische Bau AG, Linz)
November 1980 – Juni 1988

Dr. Heinz KESSLER (Nettingsdorfer Papierfabrik AG, Nettingsdorf)
Juni 1988 – Mai 1996

DI. DDr.h.c. Peter MITTERBAUER (Miba AG, Laakirchen)
Mai 1996 – Juni 2004

Dr. Veit SORGER (Mondi Packaging AG & Mondi Business Paper Holding AG)
Ab Juni 2004

Hauptgeschäftsführer bzw. Generalsekretäre:

Dr. Alexander HRYNTSCHAK
Ab Gründung 1946 – 1948

Josef C. BÖCK-GREISSAU
1948 – 1953

Dr. Herbert THAUSING
1953 – 1960

Dr. Franz Curt FETZER
1961 – 1970

Dr. Kunata KOTTULINSKY
1971 – August 1974

Dr. Franz HELBICH
September 1974 – 1976

Botschafter a.D. Dr. Arno HALUSA
1977 – Mitte 1979

Prof. Herbert KREJCI
Mitte 1979 – 1992

Dr. Franz CESKA
1992 – Jänner 1997

Dkfm. Lorenz FRITZ
Februar 1997 – August 2004

Mag. Markus BEYRER
Ab August 2004

DR. FRANZ CURT FETZER

WIEN April 1975
XIX, ZUCKERKANDLGASSE 2

Verehrter Herr Wilder!

Es ist für einen Fünfundsiebzigjährigen nicht einfach, seinen ersten Brief an einen Schriftsteller – Philosophen – Dichter – zu schreiben. Hemmend wirkt eine gewisse Scheu aufdringlich zu erscheinen aus der Erfahrung der Lektüre vieler Briefwechsel, die, gerade weil sie persönlicher sind als Romane und Novellen, zeigen, wie zeitraubend und belastend auch wohlwollende Korrespondenten den Adressaten sein können.

Wenn ich die Bedenken überwinde, so hauptsächlich deswegen, weil immer mehr Verwandte, Bekannte und Freunde rund um jeden älteren Menschen herum vom Tode abberufen werden und man sich bei der Nachricht davon oft unter Vorwürfen fragt, warum hast du ihm oder ihr nicht bei Lebzeiten deine Zuneigung zu verstehen gegeben oder sie nicht doch wärmer empfinden lassen, Ermutigendes gesagt, Dank und herzliche Gefühle zum Ausdruck gebracht. Nun ist es zu spät und Unterlassenes durch Trauer im nachhinein nicht wieder gut zu machen. Kein Kranz, kein Brief an die Hinterbliebenen kann ausgleichen, was man in Gleichgültigkeit, Faulheit oder Herzenskälte unterlassen hat.

Thornton Wilder lese ich seit 1935. Damals lebte ich in Berlin. Bis zur Machtergreifung der Nationalsozialisten war ich Sekretär des Wirtschaftspolitischen Ausschusses der Zentrumsfraktion im Reichstag. Meine Chefs waren der Reichskanzler Dr. Brüning und Prof. Dr. Friedrich Dessauer. Seit 1933 war ich arbeitslos und verfolgt. In dieser Zeit trafen sich in Lichterfelde im Hause Dr. Respondeks und seiner Frau Charlotte regelmässig Gleichgesinnte. Einer von ihnen, der 1945 im Zusammenhang mit dem Attentat vom 20. Juli 1944 erschossene Rechtsanwalt Dr. Josef Wirmer machte mich, sozusagen zum Trost in der schweren Zeit und zur Ablenkung auf Ihre „Brücke von San Luis Rey" aufmerksam. Von da ab las ich alles was ich von Ihnen bekommen konnte und es war zunächst während des Krieges gar nicht so leicht an Ihre Bücher z. B. „Die Cabala" heranzukommen.

Für so Vieles habe ich Ihnen seitdem zu danken, dass es mich drängt – Hemmungen hin, Hemmungen her – auch Worte dafür zu finden, ehe es zu spät ist.

Verzeihung, das klingt ja fast so, als ob ich mir für Sie nicht noch viele Jahre der Lebensfreude und des erfolgreichen Schaffens vorstellen würde. Im Gegenteil, gerade das wünsche ich Ihnen zu Ihrem kommenden Geburtstag vom ganzen Herzen. Das Datum behalte ich deswegen leicht, weil auch ich am 17. April geboren bin – wenn auch im Jahre 1900. Ihre Photographien auf den Umschlägen zu „The Eighth day" (Paul Conklin) und „Theophilus North" (Jill Krementz) lassen hinsichtlich Ihres Gesundheitszustandes das Beste hoffen.

Auch wenn Worte wie Dank für Trost und Ablenkung in schweren Tagen in diesem Zusammenhang ernst gemeint und überlegt gewählt sind, möchte ich es dabei nicht bewenden lassen. Vielmehr geht es mir um den Wunsch, Ihnen, nach all dem, was Sie mir gaben, auch ein Geschenk zu machen, Womit? Blumen? Doch wohl nur für Damen geeignet! Bücher? Dazu eine kleine Erinnerung: Da war einmal der Dichter Richard Billinger bei uns zu Hause zu Gast und als ich, in dem Glauben das der Angemessenheit des Unterhaltungsniveaus schuldig zu sein, das Gespräch auf den von mir so sehr verehrten J. W. Goethe bringen wollte, meinte der Gast: „Bleiben wir doch lieber unter uns". Etwas zum trinken? Whisky in die USA? Das hiesse Eulen nach Athen tragen. Schliesslich kam ich auf den Gedanken den Versuch zu machen, eine Art geistige Anstrengung zu schenken und Formulierungsschwierigkeiten, mit denen ich zu kämpfen habe zum Trotz, in möglichst einfachen Worten Thornton Wilder zu sagen, warum ich ihn verehre und warum ich mich ihm geistig nahe fühle.

Am 13.6.1819 schrieb J. W. Goethe an F. Rochlitz:
„Es gibt dreierlei Arten Leser: eine, die ohne Urteil geniesst, eine dritte, die ohne zu geniessen urteilt, die mittlere, die geniessend urteilt und urteilend geniesst; diese reproduziert eigentlich ein Kunstwerk aufs neue."

Wenn es nun bei mir zum Produzieren leider nicht reicht, ist es doch tatsächlich so, als ob Ihre Bücher, die ich geniessend beurteile und urteilend geniesse, in mir aufs neue geschaffen werden in dem Sinn, dass ich nicht nur dem Augenblicksgenuss des Lesens hingegeben freudig miterlebe, sondern den Gedanken nachgehe, die der Schriftsteller entwickelt, zu begreifen versuche, worauf er mit der gewählten Form der dichterischen Gestaltung hinaus will, mich mit ihm auseinandersetze und last not least mit seiner Hilfe an mir selbst arbeite.

Mir gefällt vor allem, dass Th. W. nicht nur geistvoller und phantasiereicher Erzähler ist, sondern dass er seine Leser zum mit- und nachdenken anregt. Er ist offensichtlich nicht nur Schriftsteller und Dichter, sondern auch Philosoph und Moralist im besten alten Sinne dieses Wortes. Wie wohltuend, dass seine überlegene Geistigkeit nie überheblich, nie dozierend oder schulmeisternd wird. Ich besitze eine kleine Holzplastik mit Goldlack überzogen aus der Zeit der Ming Dynastie, ein sitzender Konfuzius mit altertümlicher Kopfbedeckung, die rechte Hand mit ausgestrecktem Zeigefinger in der Gebärde des Lehrens gehoben und dazu heisst es:

„Wer den Blick auf den weisenden Finger richtet, wird niemals die Schönheit des Mondes schauen."

Immer bleibt menschliche Wärme und Güte, Nachsicht und Verständnis für alle Schwächen der Kreatur für sein Urteil entscheidend; und dies nicht unter dem Gesichtspunkt, einem Unabänderlichen unterworfen zu sein, sondern mit dem Wunsch zu trösten, zu ermutigen, anzuregen, weiter zu entwickeln. Gutes und Böses wird gesehen, wie es eben in der Welt zugeht, aber weder dramatisiert noch bagatellisiert. Alexander Solschenizyn im „Archipel Gulag"
„Selbst in einem vom Bösen besetzten Herzen hält sich ein Brückenkopf des Guten. Selbst im gütigsten Herzen ein uneinnehmbarer Schlupfwinkel des Bösen."

Klingt etwas Verwandtes, nämlich die Wechselwirkung zwischen Gut und Böse, nicht an in den „Iden des März" (XLIX-A Caesars Tagebuchbrief an Lucius Mamilius Turrinus auf der Insel Capri)
„Oh, es wirken Gesetze in der Welt, deren Tragweite wir kaum ahnen können. Wie oft haben wir erhabene Grösse ganze Lawinen von Bösem ins Rollen bringen und Tugend von Schlechtigkeit gezeugt gesehen. (Clodia ist keine gewöhnliche Frau, und als er an sie geriet, hat Catullus Gedichte gesprüht, die nicht gewöhnlich sind.)"

Th. W. ergeht sich nicht in Selbstbespiegelung, die bei so vielen modernen Schriftstellern, und seien sie noch so begabt, abstösst und sehr rasch eine Übersättigung beim Leser hervorruft. Das gilt nicht nur für die sexuellen Probleme, die bis zum Ekel ausgewalzt werden. Man muss Th. W. nur aufmerksam gelesen haben, um zu wissen, dass er imstande wäre auch auf diesem Gebiete zu excellieren, wenn es ihm nicht zuwider wäre! Eine seiner stärksten Seiten ist vielmehr die Zartheit, mit der er die fernsten Regungen der Zuneigung und Liebe auszudrücken versteht. Ein paar Beispiele, die mich besonders entzücken:

Die Brücke von San Luis Rey, zu Ende des zweiten Teiles: die Marquesa zu Pepita in der Angelegenheit des Briefes. Wie sie scheu und die aufkeimenden herzlichen Gefühle ängstlich verleugnend aneinander vorbeireden.

Die Frau aus Andros
„Und es entrang sich ihr der leise, verzweifelte Seufzer, der unser Einspruch ist gegen den unmöglichen, den unverbesserlichen geliebten Menschen."

The Eighth Day:
"He awoke later at the moment when Eustacia Lansing entered the room. She was wearing one of those outrageous dresses of plum color and red, suggesting tropical flowers and fruits set in deep green foliage. There was the fascinating mole under her right eye. He verified for the thousandth time that one of her eyes was green-to-blue and the other was hazel-to-dark brown.[+)]
As so often she seemed scarcely able to contain herself; some merriment, some reprehensible joke was about to convulse her. John Ashley had made it a rule in life not to permit his thoughts to dwell on Eustacia Lansing. At most he allowed his mind in delight. To glance toward her, to brush her. But altitudes play strange tricks on a man.
'Stacey!' he cried and began to laugh until his sides hurt.
'This isn't high , she said in Spanish. 'The children want to go much higher.
'Stacey, you can't speak Spanish! Where'd you learn Spanish? – What children? Whose children?'
'Our children, Juanito, Ours.'
'Whose?'

+) like Edweenas: I guess Th. W. has a special inclination for two-coloured eyes

'Yours and mine.'
He was laughing so he almost fell out of bed. His fingertips touched the floor. 'We have no children, Stacey.'
'Donkey! How can you say a thing like that! We have so many and you know it!'
Suddenly hushed, he asked hesitantly, 'Have we? I only kissed you once and Breck was standing right beside you.'
'Really?' she said, a strange smile on her face. 'Really?' and she went out the closed door."

Diese Szene rührt mich – lächeln Sie ruhig – zutiefst und immer wieder.

Theophilus North – Edweena:
"'Charmes d'amour, qui saurait vous peindre?' as Benjamin Constant wrote on setting out to describe a similar encounter. 'Enchantments of love, what artist can picture you?' The generosity of the woman, the bold tenderness of the grown man – the fathomless gratitude to nature for its revelation of itself, yet with some reminder that death is the end of all, death accepted, death united with life in the chain of being from the primal sea to the ultimate cold. 'Charmes d'amour, qui saurait vous peindre?'
...
She must have turned off the alarm clock instantaneously for it did not wake me. When I woke at the ship's whistle she had taken all her possessions and was gone. On the mirror was written with soap, 'Don't change.'"

Derselbe Mann lässt seine Leser alle Höhen und Tiefen dessen erleben, was zwischen Cäsar und Cleopatra an Funken sprühte, sie begeisterte, sie zueinandertrieb und sie auch trennte. Der Diktator liebt, geniesst und empfindet Schweres wie jeder Sterbliche. Doch nicht wie jeder! Betet er so herzzerreissend an, leidet er so verzweifelt und elend wie Catull unter Clodia?

Andere schreiben ganze Bücher, um solche Spannungen beim Leser zum mitklingen zu bringen. Für die Iden des März wurde Cäsars Stil studiert und daraus übernommen, was Sueton Cicero im Kapitel 56 des „Gajus Julius Cäsar" über dessen Schreibweise sagen lässt: „Er hat Denkwürdigkeiten geschrieben, die das höchste Lob verdienen; sie sind ganz ungekünstelt, rein und fliessend geschrieben, sie stellen die Begebenheiten gleichsam ganz nackend dar, ohne allen Schmuck des Ausdrucks!"

(Auch Romane sind „Denk"würdigkeiten)

So lassen Sie den grossen Dichter neben hochpolitischem und weltanschaulichem ganz einfaches, alltägliches, menschlich liebenswertes und ach so Zutreffendes sagen wie:
„Es gab Zeiten, wo mich tagelang irgendein Lied bedrängte,
das ich über die Gartenmauer oder von meinen Soldaten
am Lagerfeuer gehört hatte. ‚Sag nicht nein, kleine Belgierin',
oder ‚Mond, wo weilet Chloe nun?' Wenn die Verse aber von
einer Meisterhand sind, ist es keine Bedrängnis, sondern,
beim Hercules! – eine Erweiterung der Persönlichkeit. Mein
Schrittmass verdoppelt sich, und ich bin zweimal meine Grösse."

Was die Entwicklungslinie der Bücher betrifft, zeigt die Cabala so recht die Pranke des jungen Löwen, übersprudelnder Esprit, nachdenkliche, nachsichtige Liebe zum ewigen Rom, nicht ohne Selbstbewusstsein bezüglich der Entwicklung der neuen jungen Welt im Vergleich zu der Verwirrung der Gefühle im alten Europa.

Der grosse Wurf ist für mich formal und inhaltlich die Brücke von San Luis Rey. Wie reif Sie schon in Ihren Zwanziger-Jahren waren! Da ist der Griff nach den letzten Fragen unseres Daseins, das Ringen um ein Glaubensbekenntnis – schon damals ein espérer contre toute espérance?

Auffallend die tiefe Kenntnis des menschlichen Herzens und die Einsicht
„Bald aber werden wir alle sterben, und alles Angedenken jener fünf wird dann von der Erde geschwunden sein, und wir selbst werden für eine kleine Weile geliebt und dann vergessen werden. Doch die Liebe wird genug gewesen sein; alle diese Regungen von Liebe kehren zurück zu der einen, die sie entstehen liess. Nicht einmal eines Erinnerns bedarf die Liebe. Da ist ein Land der Lebenden und ein Land der Toten, und die Brücke zwischen ihnen ist die Liebe – das einzig Bleibende, der einzige Sinn."

Nahe Christus, den Evangelisten und Paulus.

Die Frau aus Andros ein Idyll, ein Bekenntnis zum Humanismus in antikem Kleid.

„Das Unrecht, das wir denen zufügen, die wir lieben und ehren, ist mehr, als sich ertragen lässt."

„Die Irrtümer, die wir durch Grossmut begehen, sind weniger schrecklich, als die Vorteile, die wir durch Bedacht gewinnen."

„Wahrer Einfluss auf die Menschen rührt nicht von der Beredsamkeit eines Augenblicks her, noch von irgendeinem glücklich gewählten Ort, sondern von den während einer ganzen Lebenszeit gesammelten Gedanken, die in den Augen aufgespeichert sind."

Heaven's My Destination, ein Stück Amerika. des mittleren Westens, ein Amerikaner, nicht „in Paris" und glücklicherweise auch nicht in New York. Die meisten von uns kennen zu wenig vom vielverkannten Amerika und wenn überhaupt etwas, dann nur die grossen Städte, bestenfalls Diplomaten, Beamte, Geschäftsleute, ein paar Verwandte.

Reinhold Schneider nannte diesen Roman die Geschichte eines Heiligen in der Verkleidung seines Landes und seiner Zeit. „Je unheiliger aber die Zeit ist, umso absonderlicher muss die Verkleidung werden. Von Wilders Büchern ist mir dieses am nächsten gekommen."

Mich bringt es im weiteren Sinn auf die „Destination" der USA, ein Thema auf das ich, weil es mit Gedankengängen zu tun hat, die von Ihren Arbeiten (der Achte Schöpfungstag) befruchtet worden sind, auch noch gerne einginge, würde es nicht im Rahmen eines Geburtstagsbriefes zu weit führen.

Quo vadis USA? sind die Bemerkungen überschrieben, die ich, ausgehend von Alexis von Tocqueville gerade in diesen für Ihr Land so schweren Tagen zur Stärkung meiner Zuversicht niedergeschrieben habe.

Daher nun zu den Iden des März.

Ihnen gehört meine ganz persönliche besondere Neigung. Sie sind die reinste Freude, der höchste Genuss für mich als Leser, so wie man an einer von den geliebten Frauen eines langen Lebens besonders hängt, mit dem Verstande nicht erklärbar, nur von einem Dichter mit Worten zu fassen. Mag sein, dass meine ausgesprochene Vorliebe für Geschichte und Kunstgeschichte die Schuld an der Liebe zu den Iden des März trägt. Als Student in München sass ich mehr in den Vorlesungen Wölfflins als pflichtgemäss in den national-ökonomischen und juristischen, las ich lieber Jacob Burckhardt und Plutarch als Adam Smith, J. S. Mills und den Codex juris. Hätten nicht familiäre Sorgen und die Nachkriegsnöte mich zum Broterwerb gezwungen, würde ich das Angebot Wölfflins sein Assistent zu werden, angenommen haben. Oder ist es – und zum grossen Teil ganz sicher – die Verbindung von Eleganz, Esprit und Gedankentiefe, mit der Sie plastischer und überzeugender als Berufshistoriker die Grösse eines der grössten Männer der Weltgeschichte lebendig und begreifbar zu machen verstanden haben.

Zu welch köstlichem play hätte, neben Ihren grossen Stücken, dieses Sujet unter Ihrer Feder werden können!

Dennoch kommt mir The Eighth Day wie die Krönung Ihrer Lebensarbeit vor. Hier ist neben all dem, was schon die früheren Bücher auszeichnete, die totale Schau, so etwas wie ein amerikanisches Welttheater. Der normale Roman behandelt meist Einzelschicksale. Die beiden kriegen sich oder nicht. Es endet in dulce jubilo oder dramatisch. Gewiss gibt es auch zahlreiche fesselnde und tiefschürfende Bücher, die die Schicksale ganzer Familien behandeln, dann aber jeweils als geschlossenes Ganzes. Als besondere Kennzeichen für den Achten Schöpfungstag erscheinen mir zwei Dinge. Erstens das unsentimentale realistische Offenlassen aller Verästelungs- und Entwicklungsmöglichkeiten der Familienzweige für die kommende Zeit und zweitens die Verknüpfung des Einzelnen mit der Vergangenheit und der Zukunft des ganzen Volkes, des ganzen Landes. Die starke Betonung dieser Verklammerung, dieser geradezu chemischen Verbindung, aus der sich die unvorhersehbarsten und unwahrscheinlichsten Reaktionen entwickeln können, hebt den Leser über den Genuss, die ihm die Erzählung als solche bietet, zwangsläufig hinaus in die Sphäre des Schicksalhaften, es klingt in ihm wie die Zweite Symphonie „Die Auferstehung“ von Mahler. Letzte Fragen des „woran sich halten“, des Glaubens, des „woran glauben“ drängen sich auf, verlangen nachdenken und handeln, auch wenn letzte Antworten nicht gefunden werden können. Alles ist in Fluss.

Wir wissen ja, durch die ganze Schöpfung zieht sich ein Seufzen, sie liegt in Wehen bis zur Stunde (Paulus, Römerbrief 8 22).

Alte Probleme für Th. W. (die Brücke von San Luis Rey):
„Manche sagen, es gebe kein Wissen für uns und wir seien den Göttern nichts anderes als Mücken, wie die Knaben sie haschen und töten an einem Sommertag; und manche wieder sagen, kein Sperling verliere ein Federchen, das ihm nicht hinweggestreift wurde von der Hand Gottes.“

Wenn er dann im Schlussatz zu The Eighth Day sagt
"There is much talk of a design in the areas. Some are certain they see it. Some see what they have been told to see. Some remember that they saw it once but have lost it. Some are are strengthened by seeing a pattern wherein the oppressed andexploited of the earth are gradually emerging from their bondage. Some find strength in the conviction that there is nothing to see. Some ..."

schrieb ich mir dazu:
"some live on and try to do and to give their best, conscious of their, of the human weakness but never losing hope and love."

Theophilus North – die verklärende Abendsonne, das Geschenk voller Erinnerungsfreuden für den treuen Leser. So also waren die Jugendträume unseres Th. W., den wir lieben und verehren: des Archäologen, der den zahllosen Schichten der menschlichen Entwicklung tiefschürfend nachgeht, des Detektivs auf den Spuren der edelsten und finstersten Charaktereigenschaften und seelischen Regungen seiner Mitmenschen, des Zauberers, der uns Wirklichkeit und Illusion mit gleicher Meisterschaft vorspiegelt, des taktvollen Liebhabers den seine köstlichen Frauenfiguren unsterblich machen und des Schurken, der er ja nur sein wollte, sozusagen der Vollkommenheit, der Vollständigkeit halber und niemand zweifelt daran, dass er auch dazu das Zeug gehabt hätte, aber es hat glücklicherweise nicht sein sollen, dürfte wohl eher dabei geblieben sein dass ihn – so schwant mir – glückliche Frauen des öfteren „Du lieber Schurke" genannt haben werden.

Zum Abschluss möchte ich ein Dankeswort setzen, das von dem deutschen Dichter Ernst Wiechert stammt, der in den Dreissiger-Jahren ein mutiges Büchlein mit dem Titel „Vom Trost der Welt" geschrieben hat und in dem es heisst:
„Nicht mehr messen wir dann der Art und Weise oder der künstlerischen Kraft die grösste Wichtigkeit zu, mit der ein Bild der Landschaft oder ein liebend umfasstes Menschenantlitz sich in der Seele und Sprache unsres Dichters gespie-

gelt haben, sondern wir wollen auch wissen, wie er zwischen Himmel und Erde sein Leben eingerichtet hat, wie der Schmerz, die Einsamkeit, der Tod und das Jenseits, wie Bettler und König, Demut und Tapferkeit, Schuld und Sühne ihren Platz in seinem Denken und Sein gefunden haben. Wir wollen seine Kunst nicht als eine ihm von der Natur blind zugeteilte Fertigkeit ansehen, sondern wir wollen das Ganze seines Wesens, aus dem die Kunst nur gleich einer Frucht fällt, aber einer Frucht, neben der noch viele andere im Gras seines Lebens ruhen, die uns Speise und Kleid und Stecken und Stab bedeuten sollen. Ja, die uns alle zusammen sein sollen, was die Überschrift verspricht: der Trost der Welt.“

Th. W. wird schon verstehen, wie ich es meine.

Shakespeare sagt in Heinrich VIII, III/2:
„Und s'ist ne Art gut handeln, gut zu reden, obgleich das Wort noch keine Tat.“

So genügt es mir doch nicht nur mit ein paar Worten zu danken, sondern ich möchte noch ein kleines Geburtstagsgeschenk anschliessen. Es ist nicht besonders wertvoll, entspricht aber dem Geist einer echten Gabe, der verlangt, dass man sich zu Gunsten des Beschenkten von etwas Geliebtem trennt. Diese Schrift „Marcus Aurelius Antoninus, To Himself“, des Kaisers und Stoikers, hat auch mit dem Achten Schöpfungstag zu tun. Gerne verbindet man mit dem Begriff „Stoiker“ eine Haltung, die man in Deutschland etwa mit „stur“ übersetzt. Die Stoa war aber nicht nur eine Art heroischer Pessimismus, sondern etwas weitaus edleres und philosophisch höherstehendes, manchmal schon dem Christentum nahes. Ich bin mir ganz sicher, dass Sie Marc Aurel schätzen, auch wenn Sie Cäsar sagen lassen:
"I will have no part in the doctrine of the stoics that the contemplation of death teaches us the vanity of human endeavour and the insubstantiality of life's joys."

Aber sicher stimmen wir beide mit Marc Aurel im folgenden überein (XII Buch/14):

„Entweder gibt es ein unvermeidliches, notwendiges Schicksal und eine unverletzbare Ordnung der Dinge oder eine milde Vorsehung, oder es herrscht nur ein verworrener blinder Zufall. Gibt es nun eine unveränderliche Notwendigkeit, was sträubst Du Dich dagegen? Gibt es aber eine Vorsehung, die sich versöhnen lässt, so mache Dich der göttlichen Hilfe würdig. Herrscht endlich nur ein blinder Zufall, so erfreue Dich an dem Gedanken, dass Du mitten in solchem Wogensturm in Dir selbst an der Vernunft eine Lenkerin hast. Und wenn Dich auch die Strömung mit fortreisst, so mag sie das bißchen Fleisch und Lebenskraft und alles andere mit sich fortnehmen, kann sie doch die Vernunft nicht fortreissen."

In der Hoffnung, dass Sie meine Geste gütig aufnehmen und die vielen Zitate entschuldigen. mit denen ich lediglich beabsichtigte für die bescheidene Dankes- und Geburtstagsfeier einen kleinen Kreis geistiger Freunde um uns zu versammeln, verbleibe ich mit nochmaligem Dank und herzlichen Grüssen
Ihr

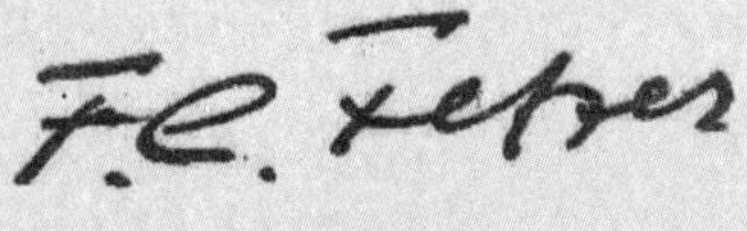

Literatur- und Quellenverzeichnis

Selbständige Publikationen

Walter ALBESEDER – Walter DEICHSTETTER – Geiserich E. TICHY – Walter WUNDSAM (Hg.), Mensch – Staat – Recht, Festschrift Dr. Franz Curt FETZER zum 80. Geburtstag, Wien 1980.

Viktor BAUER, Das Haus der Industrie in Wien. Architektur – Baugeschichte – Historische Entwicklung ,Wien, o.J.

Gerhard BOTZ, Wien vom „Anschluß“ zum Krieg. Nationalsozialistische Machtübernahme und politisch-soziale Umgestaltung am Beispiel der Stadt Wien 1938/39, 2. Auflage, Wien 1980.

Peter BÖHMER, Wer konnte, griff zu – „Arisierte“ Güter und NS-Vermögen im Krauland-Ministerium (1945–1949), Wien 1999.

Karl Dietrich BRACHER, Die Auflösung der Weimarer Republik. Eine Studie zum Problem des Machtverfalls in der Demokratie (= Schriften des Instituts für Politische Wissenschaft, Band 4), 2. Auflage, Stuttgart 1957.

Alois BRUSATTI (Hg.), Zeuge der Stunde Null. Das Tagebuch Eugen Margaréthas 1945–1947, Linz 1990.

Heinrich BRÜNING, Memoiren 1918–1934, Stuttgart 1970.

Peter BOFINGER, Grundzüge der Volkswirtschaftslehre. Eine Einführung in die Wissenschaft von Märkten, München 2003.

Emil CARLEBACH, Von Brüning zu Hitler. Das Geheimnis faschistischer Machtergreifung, 2. Auflage, Frankfurt/Main 1974.

Der gelbe Stern in Österreich. Katalog und Einführung zu einer Dokumentation (= Studia Judaica Austriaca, Band V), Eisenstadt 1977.

Friedrich DESSAUER – Franz C. FETZER, Krisenwende? Frankfurt/Main 1932.

Fritz DIWOK – Hildegard KOLLER, Reinhard Kamitz. Wegbereiter des Wohlstands, Wien 1977.

Christian DOLEZEL, Die „industrie". Von der Verbands- zur Zielgruppenzeitschrift oder Zeitschriftenmarketing zur Entwicklung einer Verbandszeitschrift. Phil. Diplomarbeit, Wien 1995.

Theodor FAULHABER, Die Vereinigung Österreichischer Industrieller, Wien 1980.

Theodor FAULHABER, Tradition und Zukunft, 125 Jahre freie industrielle Standesvertretung, Wien 1987.

Milan FRÜHBAUER, Vereinigung Österreichischer Industrieller, Wien 1990.

Gertraud FUCHS, Die Vermögensverkehrsstelle als Arisierungsbehörde jüdischer Betriebe, handelswissenschaftliche Diplomarbeit, Wien 1989.

G.E.R.GEDYE, Die Bastionen fielen. Wie der Faschismus Wien und Prag überrannte, Wien o.J.

Karl GRUBER, Ein politisches Leben. Österreichs Weg zwischen den Diktaturen, Wien–München–Zürich o.J.

Herbert HÖMIG, Brüning. Kanzler in der Krise der Republik – Eine Weimarer Biographie, Paderborn 2000.

Ludwig JEDLICKA, Der 20. Juli 1944 in Österreich (= Sammlung „Das Einsame Gewissen", Beiträge zur Geschichte Österreichs 1938 bis 1945, Band II), Wien 1965.

Walther KASTNER. Mein Leben kein Traum. Aus dem Leben eines österreichischen Juristen, Wien o. J.

Hansjörg KLAUSINGER, Die Alternativen zur Deflationspolitik Brünings im Lichte zeitgenössischer Kritik. Department of Economics, Vienna University of Economics and Business Administration, Working Paper No. 49, Juni 1997.

Schulrat (N.N.) KLEIN, Geschichte von Boppard, Boppard 1909.

Hanns KOREN – Max MAYR – Kurt WIMMER, Josef Krainer. Ein Leben für die Steiermark, Graz–Wien–Köln 1981.

Bruno KORN, Von der Französischen Revolution bis zum Ende des Zweiten Weltkrieges (1789–1945), (= Heinz E. MISSLING [Hg.], Boppard, Geschichte einer Stadt am Mittelrhein, Band II), Boppard 1994.

Nina NEMETSCHKE – Georg J. KUGLER, Lexikon der Wiener Kunst und Kultur, Wien 1990.

Fritz NEUMARK, Zuflucht am Bosporus. Deutsche Gelehrte, Politiker und Künstler in der Emigration 1933-1953, Frankfurt/Main 1980.

Wolfgang E. OBERLEITNER, Politisches Handbuch Österreichs 1945–1980, Wien 1981.

PERSONEN-COMPASS, Österreich 1957, 86. Jg., Wien 1957.

PERSONEN-COMPASS, Österreich 1959, 88. Jg., Wien 1957.

PERSONEN-COMPASS, Österreich 1961, 90. Jg., Wien 1961.

PERSONEN-COMPASS, Österreich 1965, 94. Jg., Wien 1965.

PERSONEN-COMPASS, Österreich 1972, 100. Jg., Wien 1972.

PERSONEN-COMPASS, Österreich 1977, 106. Jg., Wien 1977.

PERSONEN-COMPASS, Österreich 1986/87, 115. Jg., Wien 1986.

PERSONEN-COMPASS, Österreich 1989/90, 118 Jg., Wien 1989.

Herbert ROSENKRANZ, Verfolgung und Selbstbehauptung. Die Juden in Österreich 1938–1945, Wien 1978.

Ernst von SALOMON, Die Kadetten, Berlin 1933.

Adolf SCHÄRF, Erinnerungen aus meinem Leben, Wien 1963.

SCHIELSEIDE AG. (Hg.), 100 Jahre Schiel-Seide Vienna 1890–1990, Wien 1990.

Ernst SCHÖNBAUER, Der Rechtswahrer in der nationalsozialistischen Ostmark, Wien 1938.

Gerald SCHÖPFER (Hg.), Phänomen Sozialpartnerschaft, Festschrift zum 75. Geburtstag von Hermann Ibler, Wien–Köln–Graz 1980.

Gerhard SCHULZ, Von Brüning zu Hitler. Der Wandel des politischen Systems in Deutschland 1930–1933, Berlin 1992.

Alexander STOLLENWERK, Boppard am Rhein. Ein Heimatbuch, Boppard 1977.

Michael SUNNUS, Der NS-Rechtswahrerbund (1928-1945), Zur Geschichte der nationalsozialistischen Juristenorganisation, (= Rechtshistorische Schriften, Band 78), Frankfurt/Main 1990.

Emmerich TALOS – Ernst HANISCH – Wolfgang NEUGEBAUER (Hg.), NS-Herrschaft in Österreich 1938–1945 (= Österreichische Texte zur Gesellschaftskritik, Band 36), Wien 1988.

Heinrich TREICHL, Fast ein Jahrhundert, Erinnerungen, Wien 2003.

Henry Ashby TURNER Jr., German Big Business and the Rise of Hitler, Oxford 1985.

Tina WALZER – Stephan TEMPL, Unser Wien, „Arisierung!" auf österreichisch, 1. Auflage, Berlin 2001.

Günther WEISENBORN (Hg.), Der lautlose Aufstand – Bericht über die Widerstandsbewegung des deutschen Volkes 1933–1945, Hamburg 1962.

Heinrich August WINKLER (Hg.), Die deutsche Staatskrise 1930–1933, Handlungsspielräume und Alternativen. (= Schriften des Historischen Kollegs, Kolloquien 26), München 1992.

Artikel

Ulrich von ALEMANN, Wie, wann und warum entstanden Verbände? In: Informationen zur politischen Bildung, Ausgabe 253. In: Informationen zur politischen Bildung, hgg. v. Bundeszentrale für politische Bildung, Ausgabe 253, Bonn/München 4. Quartal 1996, S. 3–17.

P. BREITSCHOPF, Curt Fetzer – Kerzengerade. In: Wochenpresse, 6.4.1990, S. 28.

Franz C. FETZER, Zu den Grundsätzen für die Bearbeitung von Preisanträgen. In: Die Industrie, Nr. 9, 1947, S. 7–9.

Franz C. FETZER, Macht ganze Arbeit! Scheingewinne und Abschreibungen. In: Die Industrie, Nr. 23, 1948, S. 2–4.

Franz C. FETZER, Konjunkturstabilisierung durch Krisenreserven. In: Die Industrie, 22.10.1955, S. 2–4.

Franz C. FETZER, Steuerpolitik muß selbständige Existenzen stärken. In: Die Industrie, 3.3.1961, S. 2–3.

Franz HELBICH, Gedanken und Hinweise des Jubilars. Über den Weg zu den Steuern, über den Inhalt der Tätigkeit, Überlegungen für die Zukunft. In: Österreichische Steuerzeitung, Nr. 17, Art. Nr. 767 vom 1. September 2004, S. 400–404.

Karl KORINEK, Das System der österreichischen Sozialpartnerschaft. Skizze der Bedingungen, der Prinzipien und der Grenzen des Systems. In: Gerald SCHÖPFER (Hg.), Phänomen Sozialpartnerschaft, Festschrift zum 75. Geburtstag von Hermann Ibler, Wien–Köln–Graz 1980, S. 9–21.

Herbert KREJCI, Franz C. Fetzer zum 95. Geburtstag, Ein Stück vom Inventar. In: Die Industrie, Nr. 15, 12.4.1995, S. 34.

Ilse LEITENBERGER, Wie war das damals, Herr Doktor Fetzer? Was in ein einziges Leben alles hineingeht. In: Die Presse, 7./8.12.1979, S. VII.

Christian LENHARDT, Steuerdoyen Fetzer: Hart, aber herzlich. In: Kurier, 1.4.1990, S. 7.

Rudolf MORSEY, Ein Staatsmann, der seine Pflicht erfüllte. In: Frankfurter Allgemeine Zeitung, Nr. 80, 7.4.1970, S. 13.

Peter MUZIK, „Der Doyen und das Drama", in Trend 3/93.

N.N., Bürgermeister Fetzer. In: Boppdarder Zeitung, 23.10.1920, Nr. 127.

N.N., F. C. Fetzer – mit Neunzig noch in der Pflicht, Die Presse, 6.4.1990, S. 27.

N.N., Dr. Fetzer ins Präsidium berufen. In: Die Industrie, Nr. 21, Wien, 27.5.1966, S. 5.

N.N., Immer im Dienst – Franz C. Fetzer wird 85 Jahre alt. In: Die Industrie, 10.4.1954, S. 7.

N.N., Josef Fetzer, Heimatzeitung „Rund um Boppard", Nr. 2, 8.1.1960. o.S.

N.N., 90 Jahre und kein bisschen alt! Die Republik ehrte Dr. Fetzer zum 90. Geburtstag. In: Die Industrie, 11.4.1990, S. 6 f.

N. N., Unfall eines Industriellen, In: Kurier, Morgenausgabe vom 20.11.1979.

N. N., Zähe Arbeit con sordino, Zum 70. Geburtstag von Dr. Franz Curt Fetzer. In: Die Industrie, Nr. 16, Wien, 17.4.1970, S. 5.

Ernst-Werner NUSSBAUM, Zeuge des Jahrhunderts, Presse, Wien, 12.1.2000.

Thomas OLIVA, Die Praxis der Sozialpartnerschaft aus der Sicht der Industrie. In: Gerald SCHÖPFER (Hg.), Phänomen Sozialpartnerschaft, Festschrift zum 75. Geburtstag von Hermann Ibler, Wien–Köln–Graz 1980, S. 97–103.

Peter PAULS, Ein historischer Tag für das Bensberger Schloß: Heute vor 40 Jahren wurde es zur Militärschule umfunktioniert. In: Kölnische Zeitung/Stadtanzeiger, Nr. 321/RN 13, vom 3.10.1980.

Preisstabilisierung – aktuelle Aufgabe der Wirtschaft. Bundesminister DDDr. Illig und Dr. Fetzer vor den oberösterreichischen Industriellen. In: Die Industrie, Wien, 19.2.1955, S. 3–5.

Oliver RATHKOLB, Raoul Bumballa, ein politischer Nonkonformist 1945. In: Rudolf G. ARDELT – Wolfgang J. A. HUBER – Anton STAUDINGER, Unterdrückung und Emanzipation, Festschrift zum 60. Geburtstag von Erika Weinzierl, Wien-Salzburg 1985, S. 295–317.

Hans RAUSCHER, Baumeister der Republik: Franz Curt Fetzer, 95. In: Kurier, 18.5.1995, S. 25.

Hans RAUSCHER, Ein konservativer Zeitzeuge warnt. In: Kurier, 24.2.1993. S. 2.

Johannes SCHABER, Friedrich Dessauer. In: Biographisch-Bibliographisches Kirchenlexikon, Band XIV, 1998, Spalten 924–932.

Paul SETHE, Der Kanzler der Notverordnungen. Heinrich Brüning – halb preußischer Offizier, halb römischer Kardinal. In: Die Zeit, Nr. 48, 26.11.1965, S. 32.

Karl R. STADLER, Der Durchbruch der österreichischen Nationalidee in Verfolgung und Emigration. In: Andreas KHOL – Robert PRANTNER – Alfred STIRNEMANN (Hg.), Um Parlament und Partei. Alfred Maleta zum 70. Geburtstag, (= Studienreihe der politischen Akademie der Österreichischen Volkspartei, Band I), Graz–Wien–Köln 1976, S. 115–129.

Kurt VORHOFER, Ein Fest für Fetzer. In: Kleine Zeitung, 6.4.1990, S. 26.

Internet-Quellen

Heinrich LÜBKE, Kurzbiographie, http://www.heinrichluebke.de/bio.htlm, 23.1.2006.

Schloss Bensberg im Spiegel der Historie. http://www.mhst.net/private/schloss.aspx, 7.11.2005.

Dr. Egidius SCHNEIDER, Dienstverpflichteter im „Amt Canaris“, http://mhhmohr.cadae.de/egidius.schneider-strasse_in_..., 6.4.2006.

Sonstige Quellen

Deutsches Bundesarchiv, Berlin Document Center (BDC).

Dokumentationsarchiv des Österreichischen Widerstands, Wien.

Familienarchiv Fetzer.

Franz C. FETZER, Laudatio für Reinhard Kamitz anlässlich dessen 75. Geburtstags. Unveröffentlichtes Manuskript.

Heimatkundliche Sammlung der Stadtverwaltung Boppard am Rhein.

Walter KIRCHSCHLÄGER, schriftliche Fassung des Vortrages „‚Ihr alle seid eins in Christus‘ (Gal.3,28). Das Engagement von Kardinal König für Leben, Kirche Ökumene als Auftrag für das 21. Jahrhundert“. Festveranstaltung „Pro Oriente“, Wien, 4.11.2004.

Herbert KREJCI, Laudatio zum 90. Geburtstag von DDr. Franz C. Fetzer vom 4.4.1990, unveröffentlichtes Manuskript.

Geiserich E. TICHY, DDr. Franz C. Fetzer 1900–2000, Kopie eines Nachrufs, o.J., o.O., Archiv Fetzer.

Universitätsarchiv der Ludwig-Maximilians Universität, München.

Wiener Stadt- und Landesarchiv.

Akten der Vermögensentzugs-Anmeldeverordnung (VEAV), Magistratsabteilung 119, A 41, 7. Bezirk, C 342.

Wiener Adressverzeichnis „Lehmanns Wohnungsanzeiger“ 1940 ff.

Interviews

Dr. Erhard BUSEK, Vizekanzler a.D., OHA-WISOG,VIP 2131-8/04.

Charlotte FETZER, OHA-WISOG, AL 2120-3/04.

Christine FETZER, Wien, 27.1.05.

Dr. Franz-Paul FETZER, OHA-WISOG AL 2182-2/05.

Hon.-Prof. Dr. Franz HELBICH, emeritierter Rechtsanwalt, OHA-WISOG, AL 2134-8/04.

Dr. Walter JAKOBLJEVICH, Konsulent, OHA-WISOG, AL 2143-9/04.

Luise KLEMENT, OHA-WISOG, AL 227-8/06.

Professor Herbert KREJCI, Generalsekretär a.D., OHA-WISOG, AL 2121-4/04.

Franz OLAH , Präsident a.D. des Österreichischen Gewerkschaftsbundes, Minister a.D., Gespräch am 18.8.2004.

Dr. Maria SCHAUMAYER, Nationalbankpräsidentin a.D., OHA-WISOG, VIP 2122-4/04.

Honorarprofessor Dkfm. Hans SEIDEL, Staatssekretär a.D., OHA-WISOG, VIP 2133-8/04.

Professor Dipl.-Ing. Dr. Rudolf STREICHER, Bundesminister a.D., OHA-WISOG, VIP 2135-8/04.

Dr. Werner TESSMAR-PFOHL, Industrieller, OHA-WISOG, AL 2141-9/04.

Dr. Hugo WINKLER, Industrieller, OHA-WISOG, AL 2181-1/05.

Dr. Oskar WINKLER, Rechtsanwalt, OHA-WISOG, AL 2181-1/05.

Dr. Walter WUNDSAM, Wirtschaftsprüfer, OHA-WISOG, AL 2136-8/04.

Personenregister

R

S

T

U

V

W